论／儿／童／电／视

GUIDING GROWTH

引领成长

■ 李蕾◎主编

中国广播电视出版社

C 目 录
ONTENTS

学龄前节目篇　PRESCHOOL PROGRAMS

科普节目篇　SCIENCE AND EDUCATIONAL PROGRAMS

儿童新闻节目篇　NEWS PROGRAMS

亲子家教节目篇　　FAMILY AND PARENTING PROGRAMS

综艺节目篇　　ENTERTAINMENT PROGRAMS

动画与儿童剧篇　　ANIMATIONS AND DRAMAS

国际视野篇　　WORLD VISION

PREFACE

前 言

　　中央电视台的少年儿童节目经历了50年的探索和发展,取得了卓著的成绩。从播出第一个小小的木偶片,发展到每天播出18小时节目的专业化、品牌化的少儿频道,不仅是量的突破,更是质的飞跃。它不仅推出了大量精品节目,创办了一批在少年儿童中享有盛誉的品牌栏目,而且还以它寓教于乐的思想内涵引领着一代代少年儿童健康成长。

　　少儿频道的首任总监余培侠同志自1990年至2009年主掌央视少儿电视工作,亲历了中国少儿电视大发展的年代。个性化、精品化的节目建设为少儿频道的开播打下了坚实的基础。在狠抓节目的同时,他大力倡导在行业内开展对少儿电视的理论探讨,提倡只有在理论指导下的实践才可能具有持续的生命力。1991年11月,央视青少部发起召开首届全国少儿电视节目理论研讨会。并从1995年起,与德国慕尼黑青少年基金会合作,每年举办一期外国儿童节目研讨会,聘请外国专家讲课,研究观摩外国优秀儿童节目。这期间,出版《塑造孩子的未来形象》和《儿童与未来》电视论文集。

　　频道时代,有机遇更有挑战。各类不同年龄段、不同主题、不同形态的节目为编导们提供了前所未有的实践机会,迫使编导们积极创新,以满足受众需求。而频道建设、频道编排、特别播出季等全新领域更要求从业者去开拓、探索,并以卓有成效的建树迅速填补专业空白。这时期的理论探索更加深入,而最具深意的就是每年频道开播纪念日举办的《国际儿童电视论坛》。来自美国尼克、英国BBC儿童

频道的高管和制片人、导演们与央视少儿频道同行们交流探讨,为央视少儿频道建设提供了可借鉴的经验。时不我待,只争朝夕。央视少儿频道经过近六年的建设,已经取得骄人成绩。按照余培侠总监"高质量、高水准"的要求,中国传媒大学专家对全部论文稿进行了审阅甄选,最终由主编通稿,频道领导审定出版。《引领成长》汇集了央视少儿频道建设者的实践探索、理论思考和成长经验,44篇论文涉及儿童纪实节目、学龄前节目、科普节目、儿童新闻节目、亲子家教和综艺节目、动画与儿童剧等若干类对象性节目,几乎涵盖了儿童电视节目的全部类型。

少儿频道虽是对象性很强的专业频道,但其发展路径与电视媒介的整体发展休戚相关,更与国际儿童媒体的发展密切相连。本书诸多文章,能够建立在对频道的统筹思考上,反映了当前少儿频道专业化、品牌化、国际化的趋势。还有多篇论文对播出季理论、活动化趋势、故事化倾向等在少儿频道的实践进行了探讨。也许它们尚欠缺理论高度,但其散发的鲜活生命力和极强的操作性,对少儿电视领域的从业者和传媒研究者都有一定的借鉴价值。

少儿电视工作者的期望就是带给孩子最美好的童年。愿这本记录央视少儿频道自身童年成长的书籍,能够开启中国少儿电视理论研究之门。愿更多传媒和教育专家学者投身儿童电视研究,使中国的儿童电视发展能沐浴活水,浇灌少儿频道这棵参天大树苗壮成长,出色完成"引领成长"的使命。

频道建设篇

CHANNEL DEVELOPMENT

少儿频道

央视少儿频道总监
余培侠

概 述：这是作者2008年6月为《电视研究》之《中国电视事业诞生暨CCTV建台50周年特刊》撰写的文章。文中回忆了央视少儿频道曲折的诞生过程；总结了央视少儿频道品牌建设的制胜关键；论述了央视少儿频道面对未来的谋篇布局；通篇寄托着一个资深少儿电视人不懈的理想追求。

让中国的"尼克"走向世界

古人云：五十而知天命，而少儿电视的"天命"，似乎从五十年前她诞生那一天就"命中注定"了。即为中国亿万少年儿童"引领成长，塑造未来"。这个"天命"光荣而艰巨。

中国电视问世不足月，便播出了第一个少儿节目《两只笨狗熊》。从那时起，少儿电视虽然山一程，水一程，一路艰难跋涉，但我们依然童心未泯，矢志不渝。

十年一梦，厚积而发

到了20世纪90年代，世界电视呈现出"窄众播出"的发展态势。西方发达国家纷纷加快开办儿童电视专业频道的步伐。

1993年，在济南召开的第二届全国少儿电视理论研讨会上，我首次呼吁开办中国少儿频道。1995年，我应邀参加墨尔本首届国际儿童电视高峰会。论坛上，当各国同行纷纷询问中国何时开办儿童频道时，我毫不犹豫地回答：中国是世界上儿童最多的国家，我国政府非常关心他们的健康成长，相信在下次会议见面时，能给你们一个圆满的答案。这虽然近似外交语言，但我心里的确充满着自信与希望。

仅仅过了一个多月，全国政协常委叶至善在"两会"期间，正式提出了《建议中央电视台开辟儿童频道的提案》。会后，全国政协与广电部成立了联合调研组，先后到江苏、浙江和中央电视台进行调查研究。当时，广电部的一位领导在座谈会上明确表示："为了三亿多儿童，我们就是砸锅卖铁，也要把这个频道办起来！"这句话，真是掷地有声。1995年10月30日中央电视台第七套卫星电视少儿节目终于试播了。原定第七套对外呼号为"儿童频道"，谁知好事多磨，开播时又纳入了农业、军事和科技等内容。因此，又改称为"少儿、农业、军事、科技频道"。

以第七频道少儿节目的开播为标志，我台的少儿节目进入了一个快速发展阶段。从碎片化的节目制作到栏目化的精品规划，从分散在各套节目中播放，到相对固定频道播出。此时，虽与少儿频道的建立仅有一步之遥，但依然千呼万唤出不来。

1998年6月1日，青少节目中心成立。开办少儿频道，被列为中心十年发展规划的首要目标。

目标既定，时不我待。虽然首次申办少儿频道未获批准。但我们抱定"只做不说"，脚踏实地进行少儿频道的推进计划。从2000年起，连续三年策划推出"六一"12小时（2000年）、8小时（2001、2002年）特别制作。中央电视台为特殊群体，特别制作并连续播出12、8小时，这在中国电视史上尚属首次。虽然世界上许多国家已拥有青少年和儿童频道，但在国家电视台的黄金频道、黄金时间连续播出8小时以上的少儿节目，也属罕见。12小时特别制作为不同年龄段的孩子分别提供不同的节目，体现了儿童频道分众播出的制作理念。这不仅是"一日少儿频道"的尝试，也是对少儿电视队伍的实战演练。无论从节目的质量还是规模与运作，都显示了央视的实力，为全天候播出少儿节目夯实基础。可以说，这是央视少儿频道的序曲，它揭开了中国少儿电视节目进入频道化运作的序幕。

党的"十六大"刚刚闭幕，新一届党中央便扬起了改革创新的风帆。2002年12月24日下午3时许，我接到了台领导的指示，再次申办少儿频道，重新起草报告。真如"平地一声春雷"，又惊又喜。放下电话，我紧急召集精兵强将，开始研究报告提纲。说来也巧，一个全新的中国少儿频道方案，竟在西方平安夜孕育而成。

从广义上讲，中央电视台少儿频道经历了整整45年的孕育期。据有关资料研究：各国儿童电视频道的开播都有一个孕育周期。其中较早开办儿童频道的10多个国家与地区，其"孕育期"大约为40年。从这个角度上说，中央电视台少儿频道的孕育应是瓜熟蒂落了。然而，少儿频道的实际筹备工作还不到100天。时间紧，任务重，要求高，我

央视少儿频道部分主持人

们提出的行动口号是"团结奋战100天，打造央视新亮点"。

2003年11月1日，胡锦涛总书记对中央电视台开办少儿频道作重要批示：这是一件有利于少年儿童健康成长的大好事，要加强领导，加大支持力度，动员全社会各方面力量，针对少年儿童特点，切实把它办成精品频道。其他8位中央政治局常委也都圈阅批示。中央领导高瞻远瞩，把中央电视台开办少儿频道当做为广大少年儿童创造绿色文化空间的具体行动；当做顺民心、合民意的"民心工程"，高度重视，亲切关怀，为少儿频道的创办大开绿灯，创造了前所未有的良好社会氛围，大大激励了我们少儿电视人的工作热忱和责任感；大大提高了精心设计和制作节目的质量；大大加快了紧张筹备的步伐。

2003年12月28日清晨6:00，中央电视台少儿频道的呼号在全国3.67亿少年儿童的期盼下，终于从北京发出并迅速传遍全国。

山不在高，有仙则灵

少儿节目在一些人眼里属于"小儿科"，少儿频道在众多专业频道中也属弱势频道。但在短短的四年多时间里，少儿频道从无到有，从小到大，从弱到强。收视份额由开播时的0.1%一路攀升至2.41%，在全国58个上星频道中，从开办之初的第21位跃居至第7位，成为全国开办时间最短，收视份额提升最快的专业电视频道，并被社会誉为"孩子开心、家长放心、学校称心"的绿色频道，实现了连续四年"又好又快"的发展。那么，使少儿频道得以焕发灵秀的"仙"在哪里？

1. 专业品质

央视少儿频道在设计之初即与国际接轨，确立了：尊重、支持、引导、快乐的"以儿童为本"的理念，即：尊重儿童的权益；支持儿童发掘自身潜能；引导儿童健康成长；让每个孩子都有快乐的童年。这与联合国《儿童权利公约》的主旨一脉相承。同时借鉴国际少儿频道"收视群体分众化"的编排方式，按照0—18岁的不同年龄段受众群，对频道节目实行分众编排、分众制作、分众播出，让孩子们在打开电视时能够独享属于自己的童心世界；频道每天播出18个小时节目，其中6个半小时为首播节目，提供学龄前、动画片/剧、科普益智、亲子教育、综艺游戏等五大类节目，不仅内容形式丰富，而且大量的自主品牌栏目，节目的原创力和影响力远远大于同类频道；除常规编排以外，还采用了"约会式"的整点编排。如整点播出动画片，强化频道与少儿观众的约会意识。目前，频道年首播国产动画片达70000分钟，已经成为全国国产动画片首播量最大的电视频道，优秀国产动画片最大的制播平台。同时，从2004年寒假春节开始创新推出长假特别编排，每每创造收视高峰，极大提升了频道影响力。

　　专业的编排需要专业的运作机制。少儿频道创建了一套"策划论证、创作播出和信息反馈"的前端与终端互动保障机制。一是成立了全国第一个专业频道咨询委员会，为少儿频道的可持续发展提供前瞻性指导；二是建立了节目评估体系。由20多位专家组成，定期审看节目，每月形成一份《节目评估报告》；三是定期进行少儿频道目标受众的调查与分析。动态把握全国各城市与农村少年儿童的收视反应，并在央视网上开设少儿频道论坛，与孩子进行实时互动交流；四是建立观察员制度。2006年首次在全国范围内聘任100名"少儿频道年度观察员"，著名科学家、艺术家、全

左上：大型青少年体能竞技节目《挑战小勇士》。　右上：《亚太大学生机器人大赛——国内赛》。下：《2007年国际大学群英辩论会》。

2008年"六一"特别节目《我们在一起——向地震灾区的师生致敬》

国十佳少先队员以及媒体记者、专家、特级教师、学生家长等社会各界人士受聘上岗。通过最直接的方式了解少儿频道节目的播出效果及各层面受众对节目的反馈，为进一步提升节目质量提供科学依据。李长春同志对少儿频道聘任百名观察员的举措给予了充分肯定。

专业的精神还体现在对孩子这一弱小群体的人文关爱上。2008年5月12日，四川汶川发生大地震后，少儿频道一定要和孩子们在一起共渡难关。频道立即停止了原"六一"互动音乐剧的运作，迅速制定了《我们在一起》"六一"特别节目方案。确立了"向用生命和鲜血演绎出责任、坚韧、友爱、感恩和信念精神的灾区孩子和老师致敬"的主题。频道派出20多人的专题采访组，深入受灾最为严重的都江堰、映秀、北川等县市，不顾危险和困难，采集了大量灾区师生在抗震救灾中鲜活感人的故事。"六一"前夕，鞠萍、董浩、金龟子、花姐姐、月亮姐姐、小鹿姐姐、周洲姐姐、小时姐姐、红果果、绿泡泡等18位深受孩子们喜爱的少儿频道主持人集体赶赴四川灾区，与孩子们共度"六一"节。用爱心、童心与歌声，驱散了重压在孩子们心头的阴霾。

2. 创新精神

少儿频道强调创新，主要基于两点：一是少儿观众是一个好奇好新，不断成长的群体，只有不断创新，才能满足他们求新求异，不断变化的收视需求；二是想实现专业频道品牌化，一要靠专业素质，二要靠创新精神。

少儿频道的"收视群体分众化"和"整点播出卡通化"是自己独特的创新编排。它使观众与频道形成牢固的收视约会。有利于提升收视率与观众忠诚度；从2004年就开始的寒、暑假特别编排，收视拉动效应非常明显。经过三年的实践与总结，2007年暑假，少儿频道又创新推出《快乐大巴》特别播出季品牌。其中"快乐搜友"开创了全新的互动模式。"快乐搜友"的路线并非由频道决定，而是由孩子们向少儿频道发来"快乐邀请函"。频道按照邀请函的指示开展搜友行动。实现了"我的频道我做主"的"以儿童为本"的理念。而每一个参与"搜友"行动的孩子也都会接受这样一个任务——"请为少儿频道寻找更多的好朋友"！更具有创意的是，它成功地引入了互动礼物"啪啪圈"。那"啪"的一声，把孩子和少儿频道的友情紧紧地连在一起，手拉手，共成长。

2006年"六一"推出的大型动画情景剧《梦想乐园》，打破了二十年传统"六一"晚会形式。在借鉴国外卡通情景剧和冰上音乐舞蹈表演的基础上，我提出了"三重三不重"的创作原则：一是重国产动画片中的经典人物、经典场景和经典音乐的再创作，不重境外动画明星的脸谱和模式；二是重情景，不重情节，不走传统的情景剧和音乐剧的老套路；三是重现代艺术兼容，不重传统戏剧的单一元素，把幽默、夸张的中国卡通人物造型通过高科技手段与戏剧、歌舞、魔术、杂技、互动元素融为一体，从而创作出全新的"卡通情景表演"，刷新了历年"六一"晚会的收视纪录。

2007年10月，少儿频道小记者首次参与党的"十七大"采访报道工作，这在党的新闻史上是一次创新。频道确定了"用孩子的眼睛观察盛会；用孩子的视角报道盛会；用孩子的关注解读盛会"的节目理念与方案，从《新闻袋袋裤》20多名小记者中，选派两名优秀小记者季家希、李恺悦上会报道，引起了社会各界的高度关注和一致好评，认为小记者上大会明显增强了广大少年儿童的主人翁意识和社

上：《梦想乐园》
下：小记者季家希在"十七大"首场新闻发布会上向教育部长周济提问。

会责任感。美国《侨报》、香港中评社、台湾东森新闻台等媒体评价我台小记者"尽管童言童语，但是相当有模有样"。

3. 绿色心态

少儿节目的收视对象属于窄众，儿童电视的研究也属于冷门。儿童群体的声音再强也不过是个"小喇叭"而已。一般来说，儿童节目不太可能有爆发式的轰动效应，而

电视片《大鸟在中国》　　木偶连续剧《旗旗号巡洋舰》　　专题片《小船，小船》

是累积效应。一个好节目对孩子的积极影响可能十年、二十年之后才能显现。从1958年第一个少儿节目播出至今的50年里，中央电视台播出了《大鸟在中国》、《风筝》、《旗旗号巡洋舰》、《国际大专辩论会》、《亚太机器人大赛》、《我的朋友》、《小船，小船》、《小鸟依人》、《神奇山谷》、《梦想乐园》、《我们的世纪》、《快乐起飞》、《开采未来》……无数优秀少儿节目和特别制作，在一代代少年儿童的成长记忆中留下闪亮的印迹。但是，这些节目的导演却默默无闻、不为人知。而他们依然心无旁骛，远离浮躁，摒弃急功近利，耐住寂寞，孜孜以求，努力创新着更精彩的少儿节目。这就是我在少儿频道一直倡导大家应该坚守的一种心态："用童心、爱心和专心，低调做人，高效做事。"这也是我们打造绿色频道必须葆有的"绿色心态"。

百尺竿头，更上一层

经过四年多的奋力打造，少儿频道的快乐指数、绿色指数、文化指数和综合竞争力指数显著提升，赢得了全社会广泛的满意度和认知度。收视份额已经跃入全国所有上星频道的第一方阵。但离世界一流少儿频道还有一定差距。为此，我们自我加压，自觉进阶，改版改制，进一步为少儿频道品牌化、国际化建设谋篇布局。

1. 打造精品节目库

温家宝总理在海尔集团考察时说"品牌对于一个国家的竞争力来说是非常重要的，将来衡量一个国家在世界上竞争力的重要指标，是他拥有多少个在国际上知名的品牌"。在经济、文化全球化的今天，品牌不仅是国际市场的通用语言，更是核心竞争力。被称为全球首席品牌大师马丁·林斯特龙也说过"这群8至14岁的'小大人',小到必须仰赖父母,却又大到足以有独立的品牌偏好"。因此,少儿频道必须实现从专业化向品牌化转变。不仅要有品牌栏目,更要有品牌节目。世界上主要的儿童频道,包括Nickelodeon(尼克罗迪恩)、Disney(迪斯尼)和BBC儿童频道,大家熟知的并不是栏目而大多是精品节目。这就是我们少儿频道在开播五周年前夕,首次全面改版提出的要创建节目精品库的主要理据。

一代代的儿童成长发育是有规律性的。一代儿童长大了,离开了少儿频道,下一代又来了,真正的少儿精品节目是具有"重复性消费"的品质。《米老鼠唐老鸭》、《天线宝宝》、《大鸟在中国》、《大闹天宫》、《西游记》等几年、几十年久播不衰,就因为它们是精品。

在我们构想中,频道精品库里应该有一半以上是可以重复播出的精品节目,这样不但可以降低频道运行成本,而且可以集中优势资源打造新品牌,提升核心竞争力。

创建节目精品库的举措具有战略性和创新性。此次改版的目标是"三提升",即:提升绿色收视率、提升品牌竞争力、提升社会影响力。改版的思路是"去三化",即:去成人化——强化对象化节目制作与编排;去碎片化——优化栏目配置,创新节目播出季;去新闻化——减少只具"一次性消费"的新闻资讯节目,多生产具有"重复性消费"的精品节目。改版的理念是"三贴近",即:贴近儿童生活、贴近儿童情趣、贴近儿童市场。

2008年"六一"出台的新版少儿频道,栏目数量由原来的27个减少至17个。新增1档季播节目。大大优化了栏目配置,有利于集中优势资源,打造少儿节目精品库。

2. 创建专业人才库

创建节目精品库是一个艰巨的工程,要大批德才兼备的少儿电视人去完成。少儿节目担负着"引领成长,塑造未来"的重大使命,是培养人的塑材工程。少儿电视人除了要有"绿色心态"和电视专业的基本功之外,还需要懂得儿童心理学、教育学等基础知识,更需要深入到幼儿园、学校亲身体验与感受,这样才能做出具有专业性和可视性的节目。因此,打造节目精品库也要建立节目人才库。几年来,在频道进行节目和制度建设的同时,我们也注重对从业人员的素质建设,举办了各种业务培训和国际交流。如:参加亚广联儿童节目交流会和培训班。每年举办一届国际儿童节目观摩与研讨会。聘请尼克罗迪恩、迪斯尼、BBC儿童频道总监就少儿频道编排、运营模式等主题讲座。今后,引进人才、发掘人才、培养人才依然是我们频道的重要任务,争取在今后五年内,建立起一支"333"少儿节目人才库。即:拥有300名既懂电视专业,又懂儿童心理学与教育学的复合型少儿编导人才;30名少儿节目名主持人(含人偶角色主持);30名懂少儿节目管理与经营的人才。

3. 创新运营机制

在推进专业化向品牌化转变的同时，少儿频道也积极探索运营机制的改革。2006年11月22日，青少中心按照台分党组的决策正式实施中心制向频道制的转变，实行了扁平化的结构，强化了专业化的管理模式，促进了资源优化配置，提高了运营效率。与此同时，青少中心所属动画部也改制为央视动画有限公司，由少儿频道主导经营，投资管理，并于2007年3月18日正式挂牌。实现了由单一为播出而生产向播出与多元产业开发并举转变，由单一自产自播向多媒体、多渠道整合传播转变。公司主营"动画原创、版权管理、产业开发"三大业务，这是优化产业资源，实行高效运营的新模式。目前，少儿频道已经逐步形成了创意研发、制作播出、市场开发为一体的良性产业链。

新世纪伊始，《中华新闻报》的学术版曾整版刊登了中国教育电视台研究室主任张志君一篇题为《呼唤中国的尼克罗迪恩》的文章。业内人士都晓得：尼克罗迪恩是世界第一个儿童电视专业频道，创办于1979年4月，是目前美国维亚康姆旗下的主要媒体之一，也是全球最具影响力的儿童电视频道之一。当时，看到这篇文章，我既无限感慨，忐忑不安，又成竹在胸，呼之欲出！时隔两年，第一个面向全国3.67亿少年儿童的国家级少儿频道——中国的"尼克"，在万众期盼中"呱呱坠地"。而今，这个即将五周岁的"孩子王"，显示了"初生牛犊不畏虎"的锐气和"小鲤鱼跳龙门"的志向。不仅成长迅猛，跃居中国上星频道第7位，成为全国开办时间最短，收视份额提升最快的专业电视频道，而且还成为亚洲第一，全球收视规模最大的少儿频道之一。展望明天，这个朝气勃发、异军突起的中国"尼克"必将满怀自信与自豪，以前人未有的胆识与专业水准，昂首阔步地走出国门，迈向世界一流少儿电视专业频道。

2007年"六一"特别节目 大型奇幻儿童互动剧《爱的彩衣》

概　述：本文为袁方博士在央视少儿频道开播四周年之际所作的发展策略报告，其阐述的从专业化到品牌化，从收视率到影响力，从对象化到主题化，从品牌栏目到品牌节目的四个转变，对频道发展具有前瞻意义。

中国传媒大学副研究员

袁　方

谋定而后动
——少儿频道的发展策略

一、频道现状与策略研究的原点

策略是什么？是为了维持系统持久的竞争优势而做出的长线的事关全局的谋划。针对央视少儿频道，有三个研究原点：第一，少儿频道经过了四年发展，不仅创造了全国开办时间最短、收视份额提升最快的纪录，跃居全国58个上星频道前7位。且制作实力、观众规模、专业品质跃居亚洲本土少儿频道之冠；随着亚洲电视节、国际大学群英辩论会等活动的展开，频道的国际影响日益扩大。第二，形成了卡通剧、学前认知、科普益智、亲子教育和综艺游戏等五大类对象性节目布局，涵盖了少年儿童成长所必备的"德、智、体、美、劳"的全面"营养"。特别节目积累了独特的编排理念与经验，成功打造了《快乐大巴》特别播出季品牌。第三，被社会誉为："家长放心、学校称心、孩子开心"的绿色频道。

二、频道未来发展的策略目标

央视少儿频道未来的发展目标是建设成为世界一流少儿频道。那么，配合这个目标，我认为央视少儿频道下一步的策略目标应该为四句话，第一，从专业化向品牌化迈进。第二，从收视率向影响力迈进。第三，从对象化向主题化迈进。第四，从品牌栏目向品牌节目迈进。

第一，从专业化到品牌化。这是对央视少儿频道提出的频道品牌化的新战略。为什么？首先，收视的天花板即将来临。2005年之后，中央电视台的总市场份额一直稳定在30%到35%的水平。这个水平意味着什么？在世界其他国家，一个电视台的市场份额如果能突破25%，它就是能垄断话语权的电视台。目前达到30%以上，意味着中央电视台的收视已经遇到了发展的"天花板"。虽然央视在"十一五"报告中提出，未来五年之内把中央电视台的市场份额做到40%，但实际上这是非常困难的。从历年的数据看，央视收视份额什么时候能到40%？在遇到世界杯、奥运会等大事件，且中央电视台处于绝对垄断时，央视收视份额才能达到40%。所以，如果仅以收视为目标，中央电视台的发展即面临着天花板。

《新年新诗会》

其次，中国电视发展的跑马圈地时代已经结束。中央电视台从原来一两个频道扩充到十多个频道，专业化程度大大提高。1999年，中国的省级卫视全部完成了上星，湖南卫视的影响日益提升，因此中央电视台的频道品牌化战略刻不容缓。我任CTR总监时，一直研究中国的省级卫视在哪些地方落地，研究到县级地区。到2005年，安徽、湖南、山东这些省级卫视的覆盖率已经和中央电视台的专业频道齐平。自2005年始，中国的省级卫视和中央电视台同时转入内部建设，品牌化成为当时的大潮流。湖南电视台提出了"快乐中国"战略，从原来以娱乐为定位向品牌化转型。对央视少儿频道来说，作为一个专业频道，在业内已经没有对手。下一步也要适应全国大趋势，走品牌化的道路。要形成绝对强势，收视已不是问题，重要的是提升品质和影响力。这是从专业化到品牌化转变的原因。

第二，从收视率到影响力。虽然许多节目组都被收视率压得喘不过气，但电视是必须经过这个阶段的。中国电视需要通过重视收视率，实现内部考核。用这把尺子衡量一切，激励进步，这是中国电视经历市场化改革的必经之路。这场改革的成果是电视人开始从原来为自己生产节目，转向为观众制作节目。但副作用就是唯收视率。2006年，赵化勇台长提出"绿色收视率"，包括两层含义：收视率是不能否定的，但是收视率有干净和不干净之分。所谓绿色收视率是要净化电视，央视少儿频道已经成为绿色频道，现在的任务就是做大社会影响力。

电视台面对着两个客户：观众和广告客户。影响力是企业对电视的要求。高端客户对收视率没有需求，他们要的是美誉度和可信度。从单纯的商业价值上讲，我们做品牌、做影响、做高品位的节目具有非常强大的市场价值，居领导地位的商业品牌对这样的频道都会感兴趣。

提出从收视率到影响力的转变时，要对媒体进行重新认识：(1) 媒体的本质是话语权。《新闻联播》不是追求收视率，而是强大的话语权。他指引着老百姓，这是媒体最深刻的本质。(2) 媒体是公信力。(3) 媒体是话题。

第三，从对象化到主题化。目前央视少儿频道节目设置的重要指导原则，是按照年龄段进行对象化划分，是做给少儿看的。今后，要把受众群体从儿童扩张为全社会。围绕儿童问题做节目，提出观点，改变大众的立场，主导话语权。只要你关心儿童问题，你就应该看央视少儿频道。这就是从对象化到主题化的转变。

国际电视的商业运作模式和中国不同，他们靠收视费。因此收视对象越细分、越准、就越有可能提高盈利。在中国，媒体靠广告生存。少儿频道面临一个尴尬局面：企业认为孩子没有决定权，即便收视很高也难以吸引企业。这样，下一步就应该做有广

泛影响力的少儿频道，影响力不仅在孩子身上，而要把孩子的问题上升到全社会的层面进行观照，让所有关注中国儿童的人士都关注少儿频道，使少儿频道的话语权得到充分发挥。中国家长很关注独生子女教育问题，但家长往往对少儿频道没感觉。是否我们过多地关注了儿童的想法而忽视了家长？或者有一些关注但没有充分重视？

第四，从品牌栏目到品牌节目。这个论点来自于余主任。一般来说，一个频道的品牌有两个支撑点，一个是栏目，一个是主持人。凤凰卫视比大陆媒体多了一个支撑点，那就是时事评论员。做品牌栏目几乎是所有频道总监的追求。但少儿频道有其特殊性。对于少儿频道来说，有价值的是动画片、儿童剧、系列节目，建设品牌栏目不应该成为其主流。所以，从追求品牌栏目转向追求品牌节目，应成为少儿媒体的当务之急。

在少儿频道中，除了动画片，几乎没有一个栏目可以反复重播，这也是很多电视台面临的现状，造成巨大的浪费。凤凰卫视绝不大量做栏目，而是做可反复重播的精品；2004年，央视三套改版，把原40个栏目"杀"成了28个。把很多节目重剪后换个名字再重播，比如《流金岁月》，收视率甚至超过首播。如果少儿频道生产的大量栏目完全没有重播价值，不管是否符合儿童成长规律，都是资源的严重浪费，从经济上讲是很不划算的。

三、频道现状与问题分析

虽然少儿频道取得了很大的成绩，但是节目生产和频道构成还存在一些问题，这些问题需要在未来发展中克服。

1. 内容配比与受众结构的错位。

2. 功能划分与收视贡献不平衡。

3. 频道结构存有缺陷。

4. 节目生产中存在观念误区。

第一，内容配比与受众结构的错位。对象化是频道设置的第一个原则，每个栏目都明确地针对着某个年龄段。但是，如果把每个年龄段在少儿频道收视份额和这些人在电视上投入的时间总量做一个对比，就会发现一个问题：在低龄，特别是4—6岁，频道拿到了非常大的收视，贡献率比较大。面对这个年龄段的节目，大部分是动画片。7—12岁的投入产出也比较好。再大些的孩子，频道做的节目他们不领情。比如针对中学生的节目，没有获得预期效果；另外，少儿频道不仅是孩子看的频道，也是亲子频道，拥有大量成人观众。如果成人只是陪伴收视，显然不是我们的目的，我们的目的是要紧紧抓住他们。

第二，功能划分和最后收视贡献不平衡。从功能上划分，频道有动画片/儿童剧、学龄前、科普、综艺娱乐、家教等。这是各少儿频道都应该涉及到的内容。但是与预期目标不一致的地方是，动画片/儿童剧贡献非常大。这里涉及到一个概念，就是"收视资源使用率"。比如，频道一天播出20小时，其中某两个小时的收视贡献率高于10%，说明这个节目做对了。通过全频道测算发现，自办节目中很多没有达到相应的收视，处于低效率的状况。目前少儿频道动画片对收视的贡献达到八成以上，其他节目仅占两成。我们设置了一些份量比较重的教育、科普类节目，但是对频道的收视贡献不够好，资源使用效率也不够高，节目没有抓到想抓的人，没有实现很好的收视，建议在频道改版时进行优化。

第三，频道结构是需要设计的。设计一个编排表、形成一个频道，把所生产的内容用较好的方式串联起来，以获取最优的收视效果，就是所谓的频道结构设计。目前频道一个较大的问题，就是黄金段比较短，即观众到了次黄金段就突然消失了。分析后看出，我们频道的收视在17—21时，17、18时绝对值还拉得很高，但其他时间收视很低。而其他频道到23、24时还能持续相当的收视。如果想做一个强大的频道，黄金段

要尽可能长，同时需要有非常强大的品牌号召力的节目。这次改版需要频道为大型节目预留播出时间，针对大型节目做特殊的结构设计。

第四，生产上存在误区即节目的生产模式还有待突破。收视率生产和影响力生产，在节目生产模式上根本不同。以收视为导向的生产模式，使得生产者更加关注屏幕上的技巧，整个生产过程栏目组自己操办。做影响力，就要嫁接很多其他社会资源，首先要集合整个频道力量共同完成。比如CCTV-2的《倾国倾城》就是政府、企业、媒体联合操办，就是要在当地造影响，剧组到哪个城市，这个城市至少持续一周狂欢，整个城市都被发动起来。

看央视节目的时候有一个感觉，最初很多节目都有一个明确的定位，做着做着就扎堆了，同质化节目的最后结果只能是整合或者减少节目。这种现象有深层原因，其中一个原因可能是，原来想做的节目资源不充分，没有办法就改做其他节目了；第二个情况是，看到其他栏目做出了收视率，跟风效仿。这使得频道内部节目同质化问题突出。还有一点，从台里做的满意度、知名度调查能发现，我们频道内能称为"名牌"的节目很少。这缘于导演、制片人普遍缺乏品牌经营意识。

如果做节目成为一种惯性生产，就浪费了媒体话语权。少儿频道要坚持高度责任感，关注儿童，塑造未来。少儿频道绝不是简单地娱乐青少年，而是引领青少年的思

2005—2006年《"孩子的选择"欢乐盛典》

想，引导全社会关注青少年群体。所有节目应遵循这个原则进行规划。这就是高度的社会责任感。

这些年，全国电视过度强调收视率，在一定程度上打压了节目编导的责任感。去年新闻频道做《圆梦行动》的时候，编导手记的一句话使我很感动，他说"这个夏天我们做的这样一件事，可以让我们死了以后进天堂"。媒体要坚持作为记者、作为媒体的责任感，从更大的角度、更高的层面来重新审视媒体工作——我们能给中国的少年儿童、给中国的社会做些什么？

目前，频道已有不少特别节目和大型节目，影响很大。但是严格地说，这些节目不是"活动"，而是特别节目。是放大的栏目，有很大影响，但持续力短，没有成为品牌。

少儿频道生产的卡通形象、衍生产品，都可以直接通向产业。少儿频道的主持人有强大号召力，完全可以开发一些卡通形象。原来对象化的生产思路导致主持人比较相似，同质化。主持人同质化问题的解决应和策略目标的转化相结合，比如，要研究中学生的问题在中国社会是如何表现的，从主题性的问题入手做节目，而不是"盯死了"中学生来做。这个转换完成后主持人的问题就解决了。

刚才讲了频道面临的问题，下面讲节目生产要有哪几个观念上的转化：

① 节目生产要资源导向。节目生产不是简单的创意、出新点子、新节目模式，而是需要有取之不尽的节目资源作支撑。比如《鉴宝》，民间有大量的宝贝都想来鉴定，背后的资源强大，节目永远做不尽。

② 节目生产要突破纯演播室的模式，要走出去和更大的社会资源进行对接。

③ 要重视收视率之外的话题传播和话题制造，这会放大影响力。

从收视角度，要保持少儿频道的长盛不衰，就要控制住全国的动画片资源。只要控制住这个资源，少儿频道的根基就是稳定的。这几年中央电视台的节目亮点不是很多，但是收视率还是稳健上涨，这就是资源在起作用。栏目的形式好坏固然重要，但是掌握节目资源更加重要。

节目的生产要从原来的封闭式——自己设计节目、设计环节、生产收视率的阶段，向大规模的资源整合阶段发展，现在这个阶段比较流行的称呼就是"活动化"。电视与网络等新媒体合作、与企业资源合作、与社会机构资源合作，这就叫资源整合型节目。从这个角度上讲，资源整合型节目是节目生产模式的重要转变。

一、选择有强大话语权和注意力的选题，选择企业作为盟友。大家都在听你说，那是收视率高；如果别人都在谈论你，那就叫火，叫影响力大；想让大众都谈论你，单靠做节目是不行的。如果没有蒙牛的大力推广，《超级女声》就没有那么大的影响力。

所以不要排斥企业，要想方设法进行资源嫁接。还有设计品牌符号的问题，刚才已经举了《超级女声》的例子，超级女声不仅名字是注册商标，它还有品牌LOGO、主题歌、品牌口号，这种设计都不是电视台惯常的"玩法"，以前只有企业才这样做。做节目要打影响力，要树立品牌，那就需要系统的品牌设计。

二、转换节目生产意识，最大化地开发影响力价值。什么叫影响力价值？影响力是什么东西？怎么去用？一是话题。比如《大风车》节目收视率是3%，而《超级女声》收视率也是3%，但看了《超级女声》以后大家会议论"玉米"、"凉粉"，这就是有"话题"。同是3%，口口相传的超级女声最后可能是30%的人知道了这个节目。电视剧、动画片的传播因为没有话题，就没有再传播的载体。从传播学的原理讲，话题就是把收视率的单向一次传播变成反复的N次传播，话题就制造了影响力。大家可以在网上搜索"湖南卫视"四个字，每天至少有20篇关于湖南卫视的报道。你再搜索其他任何一个卫视，基本都是节目表。为什么？因为他们缺少湖南卫视那样的话题，别的媒体都懒得去说它。

少儿频道的个别节目也产生了很大的影响力。比如小记者十七大报道，在百度上可搜索到；《欢乐盛典》可搜到一万多篇文章。湖南卫视《变形计》和《快乐男声》的贴吧有几十万条帖子，但是少儿频道的节目没有贴吧，这是需要专人去做的事情。

《超级女声》使节目生产模式发生了转变。它不再是电视台关起门来唱、投票，而是电视台和社会资源相融合，是资源整合型的节目，也叫大型活动。假设某节目收视率是1%，在中央电视台内部可以算是高收视率。但一年下来，收视率只是1%的重复和累积，影响观众的范围可能一直在10%左右；如果借助企业资源，每发一张海报至少能有上百人次看到，企业有时候也能成为媒体。

企业的海报、促销品，都可以成为我们节目宣传的渠道。我把《超级女声》总结成"媒体变成了话题，企业变成了媒体"，这是一种反操作，是企业和媒体角色的互换。不只选秀节目可以这样做资源配置，任何活动都可以做。

央视少儿频道
编辑部副主任

阎 建 光

概 述： 少儿频道肩负"引领成长 塑造未来"的使命，本文从实践角度对此进行了梳理。

央视少儿频道
发挥德育示范作用的启示

　　青少年是祖国的未来，是中国特色社会主义的未来建设者和接班人。他们的素质决定国家未来事业的成败。党的"十七大"报告指出，要"动员社会各方面做好青少年思想道德教育工作，为青少年的健康成长创造良好的社会环境"。一方面要做好思想道德教育工作，一方面要创造良好的社会环境。这为广大少儿电视工作者进一步指明了方向，提出了更加明确的要求。央视少儿频道开播五年多来，认真贯彻落实胡锦涛总书记等党和国家领导人就开办频道所作重要批示精神，努力营造有益于少年儿童健康成长的绿色文化空间，被社会各界誉为"孩子开心、家长放心、学校称心"的绿色频道，广受社会各界好评，极大地发挥了未成年人思想道德教育重要阵地的作用。

2003年少儿频道开播晚会《让梦想起飞》

一、频道建设：打造强大专业媒介平台

"各类大众传媒都要增强社会责任感，把推动未成年人思想道德教育作为义不容辞的职责，为加强和改进未成年人思想道德建设创造良好舆论氛围。"[1] 开播五年多来，央视少儿频道始终坚持把社会效益放在首位。着力通过"去三化"（去成人化、碎片化、新闻化）达到"三提升"（提升绿色收视率、品牌竞争力、社会影响力）。去成人化即：加强频道编排和节目内容的对象化，突出"收视群体分众化、整点播出卡通化"的编排理念，不同时段针对不同年龄的少年儿童受众，强化传播的针对性与实效性，并坚持"以儿童为本"的制作理念。去碎片化即：强调频道编排的专业性和整体性，优化栏目配置，栏目数量由27个减少到17个；频道编排分为日常版和周末版，创新长假特别编排，打造"快乐大巴"播出季品牌。去新闻化即：按照儿童成长规律，着力打造可供几代儿童收看、具有"重复消费"特性的少儿精品节目库，提高节目的使用率。在国内少儿（动画）频道遍地开花、境外少儿节目积极抢滩入境的激烈竞争态势下，逐步发展壮大为国内成长最快的电视频道。收视份额从开播之初的0.1%，提升至09年上半年的2.54%，在全国58个上星频道中列前7位，进入了全国上星频道的第一方阵，创造了我国电视频道收视份额提升最快的纪录。在全国38个少儿（动画）频道中，央视少儿频道占全国少儿收视市场70%，观众规模近8亿，日均观众到达量近1.8亿。频道每天播出18小时，拥有大量的自主品牌栏目，节目原创力和影响力远远大于同类频道。频道还成功举办了国际大学群英辩论会、亚太大学生机器人大赛等国际性活动，频道的国际地位稳步提升，现已成为亚洲地区收视人口最多、制作能力最强、最具影响力的本土少儿频道，在中央电视台这一"第一媒体"中，构建出一个全国性的有益于未成年人思想道德教育传播的专业平台。

二、重大报道：彰显思想道德教育的吸引力与感染力

随着我国社会主义市场经济的深入发展，与社会进步相适应的新思想、新观念正在丰富着未成年人的精神世界。与此同时，一些领域道德失范，一些成年人缺失理想信念，世界观与价值观发生扭曲等消极现象，也给未成年人的成长带来不可忽视的负面影响。央视少儿频道抓住重大报道契机，创新形式与内容，彰显专业媒体强大

[1]《中共中央国务院关于进一步加强和改进未成年人思想道德建设的若干意见》，2004年2月。

的吸引力与感染力，打造了一系列未成年人思想道德教育的新亮点。

2007年9月，央视少儿频道成功组织小记者参与党的"十七大"采访报道，确定了"用孩子的眼睛观察盛会；用孩子的视角报道盛会；用孩子的关注解读盛会"的节目理念，认真组织实施，精心策划播出特别报道近600分钟。向广大少年儿童宣传"十七大"盛况、传播"十七大"精神，引领他们关注时事，增进未成年人爱党爱国的思想情感。不仅收视率比平时有大幅提升，还引发了社会各界、海内外观众的强烈反响，央视国际网站"小记者报道"专页点击量突破242万人次，社会各届普遍认为小记者特别报道是加强少年儿童思想道德教育的新创举。

与此同时，央视少儿频道还精心编排播出一批自制专题片和剧类节目。《童心回放》邀请专家与少年儿童赏析经典影片《小兵张嘎》、《洪湖赤卫队》等。纪实专题片《红色纪事》通过儿童视角、纪实手法，讲述"朱德儿童团"、"小萝卜头"、"灯塔"以及刘胡兰的故事。《音乐快递》推出《追太阳》、《少年东方》、《这片胡杨》等内容健康、主题向上的儿童音乐电视作品。《动画城》、《银河剧场》、《动画乐翻天》分别安排播出《中华小子》、《哪吒传奇》、《东方神娃》等优秀国产动画系列片。这些节目侧重加强少年儿童的传统美德和爱国主义教育，展现孩子们健康成长的良好风貌。

在中宣部、中央文明办的统一部署和领导下，2008年6月27日晚，央视少儿频道成功

左上：十七大小记者采访教育部长周济。

左下：2007年小记者十七大特别报道。

右上：小记者在十七大记者招待会上提问。

举办"抗震救灾英雄少年"颁奖晚会——《英雄少年》。中央领导同志给予充分肯定，认为晚会很成功，主题鲜明、基调昂扬、思想性强，表现了少年英雄们在地震灾害面前临危不惧、勇于救人、坚强乐观的品质和精神，充分说明我国的新一代少年儿童是大有希望的。据统计，全国2.43亿观众收看了晚会首播，1.12亿观众收看了第一轮重播，60余万观众通过央视网实时收看，引发社会各界强烈反响，认为晚会催人泪下、感人至深、震撼人心，不仅是抗震救灾英雄少年的闪光舞台，更是加强青少年思想道德教育的生动教材。《英雄少年》晚会光盘还被发放至全国所有中小学校，作为德育教材。

三、典型宣传：挖掘并传播榜样的精神力量

对典型人物或人物群体的宣传，"既是对其事迹所凝聚的精神内涵和核心价值进行总结的过程，也是通过宣传其事迹对人物精神和社会主义核心价值体系进行再宣扬、再传播的过程。"[1] 汶川大地震发生后，央视少儿频道派出30余人深入灾区采访拍摄，挖掘了大量鲜活感人的师生抗震救灾事迹，"六一"特别节目《我们在一起——向地震灾区的师生致敬》在大地震发生后的第18天录制，隆重推出了北川中学等英雄群体和林浩等英雄少年，生动展现了师生们面对灾难坚强不屈、团结互助的感人事迹，歌颂了社会各界特别是广大师生坚定的责任感与信念，有效表达了全国人民与灾区少年儿童"在一起共渡难关"的决心与信心。2008年6月1日晚，该节目在央视综合频道、少儿频道并机播出，通过两个频道收看特别节目的观众分别达1.57亿人、4100万人。央视少儿频道还推出了12集《抗震救灾英雄少年》人物专题节目，紧密贴近儿童视角、儿童情趣，刻画了雷楚年、马健等英雄形象。

"只要是来自生活，而非主观臆想的典型，对自己时代的人民就有启迪和引领作用，因为它代表了这个时代普遍的价值追求。"[2] 这些典型宣传精品节目的问世，树立了新一代少年儿童学习的榜样，传递了党和政府对广大少年儿童的殷切关爱，激发了中华儿女的爱国情感。广大少年儿童纷纷表示："这些同龄英雄们表现出来的品质和精神，将是激励我们人生前进的不竭动力"；"这些产生在当代和我们身边的少年英雄，是我们心目中真正的'明星'，榜样的力量将更加激发我们成长、成材，做积极向上、让人放心的一代！"

[1]刘汉俊：《在人物报道中体现社会主义核心价值体系——窦铁成事迹宣传的思考》，《新闻战线》，2008年第6期。
[2]陈保平：《试论当代典型的价值共识——从〈轮椅上的天使——陈海新〉说起》，《新闻战线》，2008年第4期。

《抗震救灾英雄少年颁奖晚会》

四、常态宣传：让思想道德教育润物无声

　　央视少儿频道十分注重未成年人思想道德教育的常态化宣传，始终坚守"绿色"品位，不为宣传而刻意说教，而是在常态宣传工作中着力创新，实现了思想道德教育润物无声的良好效果。

　　一是发挥全国国产动画片制播量最大电视平台作用。精心打造《动画梦工场》、《动画乐翻天》、《银河剧场》等国产动画和优秀儿童剧播出窗口，推出《中华传统美德故事》、《大英雄狄青》、《郑和下西洋》等优秀作品，以未成年人最为喜爱的剧类节目传播中华民族优良传统和革命传统，引导广大未成年人从小树立民族自尊心、自信心和自豪感。央视少儿频道每天播出国产动画片达550分钟，其中首播210分钟，国产动画播出量约占频道全天节目播出量的50%。开播五年多来，频道首播的国产动画片超过19万分钟。并每年投资近1亿元的原创资金，推出的国产动画大片《哪吒传奇》、《小鲤鱼历险记》等创下国内收视高峰和海内外销售佳绩。

　　二是重点打造《成长在线》、《智慧树》、《新闻袋袋裤》、《动感特区》、《英雄出少年》等不同年龄段品牌栏目和《"快乐大巴"少儿频道特别播出季》品牌节目。还与中央文明办积极配合，推出《成长新烦恼》等多个系列的少儿DV情景剧。深入城市、乡村，通过"电视化"的手段，用娱乐的方式将学校、家庭、社会相结合，共创未成年人思想道德教育网络，引导广大未成年人正确认识社会发展规律，正确认识国家的前途和命运，增强个人成长进步的使命感。精心策划推出的《文明小贴士》、《做有道德的人》、《明荣知耻》等主题节目，大力普及"爱国守法、明礼诚信、团结友善、勤俭自强、敬业奉献"的基本道德规范，反映广大未成年人健康成长、快乐生活的积极面貌，激励他们勤奋学习、大胆实践、勇于创造。引导他们牢固树立心中有祖国、心中有集体、心中有他人的意识，学会处理人与人、人与社会、人与自然等基本关系。

五、体验互动：使思想道德教育入脑入心

电视节目的互动性与参与性互相关联，参与是互动的前提，而互动则是参与的延伸与结果。而"体验性的互动收视其实是一种心理的、精神的、情感的虚拟互动，它是无形的心理过程，而非具体的形式沟通。形式沟通是手段，心理沟通是指向"[1]。央视少儿频道针对未成年人特点，在广开"观众的参与"渠道的同时，着力推进"节目对孩子日常生活的参与"，形成了良性的体验互动局面。

未成年人参与央视少儿频道的渠道十分广泛。一是传统的现场参与、来信来电参与，以及央视国际网站少儿频道的即时互动参与。二是充分发挥未成年人的主体作用，通过小记者、小主持人深度参与《新闻袋袋裤》、《大风车》等栏目的采写、制作和播报，在成人的指导下完成孩子们解读新闻、了解时事、提供信息和服务的全过程。通过"儿童写儿童"，让未成年人以自己的视角发现身边的新闻线索与故事，增进对生活的了解；通过"儿童拍儿童"，让孩子们关注社会，贴近实际，寻找生活的积极意义；通过"儿童评儿童"，让孩子们自主判断选择，培养未成年人的现代公民意识和道德素养。

央视少儿频道还有效利用电视媒体平台资源，积极关注并参与未成年人的日常生活。《快乐体验》栏目深入全国城市乡村，每周推出体验生产劳动、贴近未成年人具体生活的节目。"新世纪优秀儿童歌曲推选活动"吸引了下自2岁上至80多岁的社会各界人士20余万人参与投票。大型中学生科技发明创新竞赛节目《我是发明家》吸引3万青少年发明爱好者参与，展示他们日常生活发明成果，受到《光明日报》肯定。《童心里的歌》大型儿童歌曲推广演唱会，为传唱健康儿歌、抵制"粗口歌"在校园流行发挥了积极作用。

央视少儿频道以其"绿色频道"的品牌特征，把家庭、学校、社会三者联系起来进行"全方位互动"。贴近儿童生活、贴近儿童情趣、贴近儿童市场，使频道节目成为广大少年儿童生活中有价值的重要构成部分，实现了思想道德教育入脑入心的效果。

六、人文关怀：注重未成年人媒介素养教育

美国媒介素养研究中心认为，媒介素养就是人们面对媒介各种信息时的选择能力、理解能力、质疑能力、评估能力、创造和制作能力以及思辨的反映能力。"非常有

---

[1]陈保平：《试论当代典型的价值共识——从〈轮椅上的天使——陈海新〉说起》，《新闻战线》，2008年第4期。

必要通过媒介素养教育来发展以青少年为主的受众认识和利用大众媒介的能力,提高青少年使用、利用媒介的能力。"[1] 央视少儿频道坚持以儿童为本,其"尊重、支持、引导、快乐"的频道核心理念,以及丰富多彩的健康节目内容,都体现出浓郁的人文关怀。与此同时,始终尊重未成年人的独立人格,充分尊重他们选择、评估、质疑和参与频道节目的权益,为提升未成年人的媒介素养办实事。在开播一周年之际举办的"首届少儿频道儿童论坛",首次把评估节目的权力交给孩子,由儿童代表投票、发言,对少儿频道栏目、节目、卡通形象和主持人表现等多个方面进行评估。少儿频道"隔墙设耳",让所有栏目制片人、主持人近距离倾听孩子的声音。在频道开播三周年时,聘任100名"年度观察员",再一次把节目评估的权力交给孩子们和儿童专家。小观察员们纷纷通过开设专题网页等形式,以极高的热情参与到频道节目的"日常监督"工作中。此外,央视少儿频道还通过《新闻袋袋裤》、《成长在线》、《文学宝库》等栏目,加大力度宣传文明上网,推介文学名著,引导未成年人正确选择媒介,汲取有益于健康成长的媒介信息。这些措施有效提升了频道的贴近性和影响力,实现了从"满意度"到"美誉度"的跨越。调查表明:88%的少年儿童认为频道"时尚前卫、轻松活泼、健康向上",96%的家长和老师对少儿频道表示"满意"。

结　语

加强未成年人思想道德教育,是全社会面临的一项长期而艰巨的任务,党和政府对此高度重视。2009年2月20日至21日,全国净化社会文化环境工作会议在北京举行。中共中央政治局常委李长春对会议作出重要批示,他强调,"进一步净化社会文化环境,是社会主义精神文明建设以及加强和改进未成年人思想道德建设的基础工程,是实现亿万家庭最大希望和切身利益的民心工程,是确保中国特色社会主义事业后继有人的希望工程。"[2] 净化社会文化环境、促进未成年人健康成长,是党中央从党和国家事业长远发展出发作出的重大决策部署。需要以建设社会主义核心价值体系为根本,以促进未成年人健康成长为目标,综合运用多种手段实现对社会文化环境的长效管理,需要社会各方面进一步提高思想认识,不断增强责任感和紧迫感,共同参与,疏堵并举,形成强大合力,积极营造有利于未成年人健康成长的良好氛围。综观央视少儿频道在频道建设、重大报道、常态宣传、典型宣传、体验互动以及未成年人媒介素养教育等方面的创新实践,其求真务实、开拓创新所取得的成绩,在净化社会文化环境、促进未成年人健康成长的时代背景下,无疑具有重要的媒体示范意义。

[1]张开:《媒介素养概论》,中国传媒大学出版社2006年版,第208页。
[2]张开:《媒介素养概论》,中国传媒大学出版社2006年版,第208页。

央视少儿频道
编播组组长
许蓓蓓

概　述：没有大牌明星、没有滥情搞怪、没有广告轰炸，一个富有温情理念的深度互动正在席卷全国。她的创新密码预置了她的成功之路。

创新互动　引领成长
——解析《快乐搜友大行动》

"你愿意做央视少儿频道的好朋友吗？""我愿意！"在做出肯定的回答之后，伸出手臂，由频道主持人"啪"的一下，给孩子戴上象征着央视少儿频道与小朋友友谊的"啪啪圈"，从此，央视少儿频道又多了一个忠实的朋友。这种仪式感极强的"搜友"行动已经成为央视少儿频道非常成功的互动方式。伴随着《快乐搜友大行动》在全国推进，央视少儿频道成功地拉近了与核心受众的距离，有效地提升了少儿观众对频道的忠诚度，扩大了频道影响力。

《快乐搜友大行动》于2007年"六一"推出，是一档节假日品牌互动节目。节目在寒暑假、新年、春节、"六一"、国庆节、频道的生日，以"寻找央视少儿频道的好朋友"为主线，展开全国"搜友"行动。频道主持人走近孩子，亲密接触，平等交流，深度互动。

"以受众为中心"——创新"多维互动"模式

在以受众为主体的电视竞争中，"互动"从未像今天这样至关重要。以往节目中，通过热线电话、书信、网络邮件等方式参与节目的互动手段，信息

《快乐搜友大行动》海报

仅局限在媒体与受众间传递，这是一个维度内的互动。在少儿频道《快乐搜友大行动》中，媒体的信息走向呈现出多种维度：从媒体到受众，从受众到媒体，再从受众到受众。在这种多维互动中，儿童受众与电视媒体是平等的，他们既是信息的发送者，同时又是信息接受者和加工者的角色。"互动"不仅仅是参与，更使得屏幕外的观众有机会成为节目主角，并与节目发展休戚相关。他可以影响节目发展的方向，同时也能有效地对节目内容进行二次传播，从而形成"以受众为中心"向外发散的"多维互动"模式。

1. 发送"快乐邀请函"，由儿童决定"搜友"行动路线

《快乐搜友大行动》的行进路线并不是由少儿频道来决定的，而是严格遵照孩子们给少儿频道发送的"快乐邀请函"中显示的地点，派出前去"搜友"的少儿频道主持人，从城市到乡村，从学校到社区。在这层互动关系中，观众获得了更多的"内容主权"，从而对电视节目产生了影响作用。

2. 参与话题讨论，请大家告诉大家

"传播学之父"施拉姆曾在考察了几千名儿童的电视活动之后，将儿童的电视需要分为三类：第一，娱乐需要；第二，寻求信息的需要；第三，即是社会交往的需要，儿童常常将电视看做社交工具，并从电视中找到自己与同伴的共同话题。《快乐搜友大行动》专门在"搜友总部"开辟了话题讨论的时间，由儿童观众通过拨打电话或亲临总部的方式进行彼此间的互动交流。少儿频道的主持人每天都向小观众提出不同的互动话题，吸引儿童参与。同时也定期展开"邀请函大反馈"，由儿童观众阐述自己给少儿频道发送邀请函的理由，并向全国的孩子们推介自己的家乡。在这个过程中，儿

童真正成为节目的主角, 把自己的故事和更多的同龄人一起分享。

3. 寻找少儿频道的好朋友, 让儿童成为媒体的代言人

很多参与"搜友"行动的孩子都会遇到这样一个题目,"请为少儿频道寻找更多的好朋友"。这也是将受众从"被动参与"推向"主动传播"的转变, 无形中, 少儿频道把儿童观众发展成了自己的代言人, 由孩子们号召并带动身边的朋友、父母一起参与, 形成受众与受众之间持久的互动。实际上, 这也是一种频道推广手段, 通过这种推广方式, 让孩子、父母以及身边的人在轻松的氛围中建立和央视少儿频道的亲密关系。

《快乐搜友大行动》强化了由儿童亲身参与互动的概念, 因此迅速发酵, 并拥有了广泛的社会影响。自行动开始以来, 少儿频道已累计收到全国各地少年儿童发来的邀请函数十万封, 而且这个数字每天都在不断地刷新, 孩子们纷纷邀请少儿频道的主持人到自己的家乡做客。在每一次"搜友行动"的进行中, 央视网上的"快乐搜友大行动"都会成为话题最热, 圈友最多, 人气最旺的专题社区, 网友们的活跃程度位居央视所有栏目及活动之首。

从播出效果来看, 《快乐搜友大行动》最高收视率达到1.12%, 位列少儿频道假期自制节目第二位。

"玩具是儿童的天使"——创新互动道具"啪啪圈"

颇受孩子们欢迎的英国BBC幼儿节目《天线宝宝》的创作者之一、英国幼教专家安妮·伍德女士认为, 最容易吸引幼儿注意的莫过于由他们的经验和视野能领会的事物和环境, 而幼儿们理解这一讯息的途径就是"玩乐"。在《快乐搜友大行动》中, 少儿频道特别设计了一种能够充分调动起孩子们"玩性"的节目道具——"啪啪圈"作为活动的标志统一送给参与活动的孩子, 用来象征少儿频道和小观众们的友谊。

"啪啪圈"内部采用金属弹片设计, 外观布满少儿频道的"风车"标志, 一条直直的"啪啪圈", 轻轻拍打在手腕上, 立刻按照手腕的粗细卷曲成漂亮的手环。"啪啪圈"的名称创意来自于戴在手腕上发出的那清脆的"啪"的一声, 从另一个角度来说, "啪"的发音方式也充分符合儿童特点, 对于任何年龄段的孩子, 这个发音都是最容易的。"啪啪圈"一经推出就迅速受到全国孩子们近乎疯狂的"追捧", 很多孩子在提到"啪啪圈"的时候, 不约而同地在前面加上了一个形容词——"神奇的"。在孩子们

主持人：董浩　　　　哆来咪　　　　　黄炜　　　　　曹震　　　　　金豆

看来，"啪啪圈"是好玩的，时尚的，让人自信的。喜欢"啪啪圈"的孩子不分大小，这个小小的手环俨然成为孩子们中的一个"全龄玩具"。

四川成都的黄耘瑶同学在来信中说："每次看到'啪啪圈'在电视上出现，我就好眼馋，我好希望戴上'啪啪圈'做少儿频道的好朋友。因为，'啪啪圈'代表着快乐、纯真、乐趣……我们班的好多同学都想做少儿频道的好朋友。"

江苏省张家港市一位三岁女孩的母亲说："我的女儿自从看了《快乐搜友大行动》以来，就老是嚷着要少儿频道的主持人来家里做客，要戴'啪啪圈'。有时还要我和她一起模拟《快乐搜友大行动》的口号，我问'你愿意做少儿频道的好朋友吗'，她就大声回答'愿意'。"

鲁迅先生曾说，"玩具是儿童的天使。""啪啪圈"作为少儿频道的一种形象标识，不仅发起了一个行动，更代表着一种承诺，代表一种少儿频道和孩子们的亲密关系。少儿频道牢牢抓住儿童的心理，充分调动儿童的天性，通过"啪啪圈"这个形象的物品，让孩子们非常具象地感受到来自少儿频道的关爱，维系加强观众对频道的忠诚度。就在这"啪"的一声中，把孩子和少儿频道的友谊紧紧地扣在了一起，在频道和受众之间搭起了一座坚不可摧的桥梁。

从早期代表少儿频道主色调的橙色和绿色的"啪啪圈"，到与奥运五环颜色相同的蓝、黄、黑、绿、红五色"奥运加油版啪啪圈"，再到"少儿频道五周年金色纪念版啪啪圈"以及2009年寒假推出的"银色假日版啪啪圈"，《快乐搜友大行动》每播出一季节目，就在孩子们中间掀起新一轮高潮。在网上，孩子们还自发开设了专门讨论"啪啪圈"的社区，可以说，央视少儿频道的互动活动由"啪啪圈"开始，已经成功地上升为一个话题传播。

"做央视少儿频道的好朋友"——积极履行媒体职责

据央视－索福瑞媒介研究数据表明，4—14岁儿童平均每天接触电视的时间为2小时22分钟。从幼儿园到初中毕业的12年时间里，儿童接触电视的时间长达1万多小时，远远超过他们学过的任何一门课程的时间，电视成为所有传媒中儿童接触最多、影响最大的一种介质。因此，少儿频道对于少年儿童的身心发展，影响尤为重大和深远。作为面向全国3.67亿少年儿童的国家级专业儿童电视媒体，其所扮演的角色应远远不只是一个快乐制造者，更应该是心灵伙伴、良师益友，引导少年儿童健康成长。

1. 陪伴心灵成长，给孩子一个梦想

每个家长都期盼自己的孩子能够健康茁壮地成长，媒体同样有责任为孩子们营造一个良好、和谐的成长氛围，让他们拥有健康的心理，健全的人格。央视少儿频道经常能够收到一些来信，孩子们把自己的烦恼告诉少儿频道。这个时候，他们需要一个倾诉的对象，而媒体在此时充当了倾听者和指导者的角色。

儿童心理学显示，朋友关系是儿童时期仅次于父母亲情的一种依赖关系。《快乐搜友大行动》在策划初始就明确提出了"朋友"的概念，号召孩子们做少儿频道的好朋友，同时，少儿频道也承诺要成为孩子们永远的好朋友。一个专业的少儿频道应该为广大少年儿童所信赖，如果没有完全做到为少年儿童服务，就辜负了这种信赖，只有真诚地和孩子们做朋友，才能走入他们的心灵深处，拉近媒体与受众的距离。而当受众真正把媒体视为"朋友"的时候，央视少儿频道在由专业频道向品牌化迈进的进程中，成功地收获到了持久稳固的品牌忠诚度。

此外，《快乐搜友大行动》还树起梦想的旗帜，坚持给孩子一个美丽的梦想。河南郑州的一个家庭，通过"搜友行动"获得了"全家少儿频道梦想之旅"的机会。作为少儿频道的"超级客人"，他们一家三口应邀来到北京，少儿频道以"亲密朋友"的身份接待了这个"贵宾家庭"，并全程提供VIP级服务：从站台接站到参与少儿频道的节目录制，再到参观电视塔等，每一个环节都有一位央视少儿频道的主持人全程陪同和讲解。10岁的小女孩高呼："我简直幸福死了，少儿频道不仅是我的好朋友，也成为我爸爸妈妈的好朋友了！"

正因为节目不断地满足孩子们的心愿，实现他们的梦想，所以，又会有更多的孩

子加入到给少儿频道发送"快乐邀请函"的队伍中来，因为，这样的节目让他们看到了机会，和自己喜欢的主持人面对面不再是奢望，那个屏幕左上角挂着"CCTV-少儿"的电视频道也不再是遥不可及。孩子们相信，少儿频道真的就在自己的身边，他们喜欢的主持人真的会在不经意间突然出现在眼前，少儿频道就是自己的一个好朋友。很多家长也来信、来电称"《快乐搜友大行动》为孩子们搭建了快乐成长的平台，给孩子们带来了梦想和希望"。有朋友，有梦想，央视少儿频道为孩子的健康成长创造了一个良好的心理发展环境，与此同时，也获得了受众发自内心的认可。

2. 了解收视心理，注重寓教于乐

西方有学者提出"Edutainment"的观点，这个词是由"教育（Education）"和"娱乐（Entertainment）"组合而成，意为"通过玩乐传递学习讯息"，使观众在潜移默化中受到教育。

《快乐搜友大行动》根据少儿观众在收看电视节目时的心理需求，对节目环节精心设计，并加以引导，培养公德意识。通过观察，少儿在观看电视节目时，常常会表现出奇趣的贪玩心理，因此节目特别设计了一个有趣的游戏环节：两个家庭需要在规定时间内寻找到少儿频道的标志，用时最短一方获胜。然而，在他们寻找的过程中，总会出现一个路人向他们寻求帮助，比如，要求帮助寻找走失的孩子，帮助寻找丢失的手机，帮助拍摄纪念照片等。是停下来占用自己的游戏时间帮助别人，还是抛开路人，继续自己的游戏？其实，孩子们并不清楚，他们要寻找的少儿频道的标志就藏在需要帮助的路人那里，只有积极地帮助别人，才有机会获得游戏的胜利。在玩耍中，孩子

《快乐搜友》主持人：鞠萍　　　　　金龟子　　　　　月亮　　　　　芝麻

们逐渐树立起公德意识，学会了帮助他人。

少年儿童在观看电视节目时，还常常表现出强烈的偶像崇拜心理。因此少儿频道特别约请了邓亚萍、李小双、莫慧兰、高敏等奥运冠军进行宣传片的拍摄，通过榜样的力量给孩子们以激励。

2008年，少儿频道《快乐搜友大行动》还融入了全新的"奥运"理念，在"搜友"的过程中宣传奥运，号召大家一起为奥运会加油。在"搜友"总部的演播室中，主持人每天通过"电话搜友"提出有关奥运的小问题，孩子们通过答题就可以获得"啪啪圈"，这种方式极大地提高了孩子们学习奥运知识的积极性。关于"我能为奥运做些什么？"的互动话题自发布之日起，就在网上掀起了一场热烈的讨论，很多孩子都提出"要从身边小事做起"、"做自己力所能及的事情"、"爱护环境"等建议。活动充分调动了孩子们积极参与奥运的意识，巧妙地提高了少年儿童对北京奥运会的关注度。而根据奥运五环颜色设计的五款"奥运加油版啪啪圈"，更是把单纯的"搜友"行动和普及奥运知识紧密地联系起来。

河北邢台胜利小学一年级袁泉来信说："我特别喜欢少儿频道的节目，也特别想得到'啪啪圈'，我会用我从少儿频道学到的奥运知识对身边的人们进行宣传，为奥运献出自己小小的力量，如果有'啪啪圈'戴在我手上，那力量就会变得无穷大了！"

3. 关注弱势群体，倾情传播真善美

截至目前，央视少儿频道已在全国地级以上行政区域全部实现落地，县级以下行政区域总体落地率也高达96.22%，经常收看少儿频道的小观众，不仅有城市中家境优越的"小皇帝"、"小公主"，还有相当一部分孩子来自农村以及少数民族地区，甚至还有长期患病住院的孩子。对于他们，央视少儿频道积极履行媒体的职责，给予他们格外的关照。

在"搜友"过程中，少儿频道的主持人有的化身成"白衣天使"，带着少儿频道的礼物走进医院，看望患有白血病的儿童，为他们送去温暖和祝福；有的成为"爱心妈妈"走进福利院，给小朋友们做饭，还一起游戏；有的扮演成乡村教师，走进陕北的希望小学以及大草原上的蒙古族小学，为孩子们讲起生动的故事；有的主持人则装扮成少数民族的"阿黑哥"，在云南彝族自治县和少数民族的孩子们交朋友，到延边地区和朝鲜族小朋友一起打年糕；还有的主持人则前去陪伴那些父母奋战在鸟巢工地不能回家过年的打工子弟，和他们一起包饺子过年。只要孩子们需要，少儿频道就会出现在他们的身边。

2008年寒假，《快乐搜友大行动》播出了一期特别节目——"少儿频道永远的好朋友"，节目回顾了一位特殊的朋友——吴厚朴小朋友与少儿频道相识相知的过程。小厚朴年仅七岁，因身患白血病，没有上过一天学，他的很多知识都是通过在病房里收看央视少儿频道的节目获得的。他最大的心愿就是成为少儿频道的好朋友，让月亮姐姐亲手给他戴上"啪啪圈"。《快乐搜友大行动》不仅满足了小厚朴的心愿，还一直鼓励他，支持他，号召全社

啪啪圈

会帮助他，而小厚朴也始终以他的乐观和坚强回报着每一个关心他的人。最终，疾病还是无情地夺走了小厚朴的生命，故事的结局令人感伤，但节目并未去刻意渲染悲伤的情绪，节目中孩子脸上始终天真无邪的笑容传递着乐观与坚强，而来自各方的关爱也让孩子们看到了社会中的真善美。一位网友留言说："小厚朴走了，如果没有少儿频道，也许厚朴在天堂里只能记起父亲、母亲的微笑。可是现在，他还有一个特别温暖的家，那就是少儿频道。"

《快乐搜友大行动》坚持将最真实、善良、美好的东西传递给少年儿童，号召大家用自己的爱心去帮助别人，充分体现出少儿频道作为国家电视媒体的职责。

央视少儿频道在开播之初就提出了"引领成长·塑造未来"的主题词，少儿频道有责任创造更多的机会和途径使少年儿童能够亲身参与媒体的活动。事实上，成功的"互动"不仅能够取得良好的传播效果，而且已经逐步成为媒体的一种有效的推广方式，在树立频道形象、打造频道品牌的进程中，起到了极为重要的作用。对于少年儿童这样一个特殊的群体，央视少儿频道用情感塑造亲和力形象，通过孩子们可以接受的方式进行品牌推广，获得了目标受众对其品牌的情感认同，在不断的创新中成功地提升了频道的社会影响力。

《动画城》主持人
小 鹿

概　述：本文简略梳理了央视少儿频道的品牌成长历程，对业内频道品牌建设有一定借鉴。

从品牌的生命周期看少儿频道的成长

2003年12月28日，在社会各界的翘首企盼中，中央电视台少儿频道开播了！秉承"引领成长，塑造未来"的理念，它已悄然走过五年的历程，这五年是少儿频道品牌创立的过程，更是它飞跃成长的过程。收视份额的一路攀升、市场占有率的逐步扩大、社会影响力的日益增强和受众美誉度的不断提升，使少儿频道在广大观众及学校、老师、家长的心中牢固地树立起了优质品牌的概念。

商业品牌从诞生、成长、成熟到衰退会经过一个自然进化的过程，我们称之为产品生命周期(PLC)。而关于品牌的生命周期性，营销大师菲利普·科特勒认为，应该用产品生命周期概念加以分析，因为品牌代表着产品，是产品不可分割的一部分，更是一种有价值的无形资产[1]。如果以时间为横轴，以品牌态度为纵轴，那么品牌生命周期可以用一条类似S的曲线表示，我们称之为品牌生命周期曲线。

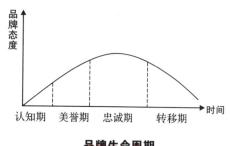

品牌生命周期

[1] 魏辛莉：《品牌生命周期研究综述》，《现代商业》，2007年第23期。

品牌生命周期依次经历品牌认知期、品牌美誉期、品牌忠诚期、品牌转移期四个阶段,电视频道品牌周期的发展也是如此。

一、传播"符号"个性化——少儿频道的品牌认知期

对于电视品牌战略而言,频道定位策略是首要的。美国品牌研究专家艾克和乔瑟米赛勒认为:"品牌定位能突出品牌识别的焦点,它确定了传播目标,即什么样的信息最能体现差异化,最吸引目标市场。"[1] 这里提出的"差异化"便是定位策略。"差异化"特征会使观众产生与众不同的认识和感受,从而产生"选择性记忆"甚至偏爱,培养起对电视媒介品牌的认知度、信誉度和忠诚度。

少儿频道从开播至今始终坚持"尊重、支持、引导、快乐"的核心理念,与儿童平等沟通、平等交流、尊重儿童权益、发掘儿童自身潜能才是有效吸引儿童收看并获得普遍认同的正确途径。少儿频道的受众定位于0—18岁的少年儿童及他们的家长,并具体细分为四个受众年龄段,进行分众编排、分众制作、分众播出。

1. 节目分为0—6岁学龄前节目、6—12岁小学生节目、12—18岁中学生节目以及家教节目。

2. 根据小观众的生活规律和作息时间细分播出时间段:上下午时段以学龄前儿童节目为主,早间、午间、傍晚、黄金时段以小学生和中学生节目为主,晚间时段以青年和家教亲子节目为主。通过实践"收视群体分众化"的定位理念,可以使小观众在合适时间段走进独属于他们的多彩世界。

3. 栏目编排上分为日常版和周末版,在寒暑假和节假日安排特别播出季,整合优势资源,进一步增强品牌竞争力。

在内容准确定位的基础上,传播符号个性化也是树立频道整体形象、彰显频道风格特色、强化受众认知度的重要手段。根据电视媒体发展规律、观众收视需求和频道特点,频道采用鲜明的形式,进行整体介绍和宣传,并对节目内容进行精心编排和美化。

少儿频道从它闪亮登场的那一刻起,就以健康向上的精神面貌、清新活泼的画面色彩和标志性的风车LOGO等一系列品牌视觉识别系统给人留下了深刻的印象。"引领成长,塑造未来"的宣传语精准地概括出频道的目标、定位和价值取向,是品牌核心价值的体现;作为频道标识的风车LOGO以桔绿粉蓝四色组成,充满朝气和童趣,成为显示频道个性的鲜明标志。这一LOGO不仅出现在频道的包装上,还出现在演播

[1]蔡骐:《电视品牌的生命之路》,《学术前沿》,2000年第12期。

室背景、主持台、宣传品等各个地方，起到反复强化的作用；一套分别以儿童为主体和以主持人为主体的频道宣传片在各个时段交替出现，有效地推广了频道自身形象；

少儿频道的音乐作为声音识别符号也很有特色，与之配套的"大手小手弹出和谐音乐"的宣传片给观众留下深刻印象，起到很好的辅助识别作用。

二、魅力来自"内容为王"——少儿频道的品牌美誉期

由一种事物的经验想起另一种事物的经验叫做联想，与品牌相连的记忆称为品牌联想。从受众的角度来看，品牌是媒体在观众心目中的固定化和标识化，它是观众长期观赏经验中形成的一种"集体无意识"。

当频道品牌进入快速发展时期，即品牌美誉期，频道节目开始被观众所熟悉，收视率明显提高，观众互动参与程度也迅速增强。品牌美誉期是构建品牌联想的关键时期。

对于频道而言，内容是物质载体，也是频道的竞争力和获得观众美誉度的核心。维亚康姆总裁雷石东认为，人们要看的不是传送，不是有线系统，也不是电视台，而是内容和节目本身[1]。中央电视台少儿频道自开播就将内容设置和编排摆在首位。一是重视国产动画的播出，相继形成了《动画梦工场》、《动画乐翻天》等国产动画品牌栏目；二是打造了一批原创品牌栏目，如《智慧树》、《异想天开》、《英雄出少年》、《新闻袋袋裤》等；三是精心组织大型活动和节目，提高频道影响力。《"六一"特别节目》、《亚太大学生机器人大赛》、《世界大学生群英辩论会》、《新年新诗会》等大型节目对提升少儿频道的整体形象和影响力起到推动作用；四是遵循儿童收视规律，打造长假和寒暑假特别编排，《快乐大巴》为孩子们在假期送上丰盛的"节日大餐"。精品节目内容赋予少儿频道核心竞争力和旺盛生命力。

收视份额的增长也证明了央视少儿频道获得的较高美誉度，少儿频道从开播之初的0.1%，到2008年的2.37%，少儿频道成为全国创办时间最短、收视份额提升最快的频道之一；观众规模由开办之初的1800万人，到2008年底已近8亿。经过五年的发展和市场培育，少儿频道实现了品牌锻造和收视业绩的双丰收，被誉为"孩子开心，家长放心，学校称心"的绿色频道。

[1]刘丽：《我国少儿电视内容产业研究》，《暨南大学》，2006年第3期。

2009年"六一"晚会《童心如歌》

三、时刻体现"观众本位"——少儿频道的品牌忠诚期

　　研究表明,国内外的少儿电视频道一般具有以下特征:第一,受众群体比较固定。少儿电视频道为未成年人群体服务,符合这一特定群体的需要,因而能够聚集一批比较固定的受众群体。第二,受众忠诚度较高。少儿电视频道针对未成年人特别设计播出的系列节目更容易吸引少年儿童的指名收看和重复收看。第三,节目定位专一,风格鲜明。这是指专业少儿频道的栏目与节目的内容专一,并且有一定深度和专业化水准;同时,频道整体风格有鲜明的少儿特色,不同的栏目都有一致的理念和风格,即为未成年人服务。[1]

　　少儿频道开播两年后的观众结构组成调查显示:从年龄上看,4—14岁的少年儿童较其他年龄观众更喜欢收看中央电视台少儿频道,所占比重超过40%,是频道的重要观众;25—44岁年龄组的观众(孩子的家长)也比较多。观众忠诚度方面,2004年,少儿频道4岁以上观众忠实度为1.77,其中4—14岁少儿观众忠实度为2.74;到2005年底,少儿频道4岁以上观众忠实度增加至2.49,其中4—14岁少儿观众忠实度增加至3.32[2]。

　　受众忠诚的实质是品牌忠诚,传媒品牌战略的核心也是品牌忠诚,而品牌忠诚靠维护。少儿频道在其发展过程中时刻审视自身,进行研究和品牌维护。一是做全方位的系统调研,为频道发展提供了科学理论依据;二是聘请社会各界资深学者和专家成立了咨询委员会,为少儿频道的发展献计献策,提供前瞻性的战略指导;三是定期请专家评估组为节目进行会诊和评分,提出意见和建议,督促节目改进;四是在全国范围通过推荐和自荐方式聘任年度观察员,请他们随时对频道进行观察和监督,集思广益,献计献策。

　　这些方法切实有效地推进了少儿频道的品牌发展和维护,提升了受众对频道的忠诚度。

---

[1]谢婷:《我国少儿电视频道的营销策略研究》,中国优秀硕士学位论文全文数据库,2008年第7期。
[2]余培侠:《我与少儿频道的故事》,当代中国出版社2006年版。

四、竞争意识与创新求变——少儿频道的品牌跃迁期

电视频道不像普通产品，由成熟期发展到衰退期后便很快退出市场，电视频道的特殊性在于它具有强大的自我修复能力，换言之，精神产品的性质决定了它具有快速、敏感的调节性、适应性，经营管理者可以通过及时对市场观众、电视产品、竞争对手、新的需求和变化等做出判断，并在节目的改版、调整、创新和编排中体现出来，这是促使频道资源摆脱衰退期困扰，重新进入成长期的关键性因素。

在频道定位明确、体现差异化和内容特色的基础上，要对频道的内容和编排进行周期性更新，并且这个周期性和少儿心理年龄成熟的周期成正比关系。随着时代的进步，少儿的心理成熟周期不断缩短。比如说，2005年的7岁少儿对世界的认知和个人知识储备方面整体远高于1995年的7岁少儿[1]，也就是相对来讲，2005年的少儿个人心理年龄成熟周期缩短了。因此，处于不同时间的同一年龄受众群的需求发生了变化，因而少儿电视频道的内容和表达方式也要随之发生变化。

少儿频道在开播两年后首次进行改版，重点调整了傍晚和黄金时段节目，加大国产动画片和少儿情景剧的播出量，吸引了全国超过50%的4—14岁观众，延长了高峰收视时段，同时全力打造《动感特区》、《英雄出少年》、《异想天开》三个周播栏目。频道改版后，收视份额连续两周大幅度提升，周平均份额从改版前的1.75%提升至2.1%。从2004年寒假开始，创新推出了长假特别编排，在取得较好效果的基础上，2007年进一步将这种编排确定为"快乐大巴"特别播出季，收视率和影响力大幅提升。

重新整合节目资源是延长频道生命周期的重要手段，以创新求发展使其使生命具有无限的延展性，历久弥新。

结　语

少儿频道五年的实践表明，专业频道必须注重整体形象设计，要有鲜明的个性。同时要始终坚持节目质量第一、内容为王的理念，不断增强节目对观众的吸引力。针对可能出现的"审美疲劳"现象，频道要经常了解观众的需求和市场变化情况，主动调整节目布局和编排方案，从而满足观众收视要求，追求持久的影响力和传播效益。

---

[1]谢婷：《我国少儿电视频道的营销策略研究》，中国优秀硕士学位论文全文数据库，2008年第7期。

概　述：以媒介批判手法，反思电视对青少年的影响，并以此探讨与青少年文化需求相对接的电视内容。

《快乐大巴》执行制片人
周晓丽

电视节目对青少年受众的文化引导

　　商业利益驱逐下的大众流行文化侵蚀着青少年的思想和心灵，一旦接触到轻而易举的轻松与浮华，他们便开始拒绝庄严与沉重，一头栽进"娱乐至上"的集体狂欢之中。青少年是国家的未来和民族的希望，他们需要的是一种能够启发思考、探索精神以及责任意识的文化引导，而大众传媒则应该承担着文化引导的主要责任。本文试图循着"电视给青少年带来了什么"、"青少年需要什么样的精神食粮"以及"电视节目如何实现对青少年的文化引导"的纵深逻辑思路层层剥笋，在对青少年电视节目娱乐化的现状加以反思的同时，浅析对青少节目进行文化引导的必要性和可行性，呼唤电视人为青少年健康成长所需承担的社会责任感。

一、电视给青少年带来了什么？

　　世界著名的媒体文化研究者和教育学家尼尔·波斯曼（Neil Postman, 1931—2003）是"媒介环境学"的开山鼻祖，他曾警告世人小心海量信息对儿童和成人的不良影响。作为一个文化斗士，他所从事的是一

场长期的斗争，斗争的对象则是被他视为污染的电视的副作用，这是他的"媒介批评三部曲"中的一个重要内容。在波氏的媒介批评三部曲之一《娱乐至死》中，他认为在电视大行其道的时代，人们逐渐失去了印刷时代曾拥有的理性思维和思辨能力。在这种情况下，波斯曼忧心忡忡："一切公众话语都日渐以娱乐的方式出现，并成为一种文化精神。我们的政治、宗教、新闻、体育、教育和商业都心甘情愿地成为娱乐的附庸，毫无怨言，甚至无声无息，其结果是我们成了一个娱乐至死的物种。"他针砭时弊，鞭辟入里，"文化越来越肤浅，因为选择在不可避免地越来越多，我们喜欢简单，不想思考，认为简单即真理……"[1]

波斯曼当时富有前瞻性的思想，对于当今中国媒介生态环境的改善仍有警示和启发意义。在大众流行文化泛滥的今天，很多青少年已懒于咀嚼深度文化中的营养，荧屏上泛滥的偶像剧、选秀节目、动画及游戏让他们目不暇接，乐此不疲。他们中的很多人津津乐道的是日韩剧、低俗的综艺娱乐节目、境外动画片、"无厘头"电影、偶像剧，网络游戏更是让一些青少年彻底放弃阅读和思考，完全沉浸在打打杀杀的虚拟世界。"娱乐至上"的集体狂欢，让一些年轻人的惰性像病菌一样迅速扩散蔓延。

这一切是否仅仅归罪于电子媒介呢? 波斯曼的弟子莱文森 (Paul Levinson, 1947) 在其博士论文《人类历程回顾: 媒介进化理论》中吹响了"媒介乐观主义"的号角。莱文森很尊重导师波斯曼取得的理论建树，却反对他对电子媒介尤其是电视的责难。莱文森认为，一切媒介的缺点都是可以补救的；媒介的演化服从人的理性，有无穷的发展潜力，它们会越来越人性化，越来越合理，越来越完美。他坚信人有无穷无尽的主观能动性: 人既然发明了媒介，就有办法扬其长而避其短[2]。莱文森的论点得到了中外众多学者的肯定。我国著名学者何道宽认为，莱文森超越了波斯曼，他用媒介乐观主义、人性化趋势等一系列理论取代了波斯曼的悲观论调。

作为电视节目的制作者，笔者对波斯曼的批判精神深为赞赏。诚然，我们无须全盘接受这位文化斗士对电视媒介的激进批判，但我们不得不承认，他对电子媒介弊端的警惕和深刻的危机意识值得我们关注。他的警告让我们电视人多了一份责任和担当。技术进步的潮流将推动着人类不断地前进，莱文森式的媒介乐观主义态度也许更有利于我们乐观地对待身边的困难。笔者坚信，电子媒介并没有错，关键是人类对于它的控制和利用。作为电视人，我们本着怎样的生产理念，来利用先进的电子媒介，为广大的青少年做好服务，实施一种健康的文化引导，是更为重要、更为迫切的任务。

[1] 尼尔·波斯曼: 《娱乐至死》，章艳译，广西师范大学出版社 2004 年版。
[2] 何道宽: 《媒介环境学的思想谱系——媒介环境学评论之三》，南京大学新闻传播学前沿课题研讨会，2007 年 5 月。

二、青少年需要什么样的精神食粮

《易经》云："与时消息，与时偕行，与时俱进。"意思是，了解对象，搜集与之相关的各种信息，不打无准备之仗，同时摸索自然规律，因循自然规律。因而，要做好青少年节目，必须先了解他们，在此基础上，用健康的文化去引领成长，塑造未来，培养出具有国际视野和深厚文化底蕴的新一代接班人。

1. 青少年需要能够引导其健康成长的精神偶像

根据大英简明百科的界定，青少年时期是介于青春期（puberty）与成人期（adulthood）之间的过渡时期（约12—20岁）。这是一段情绪高涨和充满压力的时期，在这期间他们开始脱离父母，但仍欠缺一种明确的社会角色定位。[1]成长中的青少年正处在开始勾画"理想自我"的年纪，在社会化的过程中他们急切地需要社会角色的认同。但因为心智和能力尚未成熟，他们把自己的梦想寄托在某些"意见领袖"的身上，并希望能通过模仿偶像的生活状态和处事方式来寻找身份认同，以此实现一个由"理想的我"到"真实的我"的自我转变过程。这就不难理解偶像在青少年心中的重要地位。因此，帮助青少年正确选择自身的精神偶像对青少年形成健康积极的世界观、价值观至关重要。

大众媒介的蓬勃发展将一批批演艺明星、企业家明星甚至昙花一现的网络明星、草根明星引入了青少年的视野，以"追星"为代表的大众流行文化成为新时代年轻人文化生活的重要组成部分。商业文化和大众传媒的合谋在某种程度上利用了青少年的身心不成熟、冲动和盲目追求流行的特性，他们所批量生产出来的"明星"和文化产品正慢慢扼杀着青少年的思想和意志。而当今社会对物质利益的片面追求也使青少年受到拜金主义、享乐主义和消费主义价值观的侵蚀。当年轻的心被媒介所建构的美好和温暖所包围，某些脆弱的心灵便期望以同样的方式在戏谑中生活，无忧无虑地观望世界，没有负担，没有责任，没有沉重，没有思考，这些在很大程度上造成了当下一些青年人浮躁、功利以及缺少担当的通病。

2.青少年需要能够启发思考和责任意识的文化引导

青少年一代的文化理想预示着民族文化的未来，缺乏思考和社会责任感的一代如何能成为国家和民族未来的栋梁、主人翁？一直以来，中共中央、国务院都把加强和改

[1]方建移、章洁：《大众传媒心理学》，浙江大学出版社2007年版。

进未成年人的思想道德建设，作为一项重大而紧迫的战略任务，提出了加强和改进未成年人思想道德建设的指导思想、基本原则和主要任务。其中明确指出青少年出版物"要把向未成年人提供更好的精神食粮作为自己的神圣职责，努力成为未成年人开阔眼界、提高素质的良师益友和陶冶情操、愉悦身心的精神园地"。同样，电视人必须担负起引导青少年健康成长的社会责任，给予他们充分的文化引导，为他们寻找正确的精神偶像。

三、电视节目如何实现对青少年的文化引导

1. 寻找人文精神的偶像

我国正处于重要的社会转型期，电视业的发展处于一个十分复杂的社会语境中。文化事业与文化产业的碰撞、人文精神和世俗精神的交锋都使中国电视在实践的过程中承受了很大的压力。正是各种无形的压力使得一些电视节目滑向了"偏重收视率而忽视文化引导"的失衡局面。收视率一方面验证了节目受欢迎的程度，另一方面成为电视台获得经济收入的砝码。但是，为了迎合受众的口味片面追求收视率，却会使节目的品位降低，从而形成收视率与节目品位之间的矛盾冲突。如果这种冲突没能妥善解决，那么人生观、价值观还未成形的青少年群体则是首当其冲的受害者。因此，实现收视率与文化品位的平衡则成为电视节目实现对青少年文化引导的一个既现实又负责任的追求。

2006年"十一"，于丹登陆央视《百家讲坛》，连续七大《论语》心得讲解使她成为"文化偶像"。且不论文化精英们对于"于丹讲《论语》"在学术层面正确性的争论，至少透过这一"文化偶像"，代表中国传统文化精髓的《论语》又重新回到了人们的视野，更多现代人又开始关注祖先留给我们的精神文化遗产，开始从"仁、义、礼、智、信"等中国儒家文化来反观当代生活。

2007年"六一"大型奇幻儿童互动剧《爱的彩衣》

"于丹现象"给青少节目的策划和制作提供了一种思路。尽管该节目的受众不仅仅局限于青少年群体，但这种老少皆宜并且兼具高收视率与文化品位的电视节目堪称电视策划的典范。当青少年沉迷于动画片、网络游戏和日韩剧的时候，为青少年寻找能够带给他们人文关怀和文化熏陶的偶像不失为一种好的尝试。

2. 充分发挥少儿频道的专业化优势

据不完全统计，全世界已有30个国家和地区的电视机构开办了近70个青少年儿童电视专业频道。央视少儿频道更成为培养未来人才、实现国家民族可持续发展战略的一个广阔平台。但总的来说，国内各少儿频道动画片、游戏娱乐类节目所占比例远远大于文化类节目。笔者认为，少儿频道应该充分重视处于青春期的12—18岁青少年群体，并发挥频道在研发、人才等方面的专业化优势，打造更多具有文化内涵，能感染少儿、并影响其成长的节目，尽到大众媒体对青少年文化引导的社会责任。

《中国高校人文地图》便是一次有益尝试。该节目本着"挖掘大学故事，启迪智慧与心灵"的宗旨，希望通过挖掘大学这座精神宝库来感染青少年观众，以博大隽永的大学精神来熏陶他们的性情，塑造他们的人格，激发他们的理想。在这里，他们年轻躁动的心可以远离都市的繁华和喧闹，尽情地吮吸人类文明、聆听人生智慧，感受大师们严谨的治学精神和无穷的人格魅力。这样的高校人文节目，通过镜头，去发掘那些沉淀在高校背后、沉甸甸的文化积累，用一个个生动的故事去感染正在成长的青少年，从而引导其树立正确的人生观、价值观，确立报效祖国的远大理想。

《三星智力快车》也是一档激发青少年追求更广、更深、更有趣知识的优秀电视益智节目，已经成为当代中学生展现风采的智力舞台和青少年观众享受知识大餐的智力乐园。一方面，具有强烈社会责任感的节目策划团队一直致力于为青少年提供前沿、经典、严肃的知识；另一方面，节目又能充分利用时尚的电视表现形式，将节目以生活化、时尚化、寓教于乐的形式展现出来。

另外，像《探索与发现》这样老少皆宜的经典纪实节目，也是开拓青少年文化视野、激发他们探索精神的典型例子。该节目集突破性的前沿研究和探险体验为一体，带领观众从自然与科学领域，探索地球的每一个角落，为足不出户的观众打开世界之窗。这类节目不但能够培养青少年的探索意识，还让他们能够体会到人与自然、人与动物之间微妙而又和谐的关系，培养他们的责任意识。

总而言之，制作更多具有丰富文化内涵，贴近未成年人，具备知识性、娱乐性、趣味性、教育性的精品节目是少儿频道建设的重中之重。

央视少儿频道编播组
张 璞

概 述：节目质量应由谁来评估？如何评估？本文介绍央视少儿频道立体评估体系，也为其他专业频道提供了参考。

浅析央视少儿频道
专家评估体系

一个频道要具备专业的品质，就必须具备专业的保障机制。少儿频道在开播五年的时间里已经创建了一套完整的前端策划论证和终端信息反馈的互动保障机制，咨询委员会、节目评估组、观察员制度等在此机制中应运而生。

一、协同合力——全国首个专业频道咨询委员会

当今，信息的广泛传播与知识的迅速更新，使得儿童电视要以前瞻的眼光去把握未来的发展趋向，以超前的意识去适应儿童未来生存与发展的需求。为了达到更好地动员全社会各方力量、充分听取与少年儿童教育相关的各机构的意见，整合社会资源，形成互动机制，将少儿频道办成精品频道，为少年儿童开辟一片绿色文化空间的目的，央视少儿频道借鉴国外的先进模式，成立了全国第一个面向专业频道的咨询委员会。咨询委员会的职能包括：对栏目和节目提供选题咨询、策划论证；对少儿频道的节目进行监看与评估；探索与研讨国

内外少儿电视的新情况、新特点、新趋向；为少儿频道的发展战略提供前瞻性指导。

全国人大常委会副委员长、全国妇联主席顾秀莲应邀出任名誉主任，委员会成员既有于蓝、田华等关心少年儿童成长的老一辈表演艺术家，又有陆士桢、沃建中等知名专家及教育部门高层领导。

2003年12月2日，央视少儿频道开播前，咨询委员会即召开了第一次会议。专家们对少儿频道的总体设计表示充分肯定，并就完善节目方案、提高节目质量、加强媒体与受众和社会之间的互动等提出了宝贵意见和建议。频道开播后至今，咨询委员会的委员们先后参与了少儿频道观察员首聘仪式、《感动未来》、少儿频道三周年研讨会等频道各项大型活动，并多次为少儿频道的编排策划、栏目设置、频道改版等建言献策。

咨询委员会的成立使少儿频道和社会间的互动实现了制度化、经常化，充分调动了全社会的积极性，集中了全社会的智慧与力量，形成了有效的互动机制，为少儿频道加强和改进未成年人思想道德建设进行了开创性的工作和实用性的指导。可以这样说，少儿频道的呱呱坠地，以及六年来的顺利运行、健康发展，与咨询委员会的每一位领导、专家的关心、支持和爱护是分不开的。

二、引导咨询——少儿频道节目评估组

当收视率日益成为评价电视节目的唯一指标甚至成为一种导向时，批评和质疑也随之而来。全面构建更加科学合理的电视节目评估体系，是加强频道管理，提高节目质量的重要保障，这就需要既考虑量化分析，又注重质的研究。这个质，既包含了观众满意度，更应该包含专家的评价。

1. 专家评估的必要性

专家评估对少儿电视节目有着特殊意义。其一，儿童有自己独立的世界，儿童电视节目必须以儿童的视角去表现儿童世界，以儿童的耳朵去听、以儿童的眼睛去看、以儿童的心灵去体验、以儿童的语言去表达、以儿童的思维去把握并最终能被儿童观众理解和接受。由于制片人、编导，包括摄像、撰稿等都是成年人，要避免成人化，要使节目与儿童心理契合，就需要有与儿童接触更多、更熟悉儿童视角的专业协助把关。

其二，电视已经成为儿童生活中不可缺少的部分。它对儿童的生长发育、心理和性格塑造以及知识的获取都有重要作用。因此，儿童电视很大程度上担负着教养儿童的责任。要保证电视节目真正有益于儿童成长，这就必须借助于教师、心理专家的指导。

如少儿频道特别聘请了学前教育专家、幼儿园的教师，对频道的学龄前节目提出了很多专业性意见。他们指出：节目中讲的"清清白白做人"、"分享生活"这些话幼儿是很难听懂的；又如，某节目中讲了一个"小猫偷东西"的故事，专家指出：编导忽视了一个很重要的问题——学龄前的孩子是不太分得清楚自己的东西和别人的东西的。老师们在处理这样的问题时，是绝对忌讳说"偷"字的。

其三，少儿节目评估与成人节目评估有所不同。成人节目的受众，绝大多数有着成熟的思维能力和判断能力、稳定的收视习惯和完整的表述能力，因此成人节目的评估，可以很容易地从受众那里获得有价值的第一手反馈。而少儿节目的核心受众是4—14岁的少年儿童，他们面对调查时所提供的意见随意性和偏好性很强。仅凭他们提供的反馈，很难形成完全科学、系统、有针对性的意见。所以少儿节目特别需要业内专家提供专业性的反馈意见。

2. 成立节目评估组，定期为节目提供专业指导

2004年9月，少儿频道以《中央电视台节目综合评价体系方案》为指导，在咨询委员会框架内成立了节目评估小组，主要负责少儿频道栏目的主观评价工作。评估组成员主要为业内资深同行和来自教育第一线的幼儿教师、大学教授、儿童心理教育专家，围绕"节目导向及定位、节目内容、表现手法、节目包装、主持人表现"五个方面对少儿频道播出的所有节目进行评议打分，并填写详细的评估意见。每位专家每月向频道递交一份所负责栏目的审看意见。为保证审看方式的科学，避免评估意见的一言堂，每位专家负责两个栏目的审看，每个栏目保证有两位专家审看，而每半年对专家审看的节目进行轮换。

节目编播组每月会对评估打分进行认真核算，并将评估意见制作成《少儿频道节目评估意见汇编》下发至各栏目，使各栏目的制作人员能够及时了解到领导和专家的意见反馈，有助于促进栏目间形成积极的竞争局面，提高栏目质量，推进栏目创新。

3. 评估专家的细分化

儿童电视节目以儿童为本，儿童在不同年龄段的差异性表现非常明显。每一个成长阶段的儿童，其心理特点、认知事物的能力以及易接受的传播方式都有其独特性，因此少儿频道的专家评估体制涵盖了不同领域的专家，这使得评估意见更加专业，更具针对性和指导性。

1）针对性强

除电视领域专家外，针对学龄前儿童节目，评估组聘请了幼儿教育专家、学前教

育杂志社的主编以及幼儿园教师；针对小学生的节目，聘请了少儿出版机构的专家、小学特级教师等；针对中学生的节目，聘请了中学生杂志的主编、中学班主任等；针对亲子互动节目，聘请了大学心理学教授等。此外，针对动画片和剧类节目，还聘请了动画界、影视戏剧界资深专家等。

2) 年龄结构合理

评估组专家的年龄结构构成合理，既有年长、经验丰富的老专家、老学者，他们从事少儿媒体、少儿教育工作工作多年，有着非常丰富的经验；同时也有年富力强、甚至非常年轻的70后、80后的专家，他们活跃在第一线，观念现代，与孩子接触密切。在评估意见中呈现出新鲜的视角、独到的看法，两者都是不可或缺的。

4. 评估方式的创新

与其他节目评估体系不同，少儿频道的节目评估专家不是裁判，他们提供的不是规则和得分牌，而是顾问，是引导员，是咨询师。除提出极具针对性的意见外，在评估方式的创新上也常有妙招——很多专家的孩子都是少儿频道的忠实观众，他们会和自己的孩子一起收看节目，如某学前教育专家表示："我在做评估时会观察我的小孩看电视时的自然反应，如果他对一个栏目感兴趣，他就会目不转睛；如果他走神了，就表示不感兴趣。"某退休的少儿教育专家会和自己的小孙子、小外孙女一起收看节目，把他的专业观点和孩子们的第一感受同时提供给频道。有时他们对于同一问题的看法可能会大相径庭；有的专家是小学、中学的特级教师，定期组织全班学生一起收看节目，并在课堂上展开讨论，让频道获得了极具价值的第一手受众反馈；某大学系主任，和自己的研究生组成了一个评估小组，共同审评，共同讨论，使最后形成的评估意见中呈现出年轻化的视角。

除了针对每一期节目及时点评外，专家还会就一个栏目一段时间的整体表现给出总体评价，以及栏目改版的规划建议等。

5. 审评会制度保证评估意见的全面、公正

节目评估组除每月组织专家日常评估工作外，定期还会召开集体审评会，组织组内所有专家集中在一起，打破组别对频道所有栏目进行集中审看、讨论、评分，并就频道整体现状提出意见和建议。会后同样制作出《少儿频道年度审评会意见汇编》，下发至各栏目。

审评会制度有两个作用：一是由所有专家共同审看并展开集体讨论，可以使每个栏目都获得更为全面的意见，避免了专家个人长期审看某一栏目而形成的评论惯性和审美疲劳，避免了专家的"一言堂"；二是集中审看频道的所有栏目，使专家宏观了

解频道的全貌及栏目设置，并对频道整体现状提出全局性建议。如在2004年和2005年举行的两次年度审评会上，专家们就特别针对少儿频道"如何以儿童为主体"、"如何更好地体现儿童参与性"、"如何培养儿童审美情趣"、"名牌老栏目如何保持与创新"，以及"主持人"等问题提出了很有价值的建议。

相较于日常的节目评估，评估组的年度审评会还有两个创新点：一是每个栏目参与审评的节目，是由各栏目制片人通过抽签产生的，保证了审评工作的公开、公平、公正；二是评分时，在原有的评分项目基础上，特别增设了"创意创新附加分"，旨在鼓励栏目创新。

三、由点及面——少儿频道观察员制度

如果说专家节目评估是少儿频道节目评估体系中一个稳定的"点"，那么这个"点"毕竟只代表了少数专业人士的意见和观点。整个评估体系要做到更加科学，具有更强的针对性，就必须由点及面。由此，少儿频道观察员制度应运而生，从而使频道在更大的监看层面和受众范围上得到最及时的反馈，为进一步改进、提升节目质量提供科学依据。

从2006年起，少儿频道建立了观察员制度，每年在全国范围内通过推荐和自荐的方式聘任100名"年度观察员"，并颁发聘书。聘期内，观察员锁定少儿频道，集思广益，奉献才智。首批百名观察员既包括"美猴王"六小龄童、童话大王"郑渊洁"、"法官妈妈"尚秀云、"感动中国"的贵州贫困山区支教老师徐本禹等知名人士，又有全国十佳少先队员、特级教师以及各大媒体记者、业内同行、各界专家，还有普通的学生家长和孩子。所有观察员均尽职尽责，定期给少儿频道来电来函提建议，说感想，为少儿频道出谋划策。更值得一提的是还有很多儿童，甚至不是观察员的小同学也自愿加入到观察员的行列，为少儿频道设计调查问卷，统一发放，并收集整理。少儿频道观察员、北京市第65中学生袁日涉通过个人网站，在全国范围内自发组织了"意见篓子"观察组，共发展起12个省市的32个观察组。她给每一个观察组都任命了组长，再由观察组长自己去发展组员，组织收看中央电视台少儿频道的节目。山东的观察组长崔蕾娜自己设计印制了少儿频道收视调查表，征得学校领导的同意后，在学校里发放，过一段时间再回收，一下就收到了几百份意见和建议。很快，这一方式被推向了全国的各个观察组，搜集了上千条观察日记，为少儿频道提供了大量宝贵的来自儿童的书面建议。

少儿频道还建立了非常严谨、细致的观察员工作章程，为所有观察员建立档案，设立观察员专用电子信箱，定期收取观察员反馈信息，并在每年年底评选出该年度"少儿频道十佳观察员"，公开予以表彰。与此同时，少儿频道也明确了观察员的工作职责：即

具有评估少儿频道每天播出节目、并对少儿频道提出改进意见和建议的义务,具有为少儿频道提供各种与少年儿童成长相关的,健康有益的信息资讯的义务,并享有每年一次对少儿频道各栏目的综合评分权和少儿频道各项重大活动的优先参与权。

孙玉胜副台长、李挺副总编和余培侠总监出席受聘仪式。

观察员制度已经成为了少儿频道节目评估体系中一个非常重要的"面",起到了非常大的信息反馈作用和社会反响。李长春同志在《人民日报》关于少儿频道聘任百名观察员举措的评论文章上作了重要批示:"中央电视台的做法很好,应予表扬。"

四、尊重支持——目标受众座谈会与儿童论坛

为了真正做到以儿童为本,从儿童的视点出发,让孩子成为自己频道的主人,给孩子们真正的发言权,少儿频道还定期举办目标受众座谈会,与包括中小学师生、幼儿教师、家长和关注未成年人成长的社会各界人士在内的观众进行面对面交流,听取他们的意见和建议,为共同打造精品频道集思广益。

目标受众座谈会的最大特色就是用最直接的方式听取频道核心受众——孩子的意见。在邀请嘉宾时特别注意到不同年龄段的学生代表,不同年龄段孩子的家长。而教师方面,也分别邀请了幼儿园、小学、初中、高中的教师代表,力求在讨论中最大程度、最全面地得到各层面受众对节目的不同角度的反馈意见。

2004年2月26日,少儿频道召开了首届目标受众座谈会。与会的孩子们普遍对中外动画片和体验性节目表示出浓厚的兴趣。有的孩子说,有了少儿频道,每天就像吃了

两顿晚餐，一顿是妈妈做的，一顿是少儿频道给我们准备的精神大餐；有的孩子希望少儿频道的主持人更加幽默、更加充满活力；还有的孩子希望少儿频道充分体现孩子们的主体性，尊重孩子们的表达方式，多让孩子说自己的心里话；教师代表则希望少儿频道加强与幼儿园、学校的互动，共同做好培育下一代的重任，他们更看重的是少儿频道的教育补充功能。其中幼儿园教师称《智慧树》中的许多内容已经融入到他们的教学案例中。而《异想天开》这样启迪创造力的节目，已经成为中小学课外活动的风向标；家长代表关注最多的是家庭教育和亲子沟通节目。

儿童论坛现场

2004年12月19日，少儿频道又举办了首届儿童媒体论坛。这是中央电视台少儿频道首次依托媒体举办全国范围内的儿童论坛。来自全国4个直辖市、296个省辖市的300多名少年儿童代表齐聚北京，共同对少儿频道的栏目与主持人进行评议与评分。少儿频道的编排、整体包装、主持人等议题都在论坛中进行了深入的探讨和解读，并最终形成了《少儿频道儿童宣言》。同时，论坛采用了"隔墙设耳"的方式倾听儿童的心声，即频道所有制片人、编导和主持人在孩子不知情的情况下，在分会场的巨大屏风后倾听孩子们的讨论，从而得到最真实的意见反馈。整个论坛由儿童主持，论坛的宣言也由儿童自行起草。而在论坛最后，还公布了由儿童代表们投票产生的关于所有少儿频道主持人及栏目的各大奖项入围名单。

少儿频道开播近六年来，在"引领成长，塑造未来"的理念指导下，以"海纳百川"的原则，从电视行业、教育专业的专家学者组成的"咨询师队伍"，到社会工作者、媒体记者组成的"监督者队伍"，再到儿童、中小学生、教师、家长组成的"受众队伍"，纷纷加入到了少儿频道的评估阵营中来，正是这些咨询师、监督者和受众群，使得少儿频道形成了一个由点及面、从感性到理性的立体的评估体系。它与央视－索福瑞收视调查一道为频道构建起了科学的节目评估体系，为加强频道管理，提高节目质量提供了重要保障。

概　述: 面对无拘无束的儿童,怎样进行准确而完美的呈现,这是对儿童节目摄像师的极大挑战。本文作者以丰富的实践经验对此进行了阐述并提出了创新思路。

央视少儿频道
摄像组组长
李　斌

副组长
张　静

儿童节目拍摄技巧
及创新手法初探

央视少儿频道自开播以来,制作播出了大量深受儿童观众喜爱的节目。作为摄像师,深感工作的特殊与难度。本文尝试探讨儿童电视节目的拍摄技巧,总结经验、互相交流。

一、掌控现场的拍摄时机

电视是声画艺术。电视画面的优劣,很大程度取决于摄像师的技术水平与艺术感觉。作为一名儿童节目摄像师,除具备以上两种素质外,还应了解儿童心理,学会与儿童沟通。

1.让儿童忽视镜头:与成人相比,儿童更好动、更敏感,同时自我意识也很强。在拍摄过程中,灯光、环境、观众、工作人员等诸多因素都可能对儿童在镜头前的表现造成影响。特别是黑洞洞的摄像机和高大陌生的摄像师,常常让孩子们产生畏惧。要减少负面影响,摄像师可在拍摄前通过做游戏、讲故事等方式拉近与孩子的关系,尽量减轻拍摄给孩子带来的

情景评书《福尔摩斯和他的小分队》

不适应。只有当孩子把拍摄看成是游戏时，才能尽情地投入其中。表面看可能损失一些时间，但却经常给节目带来"意想不到"的收获。

2. 有意识抓拍：逻辑思维能力不强是儿童的另一个特点，这使儿童在语言和动作上没有规律。但往往是儿童这些不经意的表现，成为节目的点睛之笔。这要求摄像师具有敏锐的观察力和预判能力，及时抓取这些精彩的瞬间画面。由于这些精彩的"小动作"具有不可重复性，在对被拍摄孩子的性格和活跃度不好判断的情况下，应选择不停机的方式，拍摄尽量多的素材。

3. 随兴的摆拍：为了节目的需要，有时进行适当的摆拍是必要的。摆拍是一种创作也是一种设计，好的摆拍应是既有新意又不露痕迹。要做到这点，在对儿童进行摆拍时，可使用注意力转移法。比如：在拍摄低幼儿童听故事时，由于儿童难于长时间集中注意力，尽管主持人讲得十分卖力，但听故事的儿童却经常心不在焉。这时为了拍到聚精会神的画面，摄像师可以把儿童喜欢的玩具或食物举到镜头旁边（或正确的视线方向），吸引儿童的注意力，从而得到满意的听故事画面。

在摆拍时调动儿童情绪，避免成人化十分重要。如有一期介绍哈尼族儿童游戏的节目，编导安排城里的孩子到农村找少数民族儿童学习民族游戏，这个切入点本来很好，但拍摄时，两群孩子各自站在自己的队伍里，与对方交流时显得紧张僵硬，而机位又是以成人角度俯视拍摄，整个场面就像两组剑拔弩张的成年人在谈判，摆拍痕迹十分明显。其实可以这样来操作：(1) 选择移动跟拍的方式，让孩子们在游戏或行进中进行交流，孩子在运动中自然会放松下来；(2) 如果选择固定拍摄，可安排孩子交错坐在一段台阶或者空地上，制造一种闲谈的气氛，同样也能让孩子放松。另外拍摄角度也应注意，可以选择平视或者略仰的角度拍摄，把镜头安排在孩子们当中，景别控制在中景，把交流人作为主体,其他小朋友作为背景。这样交流感增强了,画面也比原来生动许多。

二、运用适合的拍摄技巧

如果说与被摄对象沟通是一种人际间的交流,那么选择光线、色彩、构图,就是摄像师个人的创作了。

作为儿童节目的摄像师,首先应注意的是光线选择。在自然光条件下,逆光及四十五度的侧逆光是最佳的选择。这样不仅能够勾画出被摄主体的轮廓光,而且通过使用反光板(离被摄儿童尽量远一些)等辅助工具对面光的补偿,可使被摄儿童面部的光线更加柔和,脸部细节清晰,皮肤呈现鲜嫩的质感。同时也避免了采取直射光对被摄儿童的负面影响(如阳光刺眼、加快疲劳感等)。

第二,注意光比的选择。很多摄像师喜欢拍摄大光比的画面,认为这种画面层次感丰富、艺术效果强。但是这种光影效果并不适合少儿节目的拍摄。因为大光比镜头在体现层次感的同时,增强了被摄主体的硬度感,而儿童在电视画面中应更多体现活泼、温和。所以拍摄时应尽量选择光线明亮、色彩鲜艳的环境作背景。

第三,移动拍摄的挑战。移动跟拍镜头具有很强的纪实性,被越来越多地使用到儿童节目中。这对摄像师来说是非常大的考验,一方面要抓住被摄对象的一举一动,随时注意光比、构图、景别的变化。另一方面又要应对突发事件,及时运用合理的移动、构图、景别等变化,将现场的情况清楚地交代给观众。对此,笔者有两点经验;第一,在取景时尽量选取被摄对象舒服的状态,如避免孩子扭身朝镜头。因为在这个状态下,孩子处在不稳定中,不仅保持不了很长的时间,而且增加了孩子左右摇晃的可能性。第二,在景别选取上多使用中、全景,在画面上给孩子留出活动的空间,这样即使孩子突然动作也不用担心会出画。针对移动摄像拍摄,还有一个需要考虑的问题,即如何选取适当的"移机契机"。摄像师在保证每次移动摄像平稳的同时,应该尽量使镜头显得自然,使观众尽可能少地感觉到人为因素的影响。

第四,多机位拍摄联动。在进行儿童节目多机位拍摄时,摄像师应注意几点。首先,机位并不是越多越好,过多的机位会提供重复的画面,还易造成机位之间的穿帮。应根据节目的不同风格制定拍摄方案和设置机位数量。其次,儿童节目由于参与者的年龄特点,往往现场的不可预见性较强。当然在多机位拍摄时,通过各个机位的协调合作也能大大提高抓拍的成功率。

2009年《童心回放》国庆特别节目《银幕交响》

在面对场面热闹，动感较强的节目时，如何做到既体现气氛又不丢失细节呢?其实多机位拍摄的分工与合作是有一定规律可寻的。比如在拍摄低龄儿童的游戏环节时，居中的二号位要始终记录全景，整个节目的大气氛由这个机位负责体现;在二号机旁边的四号机在拍摄时则负责提供主要人物正面的中景和小全景，中景镜头体现主要人物的肢体动作，小全景体现主要人物和周围人物的关系;布置在二号机两侧的一号机和三号机，分别负责抓拍主要人物的特写和动作细节，以及其他人物和主持人的反应。

在儿童节目中经常会有绘画、手工制作等现场动手的环节，需要近距离拍摄一些过肩镜头。这时流动的五号机正好派上用场。而摇臂上的机位，由于它可进行许多自由的运动，因此让它负责特殊角度、特殊运动镜头的拍摄，作为其他几个机位的补充。

三、儿童节目摄像的新思路

儿童节目要求拍摄的镜头活泼、变化大，这些都是为了适应儿童的观赏特点。如何拍出更富变化、更吸引人的画面，是每个摄像师都要面对的课题。其中涵盖了两层内容：一是如何在思维中打破旧框框，对摄像工作进行重新认识；二是在实践中发挥现有器材的特点，尝试一些没用过的拍摄手法。

1. 摄像师的编导思维

在很多摄影师的观念中，认为一切工作只要听从导演安排，到拍摄地点架好机，拍完素材一交，就算完成任务。其实这是错误的。摄像师一般比导演有更好的画面感觉，对画面元素的理解和摄像技巧运用娴熟，应该帮助导演摄制更好更合理的画面，确立整部片子的影像风格。因此作为摄像师，需要掌握一些编导的思维和剪辑的理念。

首先在拍摄前，摄像师要从导演的角度对题材内涵进行了解，在此基础上构思拍摄计划，并对镜头进行设计。特别应注意通过镜头设计，设置悬念。在前期拍摄时制造悬念，就能给观众留下想象的空间。记得有一次去幼儿园拍摄，正赶上孩子们在看少儿频道的节目。内容是要求小朋友在最短的时间内，找到老师藏好的玩具。在节目进行的过程中，孩子们对一些常规镜头反应平淡，但当一个画面出现时，孩子们都异常兴奋地站起来朝电视机大喊"就在这儿"、"回来，回来"，并一直伴随节目中的小朋友将玩具找到才安静下来。究竟是什么样的画面让孩子们如此激动呢？原来，摄像师将一个机位设在被藏玩具的后面，将被藏玩具摆放在画面一侧作为前景，而寻找玩具的小朋友则在画面的留白处跑来跑去地进行寻找，几次都与被藏玩具擦肩而过。这个镜头既交代了玩具与寻找者的关系，又给电视观众留下悬念：寻找者到底什么时候才能发现藏在身边的玩具呢？

其次在拍摄中，摄像师应该从节目要求的剪辑风格和节奏出发，合理掌握每个段落、场景的长度，以及每个镜头间的联系。这样就不会丢镜头，也不会多拍废镜头。另外对于后期的一些特别设计，在拍摄中应该特别注意。比如在拍摄两名小朋友打电话的镜头时。安排一个小朋友居于画左，面朝画右，另一个小朋友反之。这样两个镜头单独看起来，在构图上是有些别扭，但是经过后期制作将两幅画面合成在一起，不仅画面完整了，同时也增加了场景的即时感。

2. 摄像师的创新思路

如何灵活使用手中的器材拍出新颖的镜头，见仁见智。但总结起来有以下几个方面：首先，不同的视角会产生不同的构图效果，同时也会带来不同的情绪。在过去的节目中，大多采用平视作为基本拍摄角度。但摄影实践发现，那些能带来新奇、生动、别

致构图效果的镜头，往往都是一些人眼所不常用的角度。摇臂作为拍摄现场最特别的器材，经常可以抓到很多新奇的观察角度。比如大俯大仰的镜头以及利用一些特殊的场景（比如一些孔洞、有凸透或者凹透效果的景物表面）制造奇异、夸张的效果。这种打破常规的视角，能给观众带来更加震撼的效果。在《快乐大巴——青海篇》中，有一个利用摇臂拍摄的镜头。起幅是快乐大巴的车头，然后迅速拉起在观众头上形成一个大全的镜头，紧接着向前推进到表演的舞台。这个镜头既开宗明义地告诉观众，这是快乐大巴的现场活动，同时又体现出了现场热烈的气氛。可以说是一个非常精彩的长镜头。

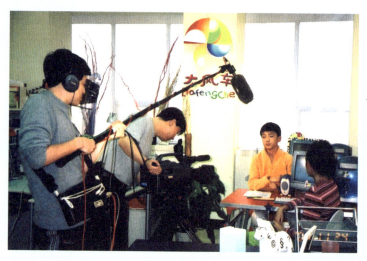

《大风车》的小主持人在工作

其次，运动镜头可以巧妙地展现拍摄对象在画面中"逼近"、"远离"或"进入"、"走出"等各种效果，增加观众对现场的参与感。常用的运动镜头通过推、拉、移的技巧来完成，其运动方向和运动速度的快慢，直接决定画面对观众心理造成的认同与震撼。例如在《大风车——挑战800》拍摄中，流动机在拍摄选手自我介绍时采取反向变焦镜头拍摄。所谓反向变焦镜头是指，当机器位置不断接近被摄主体的同时，电子推拉马达做相反的拉镜头。或者当机器位置不断远离被摄人物的同时，电子推拉马达做相反的推镜头。这种手法拍出的镜头，人物和背景产生了反向运动的效果。使人物有种跳出背景跃然而出的感觉。增加了画面的趣味性。

　　儿童节目摄像是一项操作性很强的工作。无论是技术操作还是艺术创作，都必须通过大量拍摄来积累工作经验。更重要的，还必须学习文学、摄影、儿童心理学等多个自然人文类知识，提高自身的文化和专业素养，在成为杂家的基础上才能成为专家。当然，作为儿童节目的制作者，首先应该具备一颗热爱孩子的心，只有这样才能领略到儿童的美好，并用手中的摄像机真实完美地加以体现。

概 述：为电视服务的儿童艺术团应该如何管理建设，本文提供了一定的参考。

银河艺术团副团长
袁志峰

银河灿烂 星光闪耀

——浅谈银河艺术团建设管理

中央电视台银河少年电视艺术团经过四十多年的发展，已经成为一个艺术门类齐全、享誉海内外的少年电视艺术团体，成功实践着"立足电视、培养人才"的办团宗旨。

一、银河艺术团的历史与现状

银河少年电视艺术团的前身少年电视演出队成立于1961年8月。初创时，演出队只有二三十人，主要是学习电视表演，参加少儿节目的演播和儿童电视剧的拍摄。1985年，少年电视演出队改名为中央电视台银河少年电视艺术团，增设了合唱队和舞蹈队。1988年，银河艺术团第一次公演，取得了成功。1992年底，《中央电视台银河少年电视艺术团章程》正式出台。艺术团实行团长、副团长、艺术总监负责制。另聘请有关专家担任艺术指导，对全团的业务建设、节目创作及人员培训等工作进行指导。

银河艺术团合唱团现有团员80多名，中国合唱协会原主席聂中明先

生生前一直担任艺术总监兼常任指挥。聂先生对每一个音符、每个小节都要求音标准确，节奏分明，句法速度和力度稳妥，层次清楚，感情把握得当。他的指挥技巧，既富感染力又极为细腻。

合唱团现任指挥为中国音乐家协会会员、国家一级指挥赵仁吉先生。他运用科学方法对孩子们进行声音训练，并根据合唱团的特点，创作和改编了许多适合孩子演唱的曲目。由他创作的《妈妈的红灯笼》，改编的音乐剧《寒号鸟》等已成为银河合唱团的保留曲目。

合唱团的另一位指挥王琳琳，毕业于中央音乐学院指挥系，现任国家交响乐团合唱团副团长，是一线年轻指挥家。他非常重视合唱歌曲的感情处理，常常用准确、形象的语言，启发小团员们深刻理解歌曲的内涵，力求准确地把握每一首歌的不同情感特点，做到声情并茂。

经过多年的积累，银河合唱团在各位优秀指挥的带领下已经形成独特的演唱风格。孩子们不加修饰、毫无杂质的声音创造了出人意料的和谐效果。合唱团的小歌手们用天籁般的歌声赢得了国内外的广泛赞赏，被誉为"亚洲最好的少年合唱团"。

银河艺术团舞蹈团现有团员70多名，小演员们训练有素，表现力强。多年来积累了丰富而独特的作品。孩子们参加艺术活动，不仅能开阔视野，更增强了自信心，培养了他们开朗活泼的个性；另一方面，美轮美奂的舞蹈必须付出艰辛才能完成，这也潜移默化地培养了孩子们坚强的意志和吃苦精神。

银河艺术团京剧团现有团员50多名，生、旦、净、末、丑均由各行当知名专家授课，其中尤以武戏见长。曾有著名京剧表演艺术家梅葆玖、袁世海、张春华等以极大热忱向孩子们传授技艺。小演员们表演的传统剧目《三岔口》、《霸王别姬》、《孙悟空大战妖魔》等在全国多项比赛中获奖。季家希曾是银河艺术团京剧团的一名学员，学习京剧表演不仅开阔了她的视野，增长了知识，更是锻炼了她的意志力。2007年10月，季家希作为小记者对党的十七大进行了采访，圆满完成了此次重大报道任务。

四十多年来，银河艺术团为社会培养了大批艺术人才，有许多小团员分别进入中央戏剧学院、中央音乐学院、北京舞蹈学院、中国戏曲学院等高等艺术学府深造。其中许多人由此走上了演艺之路，如歌手蔡国庆、王菲，演员蔡明、金铭、祝新运，主持人刘纯燕、王雪纯等。

二、精彩纷呈的舞台尽显银河魅力

经过一系列的改革之后，银河艺术团实现了新的飞跃。近几年，在人民大会堂、国家大剧院等舞台上一直活跃着银河艺术团小演员的身影。银河艺术团长期以来积极参与国家重大演出、中央电视台各类大型晚会以及重大节日的演出活动，并圆满完成了表演任务。银河艺术团还多次被国家选派参与国际重大文化交流活动。

1. 国家重大演出任务

从2005年至今，银河艺术团每年都参加在人民大会堂举办的《元宵联欢文艺晚会》。在晚会上，合唱队的孩子们为胡锦涛总书记和在京的中央领导同志、社会各界知名人士演唱了唐诗歌曲，得到了首长们的表扬。银河艺术团录制演出的《春晓》、《游子吟》等唐诗歌曲被列入"新世纪优秀儿童歌曲推选活动"，为传承中华民族优秀文化作出了贡献。2006年3月，银河合唱团演唱的《八荣八耻》歌也在社会上产生了一定的影响力。

2007年，应文化部邀请，银河艺术团在江苏南京为"首届童声合唱节"作示范演出，文化部专门给银河艺术团发来表扬信，鼓励艺术团再接再厉，在艺术上更上一层楼。

台上一分钟，台下十年功。为了合唱事业的繁荣，银河艺术团的孩子们付出了辛勤的汗水。

2. 全力服务电视荧屏

为电视服务是银河艺术团的立身之本。中央电视台历年元旦、春节、国庆等大型文艺晚会，都有银河艺术团的精彩表演。

2008年5月12日，汶川大地震发生。"六一"晚会及时调整节目方案，银河从容接下了艰巨的任务，组织103名演员经过短短七天的排练，完成了《我们在一起——向地震灾区的师生致敬》特别节目中的文艺演出部分，为灾区的孩子送去了全国少年儿童的问候。"六一"特别节目刚结束，又接到《抗震救灾英雄少年颁奖晚会》的演出任务，银河艺术团156名小演员不负众望，又一次在短时间内完成了重大宣传任务。

3. 北京奥运会的辉煌

银河艺术团在2008年第29届北京奥运会开幕式上

2008年2月，北京奥运会开幕式导演组开始在银河艺术团357名培训的学员中挑选演员，经过初选、复选和终选等几轮选拔，最终确定了105名小演员参加开幕式表演。成为参与本次奥运会开幕式演出人数最多的少儿艺术团。在2008年北京奥运会开幕式上，银河艺术团的小演员们分别参加了升国旗、和谐画卷、奥林匹克会歌三个节目的演出，向世界人民展示了中国青少年的精神风貌。开幕式导演组称赞银河艺术团管理严，小演员综合素质高，业务精，纪律强。

4. 广泛的国际交流活动

1993年2月，银河艺术团出访新加坡，场场爆满，轰动狮城。首次出国访问演出的成功赋予了银河艺术团新的任务，那就是传播中华文化、促进世界和平。近几年，银河艺术团先后访问了印尼、奥地利、德国、法国、意大利、荷兰、瑞士、美国、日本等国家。小演员们天真烂漫的表演风格，精彩的演出技艺为银河赢得了广泛的国际声誉，被誉为"艺术的小天使"。

1999年，银河合唱团与维也纳童声合唱团在奥地利著名节目"音乐家舞台文艺晚会"上同台演出，并结成姊妹团。

2000年7月，银河合唱团赴欧洲演出，欧洲20多家主流新闻媒体对此作了报道。奥地利国家电视台特邀小演员在著名栏目《奥地利欢迎您》里做表演并进行追踪报道。"第29届维也纳青少年音乐节"组委会也特邀银河合唱团参加了在奥地利国际会议中心举办的闭幕式演出，并颁发给合唱团特别荣誉奖杯。

2001年1月，银河作为文化部选派的艺术团赴法国参加"中国文化季"的演出。合唱团还应邀在瑞士日内瓦联合国办事处"万国宫"的会议大厅和荷兰海牙会议中心演出，孩子们充满活力的演唱博得了观众雷鸣般的掌声。

2007年3月，银河艺术团赴宝岛台湾进行访问演出。这是银河艺术团第三次访台。经过交流演出，两岸儿童通过艺术交流增进了了解，结下了不解之缘。

2007年9月，应美国犹他州州长邀请，银河艺术团与美国摩门大合唱团同台，参加了在美国拥有70多年历史的《音乐与语言》节目的演出，哥伦比亚广播公司更面向全美现场直播，银河艺术团的首次访美获得了圆满成功。

2007年11月，银河艺术团由文化部选派，参加了在日本举办的"中日文化·体育交流年闭幕式"活动，2008年5月，又应邀赴日本参加在东京"新国立剧场"举行的《春之声——中国音画"清明上河图"音乐会》的演出，受到日本观众的好评。

三、规范的教学保证银河品质

经过多年的积累，根据银河艺术团只能在孩子们的业余时间训练的特殊性，针对各艺术门类、各年龄段的团员，银河艺术团制定了一套合理规范的教学方案，并在实践中日臻完

银河艺术团在美国犹他大学演出

善。除了聘请高级教师任课，在有限的时间里认真实施既定的教学方案外，还常常邀请著名专家客座授艺，为团员们开小灶。并积极参加台内外各种演出，实现以演带练，不断提高学员的表演技能。

银河根据思想素质高、业务能力强、了解电视工作特点、热爱少儿工作的原则选聘教师。只有思想正、业务强的教师才是银河艺术团的选择。

银河艺术团对每位团员的要求是：先学做人后学艺。首先要培养小团员优良的品德，为此银河艺术团积极参加各种义演捐赠、慰问演出活动，在活动中受教育。其次要培养学生良好的学习习惯。银河艺术团都是利用孩子们的业余时间进行培训，为了不耽误日常学习，团里要求学生们抓紧一切时间来学习。所以在银河艺术团培训的孩子，从没因参加培训或演出而影响学习。每次演出或是出访归来，团员们都要按要求写出自己的见闻心得。一篇篇发表在报刊上的短文，是孩子们成长的真实记录。这种既学艺又育人的银河模式，得到了家长和学校老师的称赞，更让孩子们终身受益。

四、改革创新的思路壮大银河品牌

品牌的英文原意为"烙印"，即"烙在商品上的印记"。对品牌的内涵，有分别从外观、市场、文化等多个角度的解释。当然，作为生产精神文化产品的电视文艺团体，银河艺术团并不等同于企业品牌。银河艺术团注重市场价值和影响力，但决不是以追求市场价值为目标，而是把品牌作为实现自身社会效益和经济效益的最佳结合点。银河艺术团始终恪守社会责任，坚守艺术的品位格调，全力打造品牌影响力。

1. 以服务中央电视台为中心任务

中央电视台是国家台，在国家政治经济生活中发挥着举足轻重的作用。银河少年电视艺术团作为中央电视台所属的少年电视文艺团体，肩负着传承民族文化，倡导社会责任，以优秀的精神文化产品娱乐青少年的重任。因此必须不断提高艺术表演水准，不断加大艺术创新力度，始终体现青少年艺术的时代特征。以高立意、高品位发挥电视文艺宣传的引导功能和示范作用。引领中国少年电视文艺事业的发展方向，使中央电视台少年文艺的品牌效应进一步强化。

2. 整合各种社会资源共同参与运营

银河艺术团利用自己的品牌效应，整合各种社会资源，与政府有关部门密切合作，努力开拓对外交流和剧场演出的新领域，促使艺术团的运转机制更加灵活；加强与社会各界的联系，通过组织学习、深入生活、辩研精要、砥砺学术，对艺术团成员进行教育，提高艺术团参与市场竞争的能力，形成多渠道、多元化的新局面，努力使演出形式更加贴近市场和受众。不断完善体制、打造银河品牌、构建艺术团的资源优化系统、积极探寻适应市场发展的多元化运营模式。

银河艺术团在四十多年的发展和积累中，通过雅俗共赏、寓教于乐的方式，传达正确的人生观、价值观，努力提高广大青少年的艺术审美能力。在促进中国电视事业发展的同时，也为满足青少年的精神文化需求做出了切实的努力。银河艺术团将积极推进艺术创新、管理创新、经营创新，努力探索少年电视艺术团体建设管理的新途径，为繁荣少年儿童文艺、丰富荧屏作出贡献！

概　述：以"引领成长、塑造未来"为己任的央视少儿频道首先需要实现自身的良性成长，在开播仅4年多时间里，它迅速完美地实现了这一点。紧接着，以2008年"六一"大改版为标志，频道又一次完成自我进阶，为自己勾画了一个潜力无限的未来……

《中国广播影视》记者　　　　记　者
　　李英元　　　　　　　　金　珠

央视少儿：大道行远

　　"大手牵小手，向着快乐走！你愿意做少儿频道的好朋友吗？"

　　"我愿意！"在做出肯定回答的同时，孩子迫不及待地伸出手臂，央视少儿频道主持人"啪"的一下，给孩子戴上象征少儿频道友谊的"啪啪圈"——这是央视少儿频道特别播出季节目《快乐搜友大行动》中极具仪式感的经典一幕。

　　在孩子们眼中，印着少儿频道标志并可以自动卷成"手环"的"啪啪圈"是神奇的，突然出现在面前的少儿频道主持人是巨大的惊喜，而成为少儿频道的好朋友则意味着一种荣耀。每天都有无数的来信和来电希望得到"啪啪圈"。今年6月1日，少儿频道18位主持人赶赴四川地震灾区进行"手拉手——我们在一起"爱心慰问活动，陪伴灾区小朋友共度特殊的"六一"节。在绵阳八一帐篷小学手拉手活动现场，当五颜六色的啪啪圈被拿出来之后，孩子们纷纷伸出胳膊，都希望主持人尽快给自己戴上啪啪圈。有的孩子胳膊上戴了三个啪啪圈还不肯离去。孩子们抚摸着手腕上的啪啪圈，终于露出了久违的笑容。小小的啪啪圈在这一刻仿佛有了神奇的力量。

　　《中国新闻周刊》2008年第19期发自四川绵阳的报道：被安置在绵阳虹苑剧场的300余名北川中学学生，老师只允许他们收看央视少儿频道的节目。

组图：2008年《手拉手——我们在一起》爱心慰问活动

央视少儿频道的积极向上、健康有益、引领成长正是绿色频道的精神坚守。

绿色品牌的"全国性胜利"

去年年底，由袁方博士领衔的专家调研团队经深度研究访谈，对央视少儿频道的发展现状给出的基本结论是"已经取得了全国性胜利，它不仅成为全国乃至亚洲第一的本土少儿频道，而且跻身上星频道第一军团，成为了一个全国性的大频道"。

在国内少儿电视发展面临诸多困难的情形下，央视少儿频道的快速成长的确令业界为之侧目。自2003年12月28日正式开播以来，央视少儿频道收视率一路攀升。2004年，少儿频道收视份额仅为0.7%，列中央电视台15套节目第10位、全国上星频道第21位，到2007年，其收视份额已稳步跃居至央视第五、全国上星频道七强。开播4年多，少儿频道核心观众构成与最初频道定位完全吻合，观众规模近8亿，充分显示出少儿频道潜在的竞争力和影响力。

与收视增长相一致，频道广告经营也勾画出了一条加速向上的美妙曲线：从2004年的零收入直线上行至2008年的超亿元。不仅是收视和广告经营的"胜利"，央视少儿"绿色"品牌的深入人心更是频道4年多发展历程中最卓越的成就。

2007年1月，中宣部《新闻阅评》（第24期）评述道：**央视少儿频道开播三年来，收视份额由开播之初的0.1%上升至2.2%，已被社会誉为"孩子开心、家长放心、学校称心"的绿色频道。**

应该说，央视少儿频道从孕育之时就肩负着来自社会各阶层的重托。2003年1月，中央电视台开始筹办少儿频道。11月1日，胡锦涛总书记对中央电视台开办少儿频道作重要批示。

2003年12月28日清晨6：00，我国第一个面向全国3.67亿少年儿童播出的国家级少儿频道开播。《人民日报》要闻版随即发表题为《引领成长、塑造未来——写在少儿频道开播之后》的评论文章，充分肯定央视少儿频道"引领成长、塑造未来"的频道追求。

不过，高远的理想必须要立足"坚硬"的现实。带有浓厚公益色彩的央视少儿频道在生存环境上并未获得特殊优待。而且因为受众群体相对"弱小"、广告监管格外严苛，使它在和那些以社会主流人群为受众的成熟频道同台竞争中明显"吃亏"。就在少儿频道的制作团队励精图治、艰苦创业之时，很多人对于少儿频道的未来心存疑虑。

钟小秋是优扬传播公司的总裁，她回忆说，"代理频道广告的第一年，我们赔得很厉害，到第二年招标时就打算放弃了。"但之所以坚持至今，得益于和央视少儿频道总监余培侠的一次深谈。

"在某种程度上，少儿频道是一个半公益性质的专业频道，但这并不妨碍它长远的商业价值。"有着30多年儿童节目制作经验、并对国际儿童节目市场了然于心，使得余培侠得以如此精准地描述儿童电视的大势。"少儿频道的广告经营急不得，站在央视的平台上，它所倡导的'绿色'收视一定能积淀并转化为'绿色'创收。你要相信我，央视少儿频道会有高速而且优质的发展，它一定会成为最具品牌价值的主流频道之一。"

后来的事实见证了央视少儿频道的"绿色"力量，少儿频道的绿色、快乐、优质不仅吸引了亿万少年儿童，更契合了广告主提升自身品牌形象的道德诉求。悠扬传播公司随即峰回路转，开始步入良性运营轨道。

专业化成长

当然，仅靠公益理想或者"家长放心"的评价并不足以成就央视少儿频道的首阶段"胜利"。除了对频道发展一如既往的坚定信心外，频道上下坚守的另一个标准是"专业"。

"少儿频道开办之前，我就对国际上60多个少儿频道进行过深入研究，包括频道的理念、编排方式、管理模式等。"言语低调却不妨碍余培侠心志高远，多年来他紧盯世界一流的少儿频道，如尼克罗迪恩、BBC少儿频道等。央视少儿频道在设计之初即与国际接轨，确立了"尊重、支持、引导、快乐"的核心理念，即：尊重儿童的权益；支持儿童发掘自身潜能；引导儿童健康成长；让每个孩子都有良好的人生开端、快乐的童年。这与联合国《儿童权利公约》的主旨一脉相承。同时，央视少儿借鉴国际少儿频道"收视群体分众化"的编排理念，按照0—18岁和家教节目的不同受众群对频道节目实行分众编排、分众制作、分众播出，让孩子们在打开电视时能够独享属于自己的童年世界；频道每天播出18个小时节目，其中6个半小时为首播节目，提供学龄前、动画片/剧、科普益

智、家教、综艺五大类节目，不仅内容形式丰富，而且拥有大量的自主品牌栏目，节目的原创力和影响力远远大于同类频道；除常规编排以外，频道还采取了"点睛式"的花样编排。比如整点播出动画片，强化频道与少儿观众的约会意识。目前，频道年首播国产动画片达70000分钟，已经成为全国国产动画片播出量最大的电视频道，优秀国产动画片最大的制播平台。全国各动画制作机构都以在央视少儿频道播出自己的作品而自豪，各地政府还专门制定了相应的奖励措施；还有从2004年寒假春节开始创新推出长假特别编排，每每创造收视高峰。2007年进一步将这种编排升华为"快乐大巴"特别播出季（包括快乐片场、快乐搜友、快乐制造三个大板块），极大提升了频道影响力。

专业的品质必须有专业的保障机制。少儿频道创建了一套"策划论证、创作播出和信息反馈"的前端和终端互动保障机制。一是成立了全国第一个专业频道咨询委员会。对栏目和节目提供选题咨询、策划论证、监看评估，并为少儿频道的互动发展提供前瞻性指导。二是在咨询委员会框架内建立节目评估小组，聘请来自教育第一线的教师、儿童教育专家、业内资深同行等20余人担任评委，围绕"节目导向、节目内容、表现手法、节目包装、主持人表现、节目创新"六个方面对少儿频道播出的所有节目进行定期审看评议。确保节目导向正确，制作精良。三是建立少儿频道活动基地。以学校为依托，加强频道与少年儿童更为直接的互动联系。四是定期进行少儿频道目标受众的调查与分析。动态把握全国广大少年儿童的收视反应。少儿频道还在央视互联网上开设少儿频道论坛，与孩子进行实时互动交流。五是建立观察员制度，2006年首次在全国范围内聘任100名2006"少儿频道年度观察员"，著名相声演员姜昆、乡村教师徐本禹、全国十佳少先队员以及媒体记者、专家、特级教师、学生家长等社会各界人士受聘上岗。通过最直接的方式了解少儿频道节目的播出效果及各层面受众对节目的反馈，为进一步改进、提升节目质量提供科学依据。"非常有帮助，评估组和观察员们的意见反馈使我们发现了很多原本忽略的问题，具体工作思路上也经常能大受启发。"负责此工作的许蓓蓓说。

在央视少儿频道五周年盛典上，孙玉胜副台长（右二）和各界嘉宾启动成长树。

2006年1月10日，李长春同志对少儿频道聘任百名观察员的举措给予了充分肯定。

在余培侠看来，少儿电视节目的专业性直接取决于编导的专业性。做一个少儿节目编导，除了要具备电视的基本功之外，还需要有儿童心理学、儿童教育学、儿童美学等多种知识素养。"平时缺哪方面的知识就要及时弥补，只是满足一般，肯定做不好节目，也不能可持续发展。"

《智慧树》是一档面向3—6岁儿童的早教节目，在频道所有非剧场类栏目中一直高居收视榜首。栏目制片人倪娜毕业于北京师范大学教育系学前教育专业，先后在《七巧板》、《大风车》担任编导，并制作过多部木偶剧。在《智慧树》栏目组内部，每周都有学习例会，"而且不是学完就完了，所有编导会后都要交作业，我也要逐一看作业。"倪娜说。在浓厚的学习氛围下，《智慧树》从诞生之日起，就一直严格采用"研究—教育实践—生产"的模式来制作节目，其生产流程为：基础研究—样片生产—检验、整改—批量生产—编写工作手册—收视分析—检验、整改……

凭借孜孜以求的专业精神，央视少儿频道涌现出了一批有影响力的优秀栏目和节目，如《动画梦工场》、《英雄出少年》、《异想天开》、《新闻袋袋裤》、《梦想乐园》、《爱的彩衣》等。

专业的精神不仅体现在节目上，也体现在对少年儿童的人文关怀上。2008年5月12日，四川汶川大地震，在灾难面前，少儿频道一定要和孩子们在一起共渡难关。频道立即停止了原"六一"互动音乐剧的运作，迅速制定了《我们在一起》"六一"特别节目方案，确立了"向用生命和鲜血演绎出责任、坚韧、友爱、互助、感恩和信念精神的灾区孩子和老师致敬"的主题。频道派出20多人的专题采访队，深入受灾最为严重的都江堰、映秀、北川等县市，不顾危险和困难，采集了大量灾区师生在抗震救灾中鲜活感人的故事。节目不再渲染地震灾难给孩子们带来的伤痛和生离死别，而是通过来自灾区的孩子、老师、消防战士和媒体人的讲述、资料回放等，表现孩子们在灾难面前所表现出的超乎寻常的勇敢、自信、坚韧、乐观的精神面貌，颂扬了人民教师崇高的职业精神，播撒了关爱、信念与希望。节目播出后，给灾区少年儿童和广大观众带来极大的鼓舞和振奋。

创新的精神

强调专业化的央视少儿频道在节目策划与制作的前沿探索方面，也彰显出自己的创新力。

《快乐搜友大行动》开创了全新互动模式，"快乐搜友"的路线不是由频道决定，而是由孩子们向少儿频道发来"快乐邀请函"，并阐述发送邀请函的理由，频道遵循邀请函的指示开展搜友行动，实现了"我的频道我做主"的"以儿童为本"的理念。而每一个参与"搜友"行动的孩子也都会接受这样一个任务，"请为少儿频道寻找更多的好朋友"。无形中，频道又把这些儿童观众发展成自己的"代言人"。更具创新意味的是，它成功引入了互动礼物"啪啪圈"，那"啪"的一声，把孩子和少儿频道的友

谊紧紧地扣在一起。活动化的互动方式成功地实现了话题的二次传播。

2006年"六一"推出的大型动画情景剧《梦想乐园》打破传统六一晚会形式，倡导新的"儿童观"和"节日观"，即让孩子们快乐地参与、开心地过节。一批深受观众喜爱的中国原创动画形象哪吒、孙悟空、猪八戒、黑猫警长、小鲤鱼等，成为《梦想乐园》的主角。为成功打造我国的"动画情景剧"品牌，在借鉴国外卡通音乐剧和冰上音乐舞蹈表演的基础上，大胆地把幽默、夸张的中国卡通人物造型通过高科技手段与戏剧、歌舞、魔术、杂技、互动元素融为一体，从而创作出全新的"卡通情景表演"。2007年，"六一"推出的大型奇幻儿童互动剧《爱的彩衣》继续积极创新，以爱为主题，弘扬友爱、和谐的精神。在形式上强调原创性、故事性、音乐性、互动性，少儿频道众多主持人亲自扮演角色，音乐剧、魔术、木偶、杂技等多种艺术形态相互借鉴，有机融合，形式独特新颖，不仅为观众带来美的享受，更感受到爱的力量。

在2007年《快乐大巴》播出季中，孩子们亲自制作"我快乐节目表"发送给频道，选择他们希望看到的电视节目；2007年10月，央视少儿频道小记者首次参与党的"十七大"采访报道工作，这在党的新闻史上是一次创新。为使全国少年儿童了解这件党和国家政治生活中的大事，频道确定了"用孩子的眼睛观察盛会；用孩子的视角报道盛会；用孩子的关注解读盛会"的节目理念与方案，从《新闻袋袋裤》20多名小记者中，选派两名优秀小记者季家希、李恺悦上会报道，从儿童视角出发，"浅入浅出"的叙事，向广大青少年成功传达了党的十七大盛况和会议精神。该节目引起了社会各界的高度关注和一致好评，认为小记者上大会明显增强了广大少年儿童的主人翁意识和社会责任感。美国《侨报》、香港中评社、台湾东森新闻台等媒体评价我台小记者"尽管童言童语，但是相当有模有样"。这也是青少年参与党和国家政治生活的一次成功尝试，创新丰富了重大新闻事件的报道形式。《国际大学生群英辩论会》全面创新《国际大专辩论会》品牌，赛制上变"邀请"为"选拔"，实现"海外选拔、海外录制"的跨越。并首次在互联网上实现了比赛全过程三地实时同步直播，从而开创了真正意义上电视与新媒体的接轨与合作。

"加减乘除"谋改版

大道行远，2008年上半年，央视少儿忙于为未来谋篇布局。

4月18日下午，中央电视台编委会听取了青少中心关于少儿频道"六一"全面改版的专题汇报并一致通过改版方案。会上，几位台领导对少儿频道在收视率稳步提升、影响力不断扩大、在全国少儿频道中居于领头地位的情况下，仍能居安思危，主动提出改版的做法一致表示赞赏。

此次改版应是央视少儿频道发展历程中的大事件，因为这是频道开播四年多来的首次改版。

"我不赞成经常改版，经常改版说明不够专业。不改版也不行，不能一成不变，要与时俱进。"余培侠在接受采访时表示。这次改版的基本理念与频道总体发展策略一脉相承，改版的目标是"三提升"，即"提升绿色收视率、提升品牌竞争力、提升社会影响力"。改版的思路是"去三化"，即"去成人化——强化对象化编排；去碎片化——打造特别播出季；去新闻化——创建节目精品库"。改版的理念是"三贴近"，即"贴近儿童生活、贴近儿童情趣、贴近儿童市场"。版面编排被简要描述为"整体编排对象化、整点播出卡通化、黄金时段品牌化、周播栏目活动化"。具体而言，"哪些栏目改、怎么改，主要看开播四年多来的收视率、满意度排名。"余培侠介绍说，"排在最后的十个栏目将是改版的重点。"

具体改版方案给人的第一印象是少儿频道大手笔做"减法"，谨慎做"加法"。改版后，频道栏目数量从27个缩减为17个。已形成品牌的特别播出季《快乐大巴》被"加法"成每周5期、每期50分钟的季播节目带，着力打造季播品牌；黄金时段缩减自办栏目后，优秀国产动画片的播出比重将相应增加，进一步强化央视少儿作为优秀国产原创动画权威播出平台的优势。

此次改版更值得期待之处，是它在"去新闻化"理念的"除法"基础上积极谋求的"乘法"效应——从过去着力打造栏目转变为倾力打造精品节目，充分利用少儿电视节目"重复性消费"的特质，通过反复播出和多次开发实现精品节目的倍增价值。央视少儿期望通过若干年努力，建立起中国少儿节目精品库。

儿童的成长发育有规律性和传承性，一代儿童长大离开少儿频道，下一代又来了，真正的精品节目具有较高的可重播性，美国的《芝麻街》，到现在依然久播不衰，就因为它是经典。"我们的'六一'晚会已经开办22年了，但是以前做的都是综艺或专题晚会，是一次性消费，节目使用率很低。我们从2006年开始突破综艺晚会形式，打造'六一'品牌的卡通情景音乐剧精品，比如2006年的《梦想乐园》，2007年的《爱的彩衣》，都是高质量的童话音乐剧，'走出去'还能巡演。我们的理念不仅是送给孩子节日晚餐，更是一份值得永久留念的快乐礼物，想看就看，回味终生，受益几代。"在余培侠的构想中，频道精品库里应当有一半以上是可以重播的经典节目，这样不断累积起来，不但可以降低频道运行成本，更重要的是掌握了独家资源，这就是核心竞争

力，是打造世界一流少儿频道的基础。

进阶大格局

夯实内容基础的同时，央视少儿频道在管理运营上也不断进阶。

2006年11月22日，青少中心正式实施频道制，原下辖的处级节目制作部门撤销。动画部转制组建为央视动画有限公司。频道制实现了扁平化管理，频道总监直接面对制片人，通畅了上传下达渠道。同时，频道编辑部统一负责行政运营和经费管理，总监、副总监直接抓栏目建设，责、权分工到人。频道制实施一年多时间，其扁平化组织结构、专业化管理模式，大大促进了资源优化配置，提高了运营效率，为频道下一步的大发展提供了机制保障。

央视动画公司可以说是"央少"试水商海的"头生子"。它由少儿频道主导经营，投资管理。公司主营"动画原创、版权管理、产业开发"三大业务，这是优化产业资源，实行高效运营的新模式，也是契合中央电视台动画产业链，促进动画产业健康发展的新尝试。央视第三部动画大片《小鲤鱼历险记》成了公司小试牛刀的第一项目，在具体运作中，充分发挥频道宣传平台与衍生产品开发互动作用，通过优先安排播出、重点推广宣传、选派主持人参与推广活动等方式，积极推动《小鲤鱼历险记》的播出推广和产业开发，系列图书上市即成为销售排行第一，图书开发实现标的额850万元，光盘制品开发实现标的额600万元。目前节目已发行到意大利、西班牙、俄罗斯等51个国家和地区。

在谈及动画公司下一步工作设想时，身兼央视动画公司董事长的余培侠指出，"我们要深化良性、互动、高效的运营机制，切实做到原创、制作、播出、开发四位一体，少儿频道要千方百计，想方设法，加大扶持力度，央视动画要依托频道、优化资源、拉动市场，实现央视动画的'跨越式'发展。"

另外，为配合频道的改版，常规栏目大幅缩减后，部分栏目制片人转为"节目制片人"。一字之差体现了管理的灵动性，这是否也预示了央视少儿这艘国家级少儿电视航母在大道行远的庄重之外，所具有的机巧和随性呢？

从1958年第一个少儿电视节目开播历经五十年，厚积而发的央视少儿将自己的天命定格为"引领成长、塑造未来"。坚持"专业、品牌、绿色"的大道之行，在4年多高速发展中"大格局"初显。而今，做世界一流少儿媒体正是她远眺的目标。为此，她以前人未有的胆识谋划着，却小心地携着专业的装备攀登着。

儿童纪实节目篇

DOCUMENTARY PROGRAMS

央视少儿频道副总监
张 小 军

概 述: 本文对中外非虚构类儿童节目制作进行了比较,并提出了几个值得思索的关键点。

非虚构类儿童节目的审美把握

　　儿童电视节目,从审美形态上来说,有两大类:虚构类和非虚构类。前者以动画节目为代表,后者以纪实节目为代表(它包括了纪录片、专题片、真人秀和科普节目等)。国际儿童节目评奖时,也多以此来分类。中央电视台少儿频道开播至今,非虚构类节目虽然不乏精彩之作,但在收视总量上始终"打不过"虚构类节目。这虽然有"先天"原因,但从国际儿童电视节目领域来看,非虚构类节目与虚构类节目相比,并不弱势。在国际儿童电视节上获大奖的,往往是非虚构类节目。我们现在提出要建立少儿节目精品库,非虚构类节目的潜能不容忽视,但对非虚构类节目的拍摄手法需要关注,其制作理念需要研究。本文将讨论并试图说明非虚构类节目的审美优势从何而来。

一、"无意"与"有意"

　　在欧洲戏剧史上,有一个著名的争论,叫"屏风之争",讲的是这样一段情节:舞台上,两个女人在讲第三个女人的坏话,屏风倒

儿童纪录片《我的朋友》

了，第三个女人在屏风后面。争论的焦点是：让不让观众事先知道第三个女人存在。这是两种不同的效果。一方认为，不让观众知道，屏风倒下的时候，引来观众瞬间的吃惊，会产生巨大的审美快感。争论的另一方认为，应该让观众知道，因为，观众如果不知道，那么这两个女人讲的话，在他们的心理上是远距离的，没有紧迫感，屏风倒下时，也无法想起刚才都说了什么，想起来也没有即时性。观众如果事先知道第三个女人存在，就会既对讲坏话的两个女人担心，又对屏风后面的女人担心，感到会有什么事情发生，会一直在期待，会有意识地追踪言语行为，调动审美活动。按照接受美学理论：前者，观众是处于"无意注意"状态；后者，观众是处于"有意注意"状态。这"屏风之争"还会继续争论下去，我们只想把无意注意和有意注意这一对概念引入到儿童电视节目中来，看看在儿童观众审美快感的调动上，能有什么启发。

　　我们知道，观众接受节目有两大层次：感性认识和理性思考。前者是审美活动的第一个过程，成人作品一般不太重视这个过程，而更偏爱追求给观众以理性思考的后者，即更看重审美活动的第二个过程。儿童节目往往反之，编导们大多把着力点放在第　个过程上。他们认为，儿童的审美是低层次的，要企望调动儿童的理性思考不太可能。这实在是一种"误会"。

　　如上所述，我们需要引入"注意"这一概念，以便分析。在通达审美深层次的道路上，有一个不可或缺的中介——注意力。注意力，是接受美学中的一个概念，研究观众的审美心理，不能不研究观众的注意力，谈儿童节目的审美，更不能不谈儿童观众的注意力。"很少有哪一部戏剧作品或哪一位演员完全不能引起观众的注意，但也很少有戏剧家能够从容娴熟地在适当的时候引起观众的注意，得心应手地把这种注意力延续到一定的长度，又能在必要的时候，如庖丁解牛一般把观众的注意力进行分配和转移。"（余秋雨：《戏剧审美心理学》）注意力的范围很广，它包括注意力的引起、注意力的保持、注意力的中心、注意力的节奏、注意力的分配、注意力的转移，等等。要研究儿童观众的注意力，可以重点研究一点：怎样使儿童的审美活动更加主动一点。

　　美国"珊瑚映画有限公司"（CORAL PICTURES CORP）的研究者们曾做过一个试验：一群孩子在上游戏课玩兴正浓的时候，突然下课铃响了，孩子们全都结束游戏跑出了教室，对刚才游戏的兴趣迅速减退；另一群孩子在上游戏课时，老师事先宣布游戏结束后要公布比赛结果，在下课铃响起的时候，没有一个孩子离开教室而是期待着老师公布成绩，表现出一种很强的自觉性，而且事后还对游戏的内容津津乐道。这个试验，前者铃声引起的注意是无意注意，后者铃声引起的注意是有意注意。

　　一般来说，无意注意在动画片中表现得最为明显。因为这种"瞬间的吃惊"获得的收视效果看起来更令人满意。这有它的合理性，这同儿童好动、好奇的天性是吻合的。那么，虚构类节目的无意注意和有意注意元素，是否可以用于非虚构类节目呢？现实是我们在大量的非虚构类节目中，也放弃了对儿童有意注意的开掘，这从节目的美学价值来看是极大的损失。实际上单纯靠"瞬间的吃惊"来保持儿童的审美兴趣是可以做到的，但它却永远会使儿童的审美处于被动状态。动画片，作为儿童最喜爱的一种样式，是因为它使儿童毫不费力地得到了审美愉悦。但儿童节目制作者应该明确，动画片多是情节剧，情节剧对儿童节目来说，负载不了更多的美学重荷，让处于美感成长期的儿童动点脑筋，费点力气才能获得的审美快感是最有意义的。这也是我们把"注意"这一概念引入儿童节目的着眼点。

　　注意把握儿童的有意注意是帮助儿童顺利实现审美全过程的一种有效的手段。这一点在国际儿童节目领域已得到普遍的认同。随之而来的是一大批寓教于乐节目的出现。在这里首先要提的是美国儿童节目制作室的代表性节目——《芝麻街》，该节目可以说是开创儿童节目"有意注意"之先河。它注意巧妙地设置题目，使儿童观众产生期待，并最终获得期待的满足，强调儿童观众与节目中人物间的对答交流，在恰当的认知水平上教育幼儿，同时又保持足够的难度以激发他们的求知欲。这套节目成功地实现了在娱乐中教儿童认字母，学数字，养成良好的卫生习惯，珍惜自己国家独特而丰富多彩的文化传统，并且通过游戏增强智力。在美国有95%的儿童定期收看，大大超过动画类节目。据该机构的顾问委员会调查，收看这套节目的儿童，入学后学习的主动性，明显高于不收看这套节目的儿童，这证明了儿童节目没有任何理由停留在无意注意阶段。即使是情节剧，在国际上也出现了把握儿童有意注意的趋向。日本广播协会（NHK）拍摄的《显微女孩历险记》。描写一个小女孩不小心掉进一个大树洞，进入了另一个世界，这是个昆虫的世界。她遇到了蜻蜓、蜜蜂、蚂蚁、蝴蝶等一系列小动物。整个节目充满了惊险，但同时又保持着孩子们期待学习昆虫知识的浓厚兴趣。编导者注意到，这些节目孩子们看完后没有一笑了之，因为他们是随着节目的导引，一边动脑筋，一边走完审美活动的全过程的，其理性收获异常珍贵。由于这个过程是孩子自己走完的（通过有意注意），他会格外兴奋并迫不及待地告知父母，甚至不相信父母也能获得这种感受，这是孩子脱离了无意注意的支配性主动完成的。在国际儿童节目评奖中的获奖者，多为这种成功地把握了儿童注意力的节目。这应该引起我们的高度重视。怎样触动孩子们深层次的心理活动，使节目真正做到寓教于乐，应是非虚构类节目的美学追求。

二、"关于"与"给予"

不知从什么时候开始，我们在讨论儿童节目的时候，使用"关于"和"给予"的概念，对儿童节目的主题进行比较分类。简单地说，谈问题的，被认为是关于儿童的节目，教认知的，被认为是给予儿童的节目。这种分法的本意，是想界定一个儿童节目的思维模式，但它并不能确定儿童节目的性质，反而会使众多的儿童节目题材，背负上过于沉重的来自成人社会的"关心"，致使节目做成以后，让人感到根本就不是儿童节目。这也是我们非虚构类节目缺乏可看性的一个原因。从美学角度来看，这种分法也更多地是在谈审美对象，而忽略了审美主体——儿童。对象相同，主体不同，会产生不同的效果。举个例子，比如月亮，世界上人人都在赞美月亮，但是如果没有太阳，月亮一点都不美。我们赋予月亮极美的诗意，这是审美主体在起作用，它同人的感情、阅历、修养都有关系。诗人看月亮，是"举头望明月，低头思故乡"；情人看月亮，是"月亮代表我的心"；儿童看月亮也一样，是"山中阴阴凉，月光明晃晃，有只大灰狼，要吃小山羊"。所以："关于"，着眼点在"月亮"；"给予"，着眼点在观赏月亮的人。

在国际儿童电视节目中，似乎看不出这种分法，也没有听到过这种提法，这同外国同行的制作理念有关。我们曾播出过挪威广播公司的一个节目，叫《小记者的调查》（它的原名更有孩子特点，叫《捕鲸对不对？》，我们根据播出需要，把名字改为《小记者的调查》）。它讲的是在挪威海这个地区，该不该捕杀鲸。当地居民在大量捕杀鲸鱼，并且同"绿色和平组织"发生了严重的冲突。这是个重大的世界性的环保题材。这个问题也牵涉到了儿童，因为他们的父辈很多人都参加了捕鲸队，孩子们也很关心"绿色和平组织"的行为，想弄清楚：捕鲸对不对。这是一个在我们看来绝对"关于"的节目，被人家拍成了"给予"的。

作者的视角是：让孩子走进社会生活，让儿童关照成人世界。他让三名孩子组成摄影队，让他们采访、参与捕鲸的全过程，镜头对准哪里，全由孩子们决定。孩子们学会了使用捕鲸枪，随船出海捕鲸，并且惊讶地发现鲸鱼的数量如此之多。他们实地掌握了大量有关捕杀鲸鱼的情况和环保知识，同时也感到了"绿色和平组织"的存在。孩子们有

《大风车》的小主持人们

惊喜、有烦恼、有判断。最后他们自己得出结论：在挪威海，捕杀鲸鱼是可行的。因为这一地区鲸鱼过多，它们大量地吃掉了其他鱼种，已经破坏了生态平衡。而"绿色和平组织"的做法是过激的，是不利于环境保护的。这一系列的思考，都是从儿童的视角推进的，其中最不好表现的一段内容，是

对"绿色和平组织"的看法。这种理性思考很难直观。一般的做法是用画外音，但这会给人以成人在利用孩子说话的感觉，儿童的形象无从站起。该片的编导巧妙地解决了这一难题。他通过让一位其父亲曾和"绿色和平组织"发生过冲突的孩子和几位小记者的对话，既自然又生动地表现出孩子们对"绿色和平组织"的困惑，是开放式的结论，是调查中的思考，是儿童从自我出发对社会做出的观察，没有成人的说教。

我们可以推测一下，作者在建构这部片子的时候，不会使用"关于"和"给予"的思维，因为那样会使他丢掉这个题材。确定题材，也不能远离儿童，儿童节目不应为儿童提供观察世界的固定模式，应该借儿童的手，借儿童的脑来创作，其创造力来自儿童这个群体的特有思维，来自他们看待事物的方式，编导始终是一名中介者。

严格地讲，一个儿童节目，如果只关心审美对象，不考虑审美主体，那它并不具备完整的艺术价值，因为它丢掉了根基，同时也丢掉了能让儿童发表意见的机会。在2000年中央电视台《"六一"12小时特别制作》研讨会上，中国青年政治学院陆士桢教授谈到儿童为本的时候，提出了"话语权"的概念，她说："我们的传媒提出要替孩子说话，说孩子话，让孩子说话，但做到这几点，一个比一个难。我们总在教育规范孩子，不是推动发展孩子。"我想，我们如果能少一些"关于"，多一些"给予"，我们非虚构类节目的质量，是不是会大有改观呢。

三、"道德"与"人格"

美国儿童节目制作室（CTW）说：我们的《芝麻街》是教育节目；英国广播公司（BBC）说：我们的《TeleTubbies》（译为《天线宝宝》）是教育节目；日本广播协会

(NHK)说：我们的儿童节目都是教育节目。不管人家怎么说，我们感觉不出是在教育，好像都是在娱乐。美国广播公司(ABC)的J.C.赖特先生在《电视与儿童认识技能和社会行为的关系》一文中，讨论儿童节目的娱乐性时曾指出："所有为儿童制作的节目，都是教育节目。然而，大多数电视显然并不是有计划的教育。可以肯定的是，电视首先是一种娱乐媒介。当缺乏其他有趣的活动时，电视更多被看成是一种娱乐活动，而不是信息媒介或教育媒介。因此，电视提供的教育内容大多是间接的、伴随性的。"也就是说，儿童节目的教育性，必须依托于娱乐性。我们自己没有对外讲过我们的儿童节目是教育节目，但我们节目中的教育内容比比皆是，而且浮在表面。我们似乎更多地是在强调儿童电视节目的社会功能时，提到寓教于乐。这导致我们的节目在立意上偏重道德取向，忽视人格培养，也使我们的非虚构类节目缺少童趣。所以，怎样教育，教育什么，是需要我们再次思考的。

在第18届慕尼黑国际青少年电视节上，有一个获奖的非虚构类节目，叫《校园里的饲养场》，这是一个在娱乐中体现教育的不可多得的好节目。它讲的是在一所小学里，校方单辟出一小块地，围上栅栏，养了一只小花斑猪、两只小兔子、两只小鸭子、几只小鸡，办了一个校园小饲养场。课间和放学后，同学们都要来这里侍弄一番，打扫卫生、喂食、同小动物玩耍。那只小花斑猪被孩子们训练得居然会跳圈、钻杆、顶球。这些小动物从不逃走，而且等着同学们到来。每当上课铃响起同学们回教室时，小花斑猪都会呆呆地望着孩子们，真的表现出很失落。看到这部片子时，大家很感慨：我们怎么就找不到这种题材呢？还是，我们就没有学校做这种事呢？孩子们喜欢小动物，我们社区又限养，孩子们放学没地方去玩，只好去泡游戏厅。如果学校里有这种好去处，孩子们会多高兴啊！它对孩子们的劳动技能、环保意识、同情心、集体观念、美好情感、高尚人格诸方面，都是多么不可多得又潜移默化的教育。

如果从教育角度来看，在这部片子里，道德让位于人格，这体现了国际儿童电视节目的普遍做法：在娱乐中培养孩子的健全人格。道德和人格，意思有相近之处，但道德更指向社会，人格更强调本体。一个正在成长中的孩子，需要全面发展健全的人格。他要学会进取、同情、乐观、认识美好的事物，也要学会失败、烦恼、愤怒、辨别丑恶的行为。同时，体现人格意识，淡化道德说教的儿童电视节目，也更受孩子们的欢迎，因为它避开了行为方式上的呆板，与儿童活泼、好动、好奇的天性是同一的。

非虚构类节目的教育落点，是道德还是人格，其效果是不一样的。前者注重宏观，后者注重微观；或者说前者注重"一群"，后者注重"一个"。前者是营造，是通过稚嫩心灵和成熟感受之间的落差来展示童趣，表现为一种结果；后者是启发，是以童心、童

儿童专题片《小鸟依人》

真来展示童趣，表现为一个过程。在拍摄方法上，我们可以把前者叫做道德式，后者叫做人格式。按照美学理论，"艺术的最重要的一方面从来就是寻找引人入胜的情境，就是寻找可以显现心灵方面的深刻而重要的旨趣和真正意蕴的那种情境。"（黑格尔：《美学》）非虚构类儿童节目的这种情境，实际上就是编导对童趣的一种捕捉，它通过儿童节目的外部形态（不是外在形式）表现出来，但是带给儿童的审美快感是不同的。

如果说道德式的视角是基于成人的认知，那么人格式的视角则基于儿童的认知。它有这样两个特点：首先，它以对儿童情感的掌控取得儿童情感的共鸣，它注意准确地把握最能触动儿童内心世界的外部形态，它始终追随着生活的常态，其审美价值格外厚重。其次，它以对儿童思维的领悟，寻获无所不在的童趣。儿童与成人的不同之处就在于：儿童做事无意要达到什么目的，而成人做事总是要有一定的目的。前者的情绪是流散的，后者的情绪是集中的，而人格式的节目深知这种流散状态恰是童趣的精华，也是儿童节目魅力之所在。如果说道德式是将个别升华为一般，那么人格式便是在一般中发掘个别，各自的审美定位，泾渭分明。

四、"记录"与"故事"

在前几年我台举办的"国际儿童节目编导培训班"上，来自德国"慕尼黑青少年基金会"的授课教师对学员们讲：儿童节目里要有故事，而且针对我们的一个非虚构类节目讲，这里面没有故事，因而不精彩。

故事不是指虚构类节目吗？非虚构类节目不是记录吗？难道非虚构类节目需要虚构吗？我们需要把思路拓宽一下思考这个问题。

美学家鲁道夫·阿恩海姆曾经指出："一个艺术品决不仅仅是知觉活动的产物，它同时也是再现活动的产物。所谓再现，也就是在某种刺激物中重新发现形象的过程。"（《艺术与视知觉》）这说出了非虚构类节目里的故事，是怎样产生的：不是虚构，是重新发现！非虚构类儿童节目需要新鲜的事物、新奇的事件，当然也包括孩子们在熟知的生活中没有发现的事。一切孩子们"已知"的事物，他们都不会再感兴趣。所以，节目不能仅仅"知觉"，还需要"再现"。

南非KTV儿童频道的节目《游泳的婴儿》，是这方面的代表作。该节目的作者发现了一所教婴儿学游泳的学校，看到婴儿学游泳的过程非常有意思，他准备把它拍成节目。经过对婴儿的仔细观察和对教师的潜心采访，他决定在节目的一开始推出一个命题：人，天生就是会游泳的。这使得本来要"记录"的事，加入了"故事"悬念。镜头的设计和悬念的演进，全都指向这一立意。节目内容环环相扣，妙趣横生。它让观众看到了孩子从多么小就可以学游泳；它让观众了解了孩子学游泳的过程是多么的简单；它让观众信服地认可——人，天生就是会游泳的。虽然是"记录"，但它的递进式的"故事"主线却非常清晰，吸引观众非看下去不可。最终，连游泳教师都不敢相信，她真的和作者一起，证实了这一命题。这个"重新发现"，真是魅力无穷。

我们知道，任何观众对任何一部作品的正面的或负面的评价，都是情感化的，非虚构类节目也不例外。例外的是，非虚构类节目对外在形态的把握，是抓住情感的关键。外部形态是为作品的内在情感寻找外显的对等物，从儿童节目来看，说它是寻找视觉上的媒介物，更为恰当。这给了我们这样的启发：在国际儿童节目中，动物的偏多，偶像的偏多（包括人偶、木偶），动画的偏多，音乐中节奏感强的偏多，歌词中童谣的偏多，情绪中幽默的偏多，整体上故事的偏多，为什么？这便是媒介物。对非虚构类节目来说："记录"，是没有接通观众情感的故事；"故事"，是接纳观众情感卷入的记录。

接受美学这样比喻"记录"与"故事"的不同：前者是捧给观众的金子，后者是使观众处于可以发现金子的磁场之中。

我们现在可以对非虚构类儿童节目的制作理念，做些简单的归纳。它有这样一些层次：无意的和有意的，关于的和给予的，道德的和人格的，记录的和故事的。前者都是浅层次的，后者都是深层次的。为什么？因为一个节目的美学力度在观众的接受阶段，儿童节目尤为如此。非虚构类节目不如虚构类节目受欢迎，有我们不重视儿童本体的原因。我们的节目重视教育，这是我们的优势，现在，更应该把视点转向如何让儿童喜闻乐见上。教育，必须以孩子认同的方式实现。我们不能只是在研讨会上讲儿童为本，我们不能只是在写论文时谈寓教于乐。

没有"注意"就没有儿童节目。

没有"给予"就没有儿童节目。

没有"人格"就没有儿童节目。

没有"故事"就没有儿童节目。

央视少儿频道导演
王达菲

概 述: 儿童纪录片是儿童节目的一个重要类别,本文在理论和实践上进行了专业阐述。该文获得2008年中国广播电视协会第十届优秀论文评选二等奖。

儿童纪录片探索

目前在我国电视界,成人纪录片的拍摄活动持续升温,而儿童纪录片的实践还冷冷清清。我认为,纪录片不仅是一种电视节目形式,更作为历史时代和个体生命的纪录而具有人类学价值。如果忽略了儿童纪录片的拍摄,若干年以后,从哪里找寻过往儿童的生动影像呢?我们曾经有过的美好童年会不会真的成为"失落的文明"?

何为儿童纪录片?我的定义是"真实地反映出儿童的生活状态以及精神世界、适合儿童观看并使之获得某种启发的纪实性影片"。那么儿童纪录片的要素是什么呢?

2005年7月,亚广联儿童节目交换会议在吉隆坡召开,会议后按惯例举办了研讨会,主题是"儿童纪录片制作"。主讲人是来自爱尔兰的玛瑞安女士,她同时担任欧广联"联合拍摄儿童纪录片合作项目"的总监制。

在Workshop上,播放和讨论了几部由欧广联成员国拍摄的儿童纪录片:

《房子》(斯洛文尼亚)表现了一个14岁女孩的内心渴望。她的一家因前南斯拉夫的战乱而流离失所、蜗居在难民营一间简陋狭小的木屋内,女孩和妹妹在此出生长大。母亲经常拿出过去的照片让她看战争前家里住的美丽大房子以及她从未见过的爷爷奶奶（他们已经死于战乱）。女孩渴望有一天能够回到家乡重新住进舒适的房子、过上安定的生活。但是，当她随母亲回到家乡探望时，映入她眼帘的却是战火后的满目疮痍。自家原本漂亮的小楼已经破败不堪，且被不相识的难民占据。最后，在难民营的破操场上，女孩用粉笔画了一个大大的房子。她躺在上面，内心充满对正常生活和房子的向往。

《女孩危机》的片头就颇吸引人，画面是一个男孩头部的正面、侧面。字幕打出姓名某某、年龄11岁。第二个男孩的正面、侧面。字幕姓名某某，年龄12岁。画外音：过去我们常干些让女孩讨厌的事情，现在我们真的想接近女孩……。出片名字幕：女孩危机。

一个男孩打电话给父亲问能否在家里开Party，得到允许。另一个男孩提议请某个女孩来参加，被否决。两人犯难：请哪个女孩来呢？只请女孩子来吗？不，也要请男孩！两个孩子开始行动。在学校游泳池，他俩跟在女孩子后面指指画画引起反感，被女孩子们扔进了水里。两人决定上网找女孩，可是电话打过去，刚开口说话就被对方挂断。两人歪坐在家门口百无聊赖商量对策。

火车疾驰，两人决定到城里试试运气并相互鼓励说：女孩多的是，只要别害羞，大胆走过去说话就行。在繁华的大街上，他们遇到一个同龄的男孩，那个男孩教他们如何搭讪女孩子，就像电影里那样。三人坐在商场外的广场上目不转睛地盯着来往的女孩。终于，他们锁定一个长相随和的女孩，一个男孩跑过去搭讪又转身回来，看样子是被拒绝了，男孩却说：长得太难看！

课堂上，两个男孩显然走神了。画外音：我还没恋爱过呢！通常女孩子说我爱上你了，但我们却分辨不出什么是真爱。

另一个男孩的独白：我问过每一个女孩：和你交往行吗？没有回答。更没有接吻、拥抱和抚摸。他脑子里幻化出与女孩游戏、接吻、拥抱的场面。

两个男孩在超市里买糖、布置Party会场。

两人担心地讨论能否在Party上找到女朋友。

两个男孩各自在家洗澡、梳头喷摩丝、喷香水。

Party会场，男孩、女孩到来。在有意布置的抚摸角，男孩女孩们尝试拥抱接吻。女孩子们在议论哪个男孩最英俊。一个男孩终于确定了一个女朋友，两个人在沙发上笨拙地拥抱。另一个男孩和女孩相拥跳舞，他们脸贴脸，男孩的手正

要顺着女孩的腰部向下滑去，一群家长冲了进来，大家急忙散开。家长不满地说：你们这样腻不腻呀？

最后，两个男孩面对镜头。一个说：我和一个女孩在一起，两天以后分手。另一个说：我和某某女孩在一起，一周后分手。

一、儿童纪录片的目标观众是儿童

一部片子，从开始的表现与最终的接受都毫无异议地指向儿童。要求故事由儿童来讲述，通过儿童的眼睛来观察，即儿童的视角。收视对象也是儿童，儿童通过片子能了解同龄人的生活，借鉴他人的经验。

比如《房子》，表现的是战争，是大而严肃的主题，但是由女孩来讲述，表达的是女孩对故乡、对房子的内心感受，以及对和平生活的向往。着眼点小而具体，同龄间的直接表述易于接受。因而，这位主人公的境遇和心思对同龄少年观众而言不仅能读懂而且能理解。

纪录片《学生村》

当然，《房子》深层传达的则是战争对儿童的伤害。这一层意思是儿童作品对成人世界的启示。

《女孩危机》的选题在反映儿童生活状态以及精神世界方面更具普遍性。处于青春期边缘的孩子们对于异性都有着神秘的猜测和幻想。这两个行动起来的男生会牵动着无数同龄人的目光去探索未知的世界。他们能战胜羞怯、大胆行动，这种勇敢的精神本身就会得到同龄人的推崇。最终他们经历了约会、分手的过程，释放了心中的疑惑，完成了心理的成长。他们的这次行动对同龄青少年的启示作用不可低估。

以上纪录片都是15分钟，这也是根据儿童收视注意力的特点而确定的。

有一类纪录片是通过记录儿童生活来隐喻较为深刻的社会问题，观众必须凭借自己的分析力从庞杂的声画信息中领悟暗含的思想性，这对于逻辑分析能力较弱、理解力有限的儿童都是困难的。在制作手法上，这一类片子不特意强调清晰简单的结构，不靠时间顺序或因果顺序去引导儿童观看。也不考虑儿童的注意力特点，片幅较长。这一类别的片子不能称为儿童纪录片，如纪录片《幼儿园》。

二、儿童纪录片应该具有故事性

何谓故事？就是一个有着人物、情节、发展和令人关注的结果的完整事件。当然，这个事件最好有悬念、有一个不可预知的结局。

完美的故事和生动的人物是许多国际纪录片制作人所反复强调的。美国国家地理频道国际部门的常务副总裁史博恩说："首先节目要有新鲜的故事和丰满的主人公形象。这些主人公不一定就是人类，可以是动物，甚至是某个地方。但是故事必须娓娓道来，引人入胜。"DISCOVE-RY亚洲电视网制作总监维克兰·夏纳在谈到国际化纪录片要素时，特别突出了"实录与情节的运用"、"人物的运用"，认为如果一部纪录片没有好的故事，没有生动的人物，简直难以想象它还能靠什么来吸引观众。美国芝加哥风城国际纪录片节主席、生动地球电视台创始人玛莎·福斯特更是强调，纪录片不仅要有故事，而且是你能展现得最好的故事，你的描述故事的角色，是别人无法替代的。故事是充满魅力的成人的童话。纪录片就是要为人们讲述非虚构的童话[1]。

著名独立制片人段锦川的《拎起大舌头》（75分钟），记述了东北某村选举的故事。从候选人确立、到竞选、拉票中间曲曲折折的过程，直至最后那个令人期盼的选举结果呈现出来。整个故事非常吸引人。该片在2005年日内瓦电影节上获纪录片大奖。

在CCTV《新闻调查》栏目的工作手册中这样写道：在确定调查选题的时候，我们首先会问自己：第一，有没有故事？跌宕起伏、一波三折的故事是一个40分钟容量的节目所必需的。

纪录片对故事性的强调是观众收视心理的要求，儿童更是沉迷于故事中。

纪录片《学生村》（云南电视台）记述了云南西部横断山脉中部一个叫天登的地方由于方圆一百多公里只有一所小学，因山高谷深道路崎岖，孩子们不便每天往返，只好住校。可学校没钱建校舍，于是父母们就在学校前的坡地上建起了一个个可供食宿的小木屋，一群6—14岁孩子常年住在这里，以完成他们的小学教育。

该片长50分钟，泛泛地讲述了学生村的由来，学生村里的日常生活状态等等。其

[1] 见中华传媒网 学术网《标准与困惑：纪录片如何与国际结轨》，作者：武汉电视台海外中心。

中最感人的一段是一对兄弟上山挖草药"防风"卖钱，然后长途跋涉逃课去县城书店买新华字典。这也是全片最具故事性的内容，可惜只是作为一个小插曲被一笔带过，虽然这是全片中给观众印象最深的内容。

如果以故事性要求重新结构这部纪录片的话，应以这兄弟俩作为纪录片的主人公，以攒钱买字典作为纪录片表现的事件。而兄弟俩节俭的生活、上山挖草药卖钱、与学生村其他孩子的关系、逃课、跋涉去县城、回来后挨老师训斥等等都是故事发展的过程，每一条生活的线索都导向最后能否买到字典的结局。以这样的故事性手法来表现比之原来的专题性手法更能引起观众的关注并产生情感共鸣，无论对成人还是儿童。

2005年，我拍摄了儿童纪录片《我家的房子》（23分钟）。片子讲述了十岁女孩黄婷婷与父母生活在一条木船上，婷婷最大的梦想就是有一天她家能在岸上建起一座房子，她能拥有一间自己的房间。为了实现这个梦想，一家人努力劳作着，其中有艰辛也有快乐。其实在采访时收集到很多素材，其中有一家人建房子的愿望，有婷婷乘竹筏上学、学习不太好、老师家访、参加校外活动等等。如果把所有素材罗列起来，很难形成一个吸引人的故事。在所有素材中，一家人的愿望和婷婷对岸上房屋的向往令我印象深刻。我决定忍痛割爱，聚焦"房子"，挖掘所有与建房愿望有关的生活细节，并发掘它们之间的因果联系，形成故事。

要清晰地表现故事，就要注意片中的每个线索都要和主题有所关联，都要起到推进主题的作用。如果达不到这个要求，即使是你最爱的镜头、最喜欢的情节也应毫不手软地剪掉。

三、儿童纪录片中人为设计与真实的关系

纪录片就是真实的记录。而"直接电影"的观念一直是纪录片拍摄者重要的理论

支柱。"直接电影"是产生于20世纪６０年代初美国的一个纪录片流派。他们主张摄影机永远是旁观者，不干涉、不影响事件的过程，永远只作静观默察式的记录。"直接电影"派的纪录片没有采访，没有重演，不用灯光，也不用解说，不用音乐、动效，拒绝了一切可能破坏生活原生态的主观介入。"直接电影"也不提供一种可以轻易判断的结果。所有的一切都是开放的，观众必须自己去思考，去下结论。

《八廓南街16号》，也包括我其他一些片子，都采用的是一种旁观的方式，也就是摄影机与被拍摄者之间保持一定的距离，不介入，不干预，最好是争取把摄影机对被拍摄者的影响降到最低，尽量完整地真实地表现人物与事件的本来面目，首先从技术的角度就尽力避免表露作者的感情色彩和道德取向。这是纪录片中所谓"直接电影"的理念。[1]（纪录片《我们西藏·八廓南街16号》1998年获法国真实电影节大奖。）

但是，儿童的接受能力是受年龄限制的。儿童的认知能力、逻辑推理能力、包括由社会经验而决定的辨识能力都十分有限。"直接电影"不提供一种可以轻易判断的结果、所有的一切都是开放的，观众必须自己去思考去下结论的表达形式"（成人）观众在接受过程也可能因为那种强烈的不确定性而无所适从"（段锦川语），更何况儿童呢？显然，"静观默察式的纯客观纪录"不适合儿童观众。

前面提到，无论成人还是儿童，都期望在纪录片中看到故事。如果说成人纪录片的故事是通过影像纯客观地记录呈现、由观众凭借自己的逻辑思维组接判断而"下载"出完善故事的话，那么儿童纪录片则需要创作者的"主观干预"，即对杂陈的拍摄素材删繁就简、对漫长时空过程的精到浓缩、对隐埋的渴望进行彰显，对主题进行形象的表达。同时，还可以借助人物的采访、画外音、音乐等电视手段强化故事的吸引力和感染力。最终，所有这一切的努力都是为了使儿童观众得到关于影片故事与人物的明确的、清晰的信息并感知到故事传达出的情感内容。

在亚广联儿童节目研讨会上，有人提出了"人为设计与真实的关系"问题，玛瑞安女士回答说：这是完全可以接受的。只要不脱离现实、又能使片子看起来更有趣、更完整。

比如《房子》一片的起因，导演想拍一部反映难民营的儿童纪录片，但考虑到若只是局限在难民营狭窄的空间里不仅影像受局限、主题的挖掘也不深刻。于是，剧组安排了女孩和母亲一起开车回南斯拉夫故乡探访的情节。剧组为母女俩办理了签证、安排好回乡的一切事情后跟拍回乡的过程。在到达故乡房子前停车采访了女孩对即

---

[1] 见loveso图文网 2004-10-22《对段锦川的E-mail访谈》。

将见到自己家房子的期待和对房子现状的想象。然后摄像机一直跟在母子身后随她们下车、步行到房子门前（房子已满目疮痍）。敲开门后，现房主（也是流落到此的难民）警惕地盯着她们并以这是私人领地为由拒绝她们入内。母亲很激动，流着泪喃喃说：这是我的房子，他们怎么能不让我进去……。镜头一转，（大约经过剧组说项）母女俩已经站在房间里。屋子显然经过战火烧噬，墙壁焦黑、残垣裸露，完全不是母亲给女儿看的照片上的模样……。在房子门口，女孩谈到：这和我的期望相差太远，我对这个世界太失望了。为什么要有战争……我渴望住在一栋正常的房子中，住在哪里都行，就是别住在这儿。

显然，剧组的安排即不违反现实，也更加深了本片要传达的战争对儿童的伤害的主题。

《女孩危机》的导演是个小伙子，他经常去几个固定学校转悠，结交了一群小男孩。这些孩子和他无话不谈，也谈到他们想搞一个Party，但在约女孩问题上没信心。导演直觉这是一个好题材，就说你们去做，我来跟拍。但是我的片子一定要有一个高潮结尾，就是最终的Party。否则，你们一天到晚待在街上看女孩或者议论女孩是无法构成故事的。《女孩危机》虽然有导演的主观安排，但它的细节却非常真实。可以说它是这一年龄段男孩心理的代表性作品。

《我家的房子》片头是黄婷婷用彩色粉笔在船板上画画，画的是她心中的家，一栋二层小楼。其实这张画原本是婷婷画在作业纸上贴在船舱内的。为了便于拍摄和强化主题，我让婷婷用粉笔再画一次，这次画在了木船一侧的船板上。

这个变动源于婷婷的生活真实，所以是合理的。

四、儿童纪录片的目的是"赋予儿童力量"

记得2005年CCTV《道德观察》播出了一个节目：深圳街头一个打工子弟被机动车撞伤，车主拉上他佯装去医院，行驶200米后将他弃置路边。两小时后被人发现送到深圳仁爱医院，医院决定免费救治。当记者问到医院为什么要这样做时，院长说：为了帮助他建立起世界上好人多的信念。

这位院长是有社会责任感的，他意识到比救治这个孩子身体创伤更棘手的，是救治由于成年人的失信给孩子造成的心理幻灭感。要让孩子亲身感受到社会的温暖，重建积极光明的人生信念。

那么，对儿童电视编导的职业要求是，通过片子，给儿童欢笑。不要多愁善感、不要悲观失望。要时刻牢记通过节目赋予儿童力量，帮助他确立人生的信念，而非在人生之初就毁掉他的信念。

《养鸽子的男孩》（比利时）讲述了一个爱好养鸽子的12岁男孩的日常生活。他痴迷养鸽子，爷爷被他感动，为他在后花园盖起鸽舍，他平时就在这里训练鸽子。他会在班里给同学们讲鸽子的知识。在信鸽协会里，会员几乎都是老头，他是唯一的低龄爱好者。在这里，他的忘年交赫内爷爷经常会给他一些指导。这一天，他在爷爷的陪同下参加了信鸽协会举办的省际500公里的放飞比赛，他目睹了2500只鸽子一齐飞上蓝天的壮景。然后，他和爷爷回到自家花园焦急地等待鸽子飞回鸽笼。鸽子回来了，却不肯进笼。男孩无法抓住它并给它扣上腿签计时。男孩急哭了，爷爷安慰他说：不要哭，这只是一场比赛。而且你要想到，鸽子也很累呀。男孩没有赢得比赛，但却记住了爷爷的话。

前面所提《女孩危机》一片，通过对隐秘世界的大胆探寻解开了孩子心中的疑惑，使他们变得更加从容自信。

一个成功的纪录片必须反映主人公的生活状态，必须讲出一些东西来，即隐含在片中的力量或者有益的经验。《我家的房子》通过表现黄婷婷的内心愿望，展示了她的乐观、自信和执著追求愿望的身体力行。这种精神对每一个怀揣梦想的孩子都是无言的鼓励。

五、儿童纪录片开头的60秒至关重要，悬念设置不可或缺

因为儿童的收视注意力有限，儿童纪录片的长度一般在15—20分钟。这就要求儿童纪录片有一个强有力的开头，在最短的时间里吸引观众注意。这里有一个拍摄和编辑的技巧，即在开头的60秒内必须表现出：

　　A．是关于谁的（说谁）

　　B．是关于什么的（说什么事情）

　　C．它能吸引观众的注意力吗（兴趣点）

开头60秒要给观众足够的信息让他感兴趣，但又不能太多。否则剩下的10多分钟就没有存在的必要了。如何掌握这个"度"对编导是个考验。

《纵身一跃》（德国ZDF电视台）跟踪拍摄了一个十四五岁女孩进入影视特

技学校学习，先后进行了打斗、火中表演、爆破逃生、凌空跳下等特技功夫的培训，四个月后的结业式是一场面向全世界的电视直播，女孩表演了"身后发生爆炸、她浑身燃起火焰、不得不从六米高台跳下"的高难动作，她成功了。妈妈喜极而泣，女孩却很平静地离开了现场。片子结束。

这部片子的开头是这样的：

[小全：俯　一个女孩站在高架上　　　　　　（紧张悬念的音乐）

[特写：女孩犹豫的脸　　　　　　　　　　　（音乐继续）

[特写：脚向前挪动一步，探出平台　　　　　（音乐继续）

[身体挪动的主观镜头：平台距地面足有6米　（音乐继续）

[特写：女孩犹豫的脸　　　　　　　　　　　（音乐继续）

[中景：女孩站在平台边上，摇头：我不行　　（音乐继续）

这一组切换镜头很好地设置了悬念，观众想知道女孩从高台往下跳是为什么？观众想看下去。人物、事件、注意力这三点都达到了。

这部片子本身也是一个大悬念。一个女孩，除了勇敢毫无特长，她经过四个月的学习结果会怎样？片中女孩和男孩的打斗、女孩身上燃起大火等让人揪心的场面使观众对结果更加期待。

《女孩危机》本身也是一个大悬念，两个小男孩能找到女伴吗？舞会能如期举办吗？片中两个男孩约女伴屡屡失败的情节更加强了悬念效果。

六、声音是儿童纪录片重要的表现手段

在一部片子中，画面语言和同期声（对话、现场环境声等）的重要性毋庸置疑。但还有一种语言往往被我们忽略，那就是音乐语言。对于儿童来说，音乐语言尤为重要，它要推进事件，表现主人公的情感。它在片中需要重描的地方出现，就像儿童画中那鲜艳的一笔。同时，音乐对于儿童心灵的滋养是不可或缺的，而儿童对于音乐的感知程度往往超越成人的预料。

在《养鸽子的男孩》中，男孩参加比赛刚刚放飞了鸽子回到家中，天气骤变，风很大，男孩担心这样恶劣的天气鸽子能否按时飞回。此时，为突出男孩的内心感受、加强悬念感，导演专门创作了一段音乐，和同期的风声混在一起起到了强调作用。

在《纵身一跃》的结尾，一场面向全世界的直播开始了。音乐中，女孩一步一步登上六米高台，女孩站定。音乐停止。女孩特写。女孩身后爆炸、女孩身上起火、跳下，伴随的风声被加大，女孩落地。音乐复起，鼓掌等同期声混入。这一段很好地运用了同期声、音乐、效果、甚至无声，加强了悬念、制造了紧张气氛。

在《我家的房子》清晨打鱼一场中，婷婷和父亲划着竹筏在静静的江面上作业，四周沉寂，只有起网时零星的水声和鱼落入水盆的拍打声。同期音效不仅映衬出清晨的寂静，也显示出父女俩淡定的生活态度。

所以，在儿童纪录片中，要像重视故事、人物和画面一样重视声音。它是创作的不可或缺的元素之一，它的表现力不亚于画面。

2005年10月，中央电视台与德国慕尼黑国际青少年电视节联合主办了"亚太青少年电视节"。电视节上播放了一些国内拍摄的儿童纪录片，片子题材不错，编导也很下工夫，但是感觉更像成人专题片。原因在于没有很好地解决"儿童的视角"、"契合儿童收视心理的拍摄手法"等技术问题。在此探讨儿童纪录片的几个基本原则，希望能有更多的儿童纪录片产生，反映儿童生活、传达儿童心声。同时也记录下这个时代儿童群体的真实面貌。

《快乐体验》制片人
文世力

概 述: 本文以皮亚杰理论为切入点，拆解儿童心理的"原始思维"，据此分析儿童专题片中儿童视角的体现方式。

儿童专题片的儿童视角生成

　　儿童电视专题片，是以儿童为受众的电视专题片形态。对于儿童专题片的制作者来说，更加准确地把握儿童视角，深入挖掘专题片中的儿童性，是儿童电视专题片深入发展的关键。

　　儿童视角，通俗地讲，就是"用儿童的眼睛看世界"。每一位少儿电视工作者对此都不陌生。但是，在儿童专题片的制作中，什么是真正的儿童视角，怎样才能体现出儿童视角，却常常困扰着制作者。本文将结合《快乐体验》栏目的儿童专题片拍摄，对瑞士心理学家皮亚杰的儿童心理学理论在儿童专题片儿童视角生成中可能发挥的作用进行探索。

　　皮亚杰儿童心理学的核心理论认为，儿童心理最大的特征即为"原始思维"的特征。具体来说，又分为"泛灵论"、"中心论"和"前因果观念"三个部分。

一、借鉴"泛灵论"生成独特的儿童视角

　　皮亚杰认为，儿童意识中的"泛灵论"与原始意识中的"万物有灵论"是同构对应的。这种观念认为大自然的万事万物由于各种看不见的精灵而具有生命；它们和人一样，有感觉有意识。作为生命黎明时期的儿童，他

们的思维对外在物理世界的把握和洪荒时期的原始人一样，是处于模糊的混沌状态的。他们分不清物理世界和心理世界，也分不清思维的主体与思维的对象，所以也分不清现实的与想象的东西，这就导致了儿童的泛灵观念。正是这种观念，导致了儿童眼里的世界与成人眼里的世界之间的巨大差异。在儿童眼里，花草会害羞，猫狗会说话，连星星月亮也有自己的表情。根据儿童研究专家所做的一次调查，在对儿童电视节目的喜好程度和儿童对电视节目的期望的调查中，按学生对不同节目内容的喜好程度排名，我们惊讶地发现，动物知识类节目紧跟动画片之后，名列第二。如果用"泛灵论"来解读，儿童对动物的喜爱就变得顺理成章了。

将儿童思维"泛灵论"的特点运用到儿童电视专题片的制作中，就能生成独特的儿童视角，找到符合儿童心理特点的题材。

如在《快乐体验》的"野生动物救助"节目中，孩子们来到野生动物救助中心体验了与不同的动物近距离接触的感觉。这些动物在野外受伤之后来到救助中心定居养伤，身上带有大自然的灵性，同时又因受到人类的救助而变得温驯。在保障安全的

《野生动物救助》正是儿童心理"泛灵论"的体现

前提下，体验者围坐树下，与长臂猿嬉戏；任翻飞的小鸟停落在手心或者肩头。骑着大象穿梭在原始森林。孩子们完全忘记了镜头的存在，沉浸在与野生动物和大自然的交流嬉戏中。于是，儿童与动物之间一个个精彩的小故事便自然地发生并被真实地记录进节目。一切看似在策划之中，又尽在意料之外。在充分张扬儿童天性之余，又让观众领略到纪实美学的真谛。

二、借鉴"中心论"解决儿童视角的主体关系

儿童思维主客体不分的特点除了体现为"泛灵论"之外，还集中地体现为"自我中心"的思维，简称"中心论"。皮亚杰指出："自我中心的思维必然是任意结合的。"[1]自我中心思维使儿童从自己的感觉出发，以自己的感受为尺度，根据自己的看法来判断一切事物。所谓"任意结合"，即不懂得事物的联系有其内在根据，把两件毫不相干的事物（或现象）按照主观意愿联系在一起。其实这就是"童心"、"童趣"的内涵。如在

[1]《皮亚杰发生认识论述评》，人民出版社1987年版。

《快乐体验》的"沙滩城堡"节目中，几个孩子在沙滩上垒起了"城堡"。在成人眼里，这不过是一个小小的土包，根本没有城堡的模样。可是，孩子们却非常认真地为"城堡"进行贝壳装饰，修筑起想象中的"高塔"，并由此获得了极大成就感。在成人眼里毫无价值的游戏，却集中体现了儿童思维中自我中心的特点。面对由成人的意志和习惯组成的世界，儿童难以理解和把握。为了实现理性和感性的平衡，儿童必须另辟一个属于他们自己的活动领域，这就是游戏。在游戏中，为了充分表达儿童的意愿、经验和情感，他们"需要一种自我表现的工具，需要一个由他创造并服从于他的意愿的信号系统，这个信号系统就是象征性游戏。在象征性游戏中，儿童按照自己的想象来改造现实，以满足自己的需要。在这里，就不是儿童顺应现实，而是把现实同化于自我"[1]。按照皮亚杰的理论，这种"任意结合"以满足"自我中心"的行为正是儿童想象力丰富的根源。只要掌握了儿童的这个思维特点，陶醉在土包"城堡"里的孩子也就可以理解了。

一直以来，"儿童节目成人化"始终存在。在儿童节目中，"成人规定的行为太多，儿童自发行为太少；说教灌输的东西太多，启发创造的东西太少；成人幕后操纵的痕迹太重，儿童自主发挥的空间太小"[2]，大人用自己的生活视角和生活经验去揣摩孩子的行为和内心世界。比如，有的儿童节目中，作为节目主体的小朋友在镜头前正襟危坐，说话严肃有余，行为活泼不足，语言神态都在模仿成年人的成熟老练，失去了孩子应有的天真和童趣。这些现象的背后，是儿童的"自我中心"感被挤压，取而代之的是成人"中心感"。儿童视角无法生成，体现在屏幕的就是成人化。

对"自我中心"思维特点的把握，还可以体现在儿童专题片的主体变换上。《快乐体验》不仅让儿童成为儿童专题片的拍摄对象，更大胆地让儿童来充当儿童专题片的拍摄主体。"节目是通过纪实拍摄手法，让少年儿童以自己的身份和视角进入设定的情境中去进行角色互换，行业体验，在大自然中的无限探索。"[3]《快乐体验》中，很多节目由分布在全国各地的特聘小记者自己去拍摄，以儿童的感觉去寻找合适的选题，这些选题大都就在他们身边，由儿童"任意组合"。孩子们只需要在拍摄之前与栏目编导和当地的辅导老师沟通如何更好地呈现。一切准备好之后，孩子们便利用节假日拍摄素材，在拍摄过程中运用自己手中的DV机记录他们的所见所闻，并在最后总结所想。大量朴实真诚的镜头，表现出体验中的最真实的一面，无论最后体验内容成功与否，都能让体验者对生活获得更深层次的认识，让电视机前的小观众也能更加自然

[1]《皮亚杰发生认识论述评》，人民出版社1987年版。

[2][美]伊恩·罗伯逊：《社会学》，商务印书馆。

[3]引自《快乐体验》栏目介绍。

孩子们成为拍摄主体，满足儿童的"自我中心"思维特点。

地通过和体验者的"身份置换"深入融入体验之中。在这种从被拍摄对象到拍摄主体的转换中，不仅实现了儿童"自我中心"思维的影像体现，更体现出成人编导对于儿童心理特点的充分尊重。

三、借鉴"前因果观念"探求儿童视角的成因

皮亚杰曾仔细地研究过儿童的因果观念，他把儿童因果观念的发展分为三个主要时期：第一时期，因果观念是心理的、现象主义的，最后目的的和魔幻的。第二时期的因果观念是人造论的、泛灵论的和动力学的。第三时期的因果观念才是反映事物真实因果联系的物理因果观念。皮亚杰把前两个时期的因果观念称为"前因果观念"。所谓"前因果观念"，即是一种不反映事务之间真实因果关系的因果观念。这种"前因果观念"占据了儿童时期的大部分时间。和原始人善于将各种偶然发生的事情组合在一起，形成必然的因果关系一样，在儿童的眼中，也是没有"偶然"观念的。他们并不知道客观的因果联系，认为一切事物都是有目的的，都是按照一个既定的计划事先安排好了的。既然一切都是安排好了的，那么一切事物的发生就必须有其原因，就一定能找出其中的"为什么"。——这就是我们常说的儿童式的"好奇心"的基本特征，也是他们一个劲地问"为什么"的直接契机。他们需要给自己经验中遇到的现象找出原因。儿童的好奇心与成年人的好奇心的根本差异就在于此。从思维角度考察，儿童式的好奇心就是来自于他们的"前因果观念"；而"前因果观念"正是儿童"任意结合"的逻辑思维的一种重要表现形式，而"任意组合"则是儿童"自我中心"思维的产物。

　　掌握儿童式好奇心的产生原因及其特征是生成儿童视角的重要一环,对于儿童电视专题片的创作有着重要意义。儿童电视专题片要"以儿童的眼睛来看世界",就要充分把握儿童式的好奇心,从满足儿童式的好奇心出发,寻找足以吸引儿童的"新奇点"。这些"新奇点"包括如异国风情、奇人奇事、悬念重重的探险破案、各种产品的"看不见"的制作过程等。在寻找这些"新奇点"的过程中,为了使儿童专题片更贴近儿童的审美心理结构,儿童节目编导应该深入研究儿童的好奇心,并去把握它,吸收它,用来丰富和提升自己的想象力。正如鲁迅先生曾经说过的那样,"孩子是可以敬服的,他常常想到星月以上的境界,想到地面下的情形,想到花卉的用处,想到昆虫的哑语;他想飞上天空,他想潜入蚁穴。"[1] 儿童节目编导要在日常生活中多接触儿童,掌握他们的"前因果观念"的特点,这样就能从儿童视角出发,拍出更加贴近儿童心理特征的专题片。

　　如《快乐体验》的"采茶"节目,就运用了适宜的"新奇点"来满足儿童的好奇心。"采茶"开场,孩子们奔走在崎岖的山路上,茶山在哪里?茶树有多高?未采摘的茶叶又是什么样?带着这些问题,茶山赫然出现在眼前,造成一个情绪的高潮。保持着这样的情绪,孩子亲手采摘茶叶,闻茶花的清香,聆听老茶树的故事,这些体验过程的新奇之处,都建筑在孩子们对

满足孩子们好奇心的"采茶"

"茶叶是哪里来的"这个问题的好奇上。也就是说,孩子们对了解"茶山——茶叶"之间的必然的因果关系非常感兴趣。由于孩子们的"前因果观念",他们只有在了解了整个采茶过程之后,好奇心才能得到满足,儿童观众为了满足好奇心,也会坚持收看完"采茶"专题片。"采茶"的编导正是通过掌握孩子们的好奇心,抓住了儿童观众的心,从而不着痕迹地完成了儿童专题片中儿童视角的生成。

　　儿童视角,是体现儿童电视专题片儿童性的重要标志,也是衡量节目优秀与否的重要标准。"用儿童的眼睛看世界"不仅仅是一个目标,更应该成为一种可以灵活运用的技巧。皮亚杰的儿童心理学理论从"泛灵论"、"中心论"和"前因果观念"三个方面,为儿童节目编导提供了生成儿童视角的可操作方向和依据。只有具备了真正的儿童视角,儿童电视专题片才能更加主动准确地展现出儿童眼中的世界和儿童心里的世界。

---

[1]鲁迅:《看图识字》,见《鲁迅全集》,人民文学出版社2001年版。

《大风车》主编
王 琰

将**儿童为本**进行到底
——《我的DV日记》创作谈

以"儿童为本"是国际儿童节目制作遵循的原则，20世纪90年代末被引入我国。1999年6月1日开播的《东方儿童》栏目明确提出"以儿童为中心，服务、娱乐儿童"的新观念。2001年12月，新版《大风车》开播，进一步确立了"以儿童为主体，尊重儿童、贴近儿童、反映儿童、服务儿童"的创作理念，并首次设置儿童主持人，推出了儿童新闻和儿童DV节目。

这是中央电视台对国际先进的儿童节目制作理念的积极尝试。但是就全国范围来看，以"儿童为本"的理念 在儿童节目制作中还没得到全面贯彻。

什么是"儿童为本"？就是"以儿童为主体，尊重儿童、贴近儿童、反映儿童、服务儿童。使儿童成为节目的主体和创作的主角，一切为了儿童，一切围绕着儿童"。那么如何在节目中贯彻这个原则呢？

2008年10月，《大风车》推出了《我的DV日记》系列节目，对"儿童为本"进行了有益实践。

该节目是儿童利用手中的DV，以自己的视角拍摄自己的生活，记录所见所闻，表达心声和情感，讲述自己故事。节目的目标受众是7—12岁的儿童，每集10分钟，由两个纪录短片组成。在《我的DV日记》里，成人不见

概 述：儿童节目应以儿童为主体，如何在节目中具体贯彻，文中做法可借鉴。

了，儿童真正成为了节目创作和内容上的主角。

一、在内容上将"儿童为本"进行到底

遵循"儿童为本"的原则，《我的DV日记》在内容上充分表现儿童，儿童成为节目的绝对主角。

1. 儿童的故事

儿童是《我的DV日记》的当事人、主人公。他们来选择人物和事件，并对事件作出自己的反应。

如《小小医生》一集，四个好朋友在玩过家家。一个拿着糖豆的医生认真地给三个病人治病，她按照糖豆的颜色对症下药，还让病人选择服用自己喜欢的"药丸"。这些点子都是孩子才会想出来和做出来的。正玩得开心时，一位患者突然捂着肚子大叫起来，大家慌了，最后决定带他去医院。但小患者突然拔腿就跑，大家追出去，不料小患者一下子钻进了厕所，大家在外面紧张地敲门。过了几分钟，小男孩开门出来了，不好意思地说"我拉肚子了"。一场看病风波到此结束。

故事中孩子们的一系列行为都是本性的流露，纯真而不做作。虽然在成人眼里属于"小儿科"，但儿童却乐在其中，是真正的儿童生活。

《我的DV日记》中还有许多儿童身边的故事，如《大院里的流浪猫》、《玩具总动员》、《我们的奥运梦》等，不仅有儿童身边的事，还包括儿童关心的事。

2. 儿童的视角

《我的DV日记》是儿童站在自己的角度和立场进行讲述的。

如《老北京小吃》，这个故事产生于三个孩子的恶作剧想法。他们很想捉弄一下看上去很聪明的外教，于是三人用尽浑身解数，设计了让外教吃芥末堆儿的圈套：先带外教逛胡同、陪外教吃他喜欢的小吃。就在外教沉浸于美味的食物时，品尝芥末堆儿的好戏上演了。外教一把鼻涕一把泪的模样正中他们的圈套，并被他们用DV记录下来。

在这段片子里，孩子引导着成人，掌握着故事发展和讲述的主动权。虽然是恶作剧，但一切都是善意的：孩子的出发点是单纯的，片子表现了外教可爱的"窘态"，孩子们证明了自己的"聪明"，自尊心得到满足。这就是儿童真正会想、会做，并愿意拍摄的事情。

3. 儿童的情感

《我的DV日记》中表达和流露的，都是儿童自己的真情实感，因此能打动观众。

　　如《永远的朋友》，讲述的是内蒙古一个合唱团的小男孩哈利拉的情感历程。合唱团老师为地震灾区的小朋友写了一首蒙语歌，要挑选两个主唱为这首歌录音。哈利拉信心满满地做好了录音的准备，但是老师宣布的主唱人却不是他，他只是和声。哈利拉生气地不但不好好练习，更把整个排练房搅得一团糟。这时，老师给哈利拉讲了那首歌的意义，听完之后，哈利拉一脸的不屑变成了一脸的泪水，他被歌曲打动了，更为地震中遇难的小朋友落泪了。他重新回到合唱队伍中，圆满完成了歌曲的录制。

　　哈利拉的情感变化在片中真实而细腻地表现出来，不仅影响了同龄人，也牵动着观众的心。

二、在形式上将"儿童为本"进行到底

　　遵循"儿童为本"的原则，《我的DV日记》在形式上采取儿童讲述的方式。

1. 儿童的口吻

　　首先，《我的DV日记》中所有的旁白都是拍摄者用第一人称亲自口述的。

　　如《日记风波》，记录了一个小女孩发现妈妈偷看自己的日记，于是拿起DV展开调查，最终用证据和智慧化解了母女矛盾。故事一开场就是小女孩的内心独白："我发现我在日记里写的愿望，妈妈都知道，还帮我实现了……"

　　女孩没有生气地质问妈妈，"为了调查清楚，我决定用DV摄影机拍下证据"。终于，她拍到了妈妈偷看日记的证据，"我得想个办法告诉妈妈"。

　　什么办法呢？

　　"妈妈，我已经知道你看我的日记了，以后你不要再看了，我并不是想瞒着你才

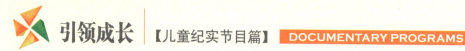

写日记的"。

然后她把录有自己心里话的DV机和日记本放在一起，相信好奇的妈妈一定会看见的。果然不出所料。女儿的方式让妈妈既惭愧又欣慰。第二天，小女孩在自己的日记本旁发现一把小锁和一个纸条，妈妈向女儿真诚道歉，并期望母女俩能敞开心扉，做真正的朋友。

用第一人称旁白，讲述自己亲身经历的事件。讲述者不是旁观者，而是当事人，那么事件本身以及发展、结局各个过程的心理感受都会在旁白中自然流露，讲述者的情感和心理变化是最真实的，没有人能代替，是儿童真实的声音。

第二，儿童的语言，而不是成人化的语言。

如《Hi，幼儿园》记录了两个小学女生重访幼儿园的故事。当她们溜进大门后，并没有条理清晰地进行评论，而是零散地、即兴地说出自己的发现。在运动场，她们惊叹"小时候觉得又高又刺激的滑梯竟然这么小"；在曾经上过课的教室，她们看见"墙上的照片全都变了，但是玩具还在"；经过一间教室，她们听见熟悉的歌谣《两只老虎》。旅程结束了，两个女孩跳着、唱着"两只老虎，两只老虎，跑得快，跑得快……"跑出了大门。

在片中，两个女孩没说太多话，只是把她们看见的、听见的、想到的说出来，没有成人化的逻辑严密、条理清晰的分析总结，完全是儿童的思维、儿童的感受、儿童的表达方式。虽然散乱，但却透着纯真质朴。

2．儿童的方式

成功的纪录片，需要有趣的人物、动听的故事、充满张力的叙述和一个完整的观点[1]。在《我的DV日记》中，儿童用简单、直接的方式完成了自己的纪录短片。

如《我，家人，奥运》中，一个叫凯文的男孩向大家介绍自己的奥运家庭。凯文先用镜头和旁白给自己的家画了一个素描：自己是国际学校的学生，爸爸是一个忙碌的奥运工作者。由于工作是跟奥运会的赞助商合作，所以不仅爸爸奔波，全家人都得跟着爸爸不断搬家。而妈妈的生活重心就是照顾全家人的生活，特别是陪着自己的两个妹妹去参加各种各样的游泳训练。至于两个妹妹，就只看见她俩每天乐呵呵地在家里玩闹、做饭、玩乐器等。这就是凯文眼中的家人，他选择的生活片段都是他关心的内容。而爸爸的工作成就、妈妈的朋友圈、妹妹的学习成绩等在成人眼里有兴趣的部分，都不是凯文要介绍的。

素描完成了，但凯文心里有一些困扰自己的问题，他很想听听其他人的意见，凯

---

[1]迈克尔拉毕格：《纪录片创作完全手册》，何苏六等译，第一章"导演的角色"，中国传媒大学出版社。

文选择了采访的方式。

他到妹妹的房间里，问两个正在玩的妹妹：

"我们总是搬来搬去，你们喜欢这样的生活吗？"

11岁的夏洛特回答："有时候认识新朋友很开心，但是很快又得跟他们分开还是让人伤心。但是只要能认识新朋友就是件让人开心的事情"。

听了姐姐的话，8岁的米兰达立刻质疑："如果交不到新朋友，你还会开心吗？"

采访妈妈是在接妹妹下游泳课回家的车上，凯文问：

"妈妈，你是不是想把他们训练成奥运冠军？"

还没等妈妈回答，两个妹妹立刻摇着头说："不，不是。"

妈妈笑着回答："确实不是，想成为什么样的人，得看他们自己的愿望。我知道夏洛特想成为有名的运动员，但是米兰达我就不太清楚了，你得自己问她。"

最后，在客厅，凯文采访了爸爸："你觉得她们能在奥运会得冠军吗？"

爸爸回答："在这之前，我们得先搞清楚他们代表哪个国家参赛？夏洛特在香港出生，米兰达在菲律宾出生……"

凯文的家庭故事讲完了。跟成人纪录片相比，凯文的短片显得单薄、平淡，没有丰富的细节、深刻的背景和跌宕的情节。但成人的表述方式儿童不懂，也不需要。他们只要把自己的所知所想所感告诉观众即可。

三、在创作主体上将"儿童为本"进行到底

遵循"儿童为本"的原则，儿童不仅是《我的DV日记》的故事主体——主人公，还是创作主体——制作人。

首先，纪录片是从人类性情出发看到的真实的一角[1]。根据这个定义，可以说儿童的天真和纯粹，恰好证明了儿童是最善于制作纪录片的人，因为儿童完全从自己内心的性情出发去做事情。在《我的DV日记》中，由儿童来拍摄自己身边的人和事，无论拍摄者还是被拍摄者都更易于流露出真实情感。所以，《我的DV日记》适合儿童来制作。

其次，纪录片的制作需要专业的影视技能，儿童本身并不具备。因此，《我的DV日记》节目组制定了制作前培训、制作中指导的模式，让成人随时为儿童提供帮助。

拍摄前由编导对儿童进行基础培训，保证儿童对写作分镜头脚本、现场拍摄和后

---

[1]迈克尔拉毕格：《纪录片创作完全手册》，何苏六等译，第一章"导演的角色"，中国传媒大学出版社。

期剪辑有基本了解并掌握基础技巧。脚本创作由儿童和编导一对一合作完成。原始的内容、想法完全由孩子提出，经编导润色完成分镜头脚本，在取得孩子认可后进入拍摄。

现场拍摄时，儿童和成人编导各拿一台DV同时拍摄。以孩子的拍摄为主，编导及时帮助孩子以更专业的方式捕捉有效镜头。由于节目播出时间的限制，剪辑工作由编导根据孩子最初的想法完成，保证完成片能遵循孩子真实的生活、情感和态度。

四、在创作继续完善"儿童为本"

通过一系列实践，《我的DV日记》对"儿童为本"的原则做了有益的探索，但是还有很大的推进空间等待我们去开掘：

第一，制定细致的选题规划。将在全国范围内对7—12岁孩子做问卷调查，搜集他们最关注的事情并进行分析。通过制定选题规划，在节目中有重点地全面展示，以提升儿童的认同感，扩大影响力。

第二，打造精品。由于儿童的空余时间有限，剪辑技术较为专业难以掌握，节目播出时不我待等原因，节目的剪辑工作由成人编导完成。今后节目将在剪辑上多运用一些电影手法，对节奏和声音提高艺术处理手段，提升节目质量，打造精品。

第三，品牌战略。《我的DV日记》将运用各种手段，吸引更多儿童参与，记录孩子们关心的、和身边发生的新鲜事，把它做成一个全国儿童心向往之的视频日记平台。

第四，国际合作。与国外媒体建立合作关系，互相交换播出中外儿童的"DV日记"，也可以采取中外儿童互访、互拍的方式，扩大中外儿童之间的了解与交流。

《我的DV日记》不应只是一个简单的节目，而是一个可以无限发展的儿童表达媒介平台。通过它，儿童和节目的联系越加紧密，使央视少儿频道真正成为儿童生活密不可分的一个重要部分。

学龄前节目篇

PRESCHOOL PROGRAMS

《智慧树》制片人
倪　娜

概　述: 本文对学龄前电视节目制作进行了理论和实践阐述,渗透了对儿童节目专业化的理解和追求。

论《智慧树》的专业化追求

《智慧树》是央视少儿频道一档面对学龄前儿童的电视杂志类节目,随少儿频道问世而诞生。五年多来,她已发展成为全国收视群体最大的著名幼儿电视栏目。

一、《智慧树》定位

在策划之初,栏目组将《智慧树》定义为一档面向最广大学龄前儿童的教育类娱乐节目。这包含三层含义:

第一,它是专门面向学龄前儿童的节目,其受众年龄为2—6岁。这区别于以往受众年龄过于宽泛的儿童节目,使节目定位更有针对性。由于学龄前儿童与学龄儿童在神经生理功能、收视能力和习惯以及认知程度、学习方式等方面有明显区别,因此《智慧树》的设计更加注重依据这一年龄阶段儿童的生理和心理特点。

第二,节目受众是最广大的学龄前儿童,而不仅仅是城市孩子。栏目组期望有更多的农村在园幼儿和散居幼儿,包括经济状况较差的幼儿,都能通过节目获得较好的学前教育。

第三，《智慧树》不仅仅是娱乐节目，更是能对幼儿的认知、情感以及社会性有所裨益的教育类节目。同时，陪伴收视的父母或老师也能从中受益。使节目成为可以容纳上亿孩子和父母、教师的"空中幼儿园"。

这个定位一直贯穿于栏目的策划、设计和拍摄过程中。虽然栏目内容和形式在不断调整，但服务于最广大幼儿、提供高水平幼儿教育以及寓教于乐的初衷始终没变。

二、《智慧树》设计依据

为制作出高水平的幼儿电视节目，栏目组在策划时，即对电视媒体对儿童的作用，儿童发展心理学、幼儿教育理论和实践进行了研究，以此作为栏目设计依据。

1. 反思电视媒体及儿童节目对于儿童的不利影响

国内外学者对于电视媒体及儿童电视节目对于儿童的不利影响的讨论主要集中在以下几个方面：

第一，对于儿童生理发展有不利影响。如长期、长时间观看电视会导致儿童视力下降、身体运动能力下降，超重等。

第二，对于儿童认知能力有不利影响。如，有可能妨碍儿童的理性思考能力、有可能破坏儿童的主动学习的能力、有可能导致儿童精神难以集中、有可能阻碍儿童创造力的发展、有可能削弱儿童的语言学习能力并使儿童缺乏现实体验性的学习能力等。

第三，对于儿童情绪、情感、社会性等方面的不利影响。批评主要集中在儿童观看过多暴力场面会导致不良的模仿行为，尤其是儿童节目本身会潜藏着一些暴力场面和不良的信息。

以上批评实际反映出以下问题：儿童观看电视节目需要有成人的指导。由于儿童本身并不具备完全的选择能力，因此成人有义务对其观看的电视节目进行选择并对其观看电视的行为本身进行指导；区别于平面静态媒体，电视媒体有新的传播形式、载体和更加广义的文化接受度。儿童节目本身，涉及到其制作的价值观、内容、

表现形式和结构。从深层次来看,电视和儿童的关系涉及到更加广泛的儿童心理学、生态学和社会学范畴。总之,这是一个复杂的,涉及到很多学术领域,多个宏大命题的问题(见下图)。

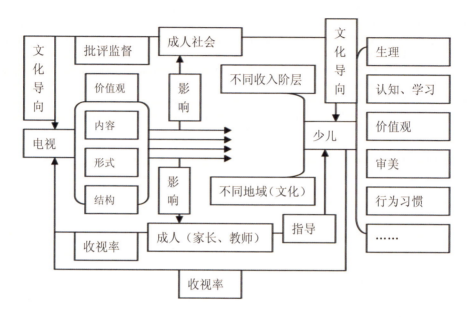

基于以上思考,栏目组明确了儿童电视节目制作的关键在于:尊重儿童成长的需要,以幼儿心理学和幼儿教育学作为节目制作的依据;加强制作队伍本身的专业化素养,努力成为一支既精通电视节目制作、又了解幼儿心理与教育的专业化队伍;鼓励和吸纳专家学者、幼儿专业工作人员和父母乃至幼儿参与节目的创作;通过各种手段鼓励父母和教育者运用电视节目,实现其教育目标;加强节目的研究和评估,将其作为节目制作的有机组成部分。

2. 参考儿童发展心理学理论、幼儿教育理论和实践

明确节目制作的关键点之后,栏目组力求用儿童发展心理学理论、幼儿教育理论与实践作为节目创作依据。具体体现在节目价值观、节目内容、节目形式和节目结构四个方面。

在节目价值观上,建立在对儿童发展心理学的基本了解之上,尊重儿童成为最基本的价值观。这包括尊重儿童生存的权利和发展的权利,尊重儿童的生理心理特点,尊重儿童的个体独特性等内容。

在节目内容设计上,结合国内外经典的幼儿教育课程,设计了《智慧树》节目制作

大纲。依据多元智能理论，为幼儿在各个智能领域的发展提供了学习素材和机会。栏目的各板块设计也都有相应的课程理念作为依据。

在节目形式上，保留了传统的板块式设计，但在节目串连的方式上追求戏剧化效果。通过戏剧化的情节，将每期节目中的各板块整合，突出板块中的教育元素，例如独自在家的安全教育、尊重他人隐私的权利教育等。

在节目结构上，依据儿童学习的特点，将重复作为一种结构性规律。舞蹈歌曲内容、英语教学内容、体操游戏内容、串连主题内容等都会进行适当的重复，而这些重复是有规律和有目的的。一方面，重复本身是孩子的学习特点，另一方面，也希望通过重复达到普及和推广节目内容的目的。

三、《智慧树》对精品节目的理解和追求

栏目组对于精品儿童节目的理解首先体现在节目的价值观上。制作精品儿童节目，一定要达到四个指标：节目要保护儿童、节目要吸引儿童、节目要有益于儿童、节目要有益于父母。

要传播给儿童怎样的价值观，首先取决于节目有着怎样的价值观。如果节目不能体现平等、多元、诚信，那也无法将这些积极的价值观传播给儿童。因此，节目必须呈现给儿童一个美好的世界，让他们在节目中尽量接触真善美，这样才能保护儿童；

节目必须动静结合、引人入胜、丰富多彩、有趣而又幽默，这样才能吸引儿童；节目还必须有利于儿童认知的发展、创造力的发展、审美情趣的发展、社会交往技能的发展以及身体运动能力的发展，还要给予儿童表达的机会和权利，这样才能有益于儿童；还要在潜移默化教育儿童的同时，潜移默化地引导父母，向他们传达先进的教育理念和方法，这样才能有益于父母。

对精品栏目的追求，还体现在栏目内容的创新。《智慧树》从开播至今，其中有七个板块集中体现了创新意识：

《智慧小宝典》将平面媒体和电视媒体相结合，将适于2岁左右幼儿阅读的图书，进行形式和内容上的改编，使之成为一本动态的电视图书。从而达到：为2岁左右的幼儿提供生动有趣的认知经验；培养低幼儿童对于书籍的兴趣；指导父母引导低幼儿童阅读。通过节目，既丰富幼儿的认知经验，又提高父母的育儿水平。

《请你像我这样做》集律动、少儿体操和形体训练于一身。希望孩子们在观看节

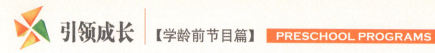

目的时候，能站起来学，动起来练，达到发展幼儿大肌肉运动能力、提高身体协调能力、培养音乐感受能力、发展幼儿音乐肢体想象力等目的。节目还选择了孩子们很容易找到的靠垫、帽子作为道具，增强运动的趣味性。

"亲子教育"是以亲缘关系为基础的教育。按照我国多数的家庭情况，这种关系被扩展为所有与幼儿密切接触的人——看护人与幼儿之间的关系，从而形成看护人与幼儿之间的以亲情互动为核心内容的亲子关系。所以"亲子教育"是以爱护幼儿身心健康和开发潜能，培养幼儿早期性格为目标的早期教育。七岁以下，是情商教育的关键期。为此，节目专门安排了父母和孩子一起做的"亲子操"，促进亲子关系。

《科学泡泡》是一档以4—8岁儿童为主要收视群的科普类节目。"孩子通过亲身体验、探究获得的知识，远比成人灌输而得来的知识要深刻得多。"这是制作《科学泡泡》节目的初衷及教育理念。这个节目在特定的环境中，为孩子提供适当的材料，让小朋友们对身边常见的事物和现象产生兴趣，激发小朋友强烈的好奇心，鼓励孩子发现问题，提出问题并解决问题。让他们在生活中养成动手动脑、细心观察的科学态度，掌握科学方法。让儿童在试试、做做、玩玩中体验科学。

《福娃来了》是为迎接2008年北京奥运会特别策划制作的系列节目。它通过向小观众介绍奥运会的由来、各个体育项目的知识，组织幼儿园间的体育游戏的竞赛，向儿童传达体育精神，传达奥运精神。通过节目和其中的游戏，让孩子体验拼搏、对成败的看法、遵守规则、公平竞争、团结合作等体育精神。

《我创意 我做主》是2007年4月份新开播的子栏目，由"拼图时间"、"创意时间"和"挑战时间"组成。该节目不是简单地教孩子如何完成作品，而是通过启发创意和展示创意类作品，鼓励和培养儿童的想象力和创造力。节目特别重视与观众互动，在节目中征集创意素材，鼓励小观众来挑战主持人的创意作品。还鼓励孩子和父母或者小伙伴一起完成作品，在创意过程中体验合作的乐趣。

现代中国社会，大多是独生子女。"溺爱"和"代劳"成为很多父母的通病。这就在某种程度上造成了儿童动手能力差，甚至出现了时下流行的怪病——感统失调症。而重学习轻实践的风气更消减了儿童独立思考、巧手制作能力。

《智慧树》试图在2—6岁儿童教育过程中提倡观察，提倡动手操作和身体力行，提倡让孩子在亲自探究的过程中发现、理解一些知识。除《我创意 我做主》外，《科学泡泡》、《请你像我这样做》、《宝贝2+1》等节目，都是强调跟着主持人一起，自己动手制作玩具、做科学游戏、观察变化、动脑筋拼图、尝试错误、想办法纠正等。借此推广"体验式教育"，努力提升中国儿童的竞争力。

戏剧性的串联形式，借此鼓励幼儿参与表演游戏，提高戏剧表演能力。

《我爱变魔术》是2009年新增加的小板块。节目通过幼儿学习与表演魔术，培养并锻炼幼儿对事物的观察、分析和理解能力，养成热爱生活，遇事机敏、勤于思考、善于判断、乐于沟通的行为习惯。

此外，对于精品栏目的理解还体现在对于节目的前期研究和后期测评上，这是制作出精品节目的保证。

《智慧树》将继续努力，研究国内外先进教育理念，研究儿童心理，制作出具有中国本土文化特色，符合儿童身心发展和收视特点，对幼儿、父母、教师真正有益的电视节目。

《我爱变魔术》

《七巧板》制片人
贺　斌

概　述：从实践中总结游戏节目对幼儿的作用，相信对业者有启发。

浅谈幼儿电视游戏节目的作用

电视事业的发展使得电视受众越分越细。0—3岁的婴幼儿已经成为不可忽视的受众群体。

2009年1月初，栏目组曾对北京某幼儿园3岁以下小班的60名孩子进行节目调查，结果表明，98%的孩子们每天都看电视。60%的孩子每天看半小时以上。50%的孩子在玩的时间主要选择看电视。可见，3岁前的幼儿对电视还是充满了喜爱和信赖。因此充分了解婴幼儿心理生理成长特点，制作有利于他们身心健康的电视节目尤为重要。

我国著名教育家陈鹤琴先生说过："小孩子生来是好动的，是以游戏为生命的。"确实，游戏对于婴幼儿来说犹如生命般重要，游戏是他们生活中最基本、最喜爱的活动。多年的幼儿节目制作经验也告诉我们，游戏是孩子们最乐于接受的节目形态。因此，健康有益、简单而容易模仿的游戏节目，自然成为婴幼儿电视中的主力军。那么，幼儿的电视游戏节目究竟对孩子有着什么作用呢？

一、游戏节目可以帮助宝宝记忆

优秀的婴幼儿节目承载有一定的教育功能，但教育的效果需要孩子的记忆能力的参与。

　　婴幼儿记忆的特点主要是：(1)以无意识记忆为主。这个时候他们的无意识记忆占优势，有意记忆还没有发展成熟。他们对事物的认识，往往是无意中进行的，甚至于是你让他记什么，他就记什么，自己没有主动的目的，并没有真正接受记忆的任务，他们的回忆，都是依靠无意识保存下来的。(2)以机械记忆为主。幼儿对事物的理解能力较差，当他们对记忆的东西不了解时，只会死记硬背，进行机械记忆。(3)偏重于形象记忆。在儿童的语言发生之前，他所记忆的内容只有事物的形象，即只有形象记忆。凡是直观、形象、有趣味、能够引起孩子强烈情绪体验的事物都能够使孩子自然而然地记住，所以必须为孩子提供一些色彩鲜明、形象具体的材料，最好材料能够吸引孩子的兴趣和注意力，那么就能够促进孩子进行记忆。(4)记得快，忘得快。正因为孩子记忆的时候以机械记忆为主，根据事物的特征加以记忆，并不是在理解的基础上进行记忆的，所以他们记得快，忘得也快。

　　根据对婴幼儿记忆特点的了解可以得知，这一年龄段儿童记忆的积极性和效果，依赖于记忆任务的活动动机。所以我们需要寻找能让幼儿感兴趣的活动动机的选题内容，引起他们记忆的积极性，从而主动地去记忆。

　　什么是幼儿最感兴趣的活动？婴幼儿儿童年龄小，受到知识、经验、能力、体力等的限制，虽对周围事物有强烈的兴趣，但不能真正同成人一样参与一些活动。他们的主观愿望与客观实际之间便发生了矛盾。这个矛盾只能在唯一的一种活动形式——游戏中解决。因为只有在游戏活动中，才可以用虚构的操作去代替实际的操作，用假想的物品去代替现实的物品，而且行为内容保持不变。在游戏中，幼儿能在假想的情景里自由地从事自己向往的各种活动（如当妈妈、做教师、开汽车等），不受真实生活中许多条件的限制（如体力、技能、工具等），从而使其主观愿望与实际行动统一起来，为解决幼儿心理发展的矛盾找到了最好的途径。

　　《七巧板》曾推出了两个系列节目。在"第一次"系列中，编导有意设计了很多困难干扰孩子的"第一次做客、第一次买东西、第一次一个人睡"等实践活动，不仅有戏剧效果，而且由于扮演角色的需要，宝宝必须自觉地、积极地、有目的地去记忆某些游戏规则或追忆事件的情节，这样就发展了宝宝的有意记忆，从而使宝宝加深了对知识的理解，起到巩固记忆的作用。而在"宝宝的兴趣爱好"系列中，编导针对舞蹈、弹琴、涂鸦等活动，设计了不同的游戏让小朋友们互动参与，游戏让宝宝直接接触玩具和各种材料，通过具体的操作活动发展其各种器官的感知觉能力、动手操作能力和观察能力，使宝宝在不知不觉中加深了对游戏内容的理解和记忆。

二、游戏节目可以拓展宝宝的思维

0—3岁是婴幼儿思维发展的高峰期。只有婴幼儿思维能力得到良好的发展，他们才能在所学的知识与知识、概念与概念之间，形成良好、灵活的内在结构。才能在面对新问题时，很快找到新旧知识、信息之间的连接点，从而顺利解决问题。所以，对婴幼儿受众思维品质的培养是开发他们智慧的切入口，也是发展其创造性和开拓精神的最可行途径。——这也是婴幼儿电视节目所必须面对的挑战。

婴幼儿思维以直观动作思维占主导，主要特点：(1) 动作性。婴幼儿会在动作中思维。(2) 具体性。如，老师对小朋友们说"喝完水的小朋友请把水杯放回原处"，幼儿不懂老师的意思。但说"张小宝，喝完水把水杯放回原处"，孩子就会听得懂。(3) 形象性。如在《天线宝宝》中看到小白兔是黄色的，那在她的印象中小白兔就是黄色的。再如看到一个人头发是白色的，不管这个人实际年龄多大，都会认为他是老年人。(4) 兴趣性。亲人可以比赛一起学习，激发兴趣。(5) 简易性。婴幼儿在思考问题时，做不到综合考虑，往往忽略各个方面的因素对这个问题的影响，而只是简单地凭以前自己的思维经验来"套用"。结果常常作出不正确的判断，得出不正确的结论。(6) 固定性。如每天睡前把宝宝的衣服叠好，形成习惯后，某一天你不叠了，她就会有意见。(7) 拟人性。在孩子眼里，万物都是有生命的。她会与布娃娃说话。

根据对婴幼儿思维发展特点的分析得知，这个年龄段的孩子由于思维水平的局限，对事物的理解主要是直接理解，一般是不深刻的，但是他们对熟悉的事物已有可能开始进行最简单的抽象逻辑思维。所以在节目中应该适当开掘其逻辑思维能力，设置一些环节让他们解决简单的智力任务。而具备一定规则，且设置简单任务的活动非游戏莫属。所以说，婴幼儿电视要充分利用游戏，为开发儿童的天资和发展儿童的思维创造最佳条件。

日本研究人员于1974年曾通过对两组3岁儿童的比较研究证明了这一点。研究人员选择了一个游戏节目，让一组孩子每周看一次节目，另一组每周看3次同样内容的节目，为期两个月。研究表明，每周看3次同样节目的那组孩子在创造性思维、想象能力和一般理解能力方面进步显著。研究人员由此认为，这样的节目对儿童早期智力开发十分有效。[1]

2007年《七巧板》播出了游戏"过独木桥钻山洞"，表现的是三个孩子踩着狭窄

---

[1] 柏强：《日本学龄前儿童电视节目的收视与研究状况》，《广播学院学报》，1992年第4期，第42页。

《智慧树》周末版主持人：金龟子、毛毛虫、阿偶、笨笨熊

且有一段长度的独木桥过小河，钻"山洞"，找蔬菜。这是一个典型的竞赛类游戏节目，目的是锻炼孩子们的认知能力与身体平衡能力，突出的是娱乐性。

游戏的设计匠心独具，三个任务的完成途径是多样化的。宝宝在游戏中，独自构思情节、分配角色、制作"道具"，不断地思考并解决问题，从不同角度，运用不同方式，甚至采用多种对立的思路去解决同一问题，毫不拘束地发挥想象力。就在孩子开始琢磨解决问题的新方法，并学会联想和利用看起来并非相关的因素时，他们的创造性思维能力得到了极大锻炼。游戏不仅完成了对儿童心理和健康的检验，实现了对勇敢精神的激励，而且达到了对孩子们思维能力的锻炼。同时，这个游戏还增加了宝宝彼此间的交流机会，因为游戏需要宝宝和其他小伙伴合作完成。在游戏的全过程中，宝宝都要用语言交流思想，商量办法，这样，也有利于锻炼宝宝口语表达能力。

从这个节目中，我们可以得到如何做好婴幼儿电视游戏节目的有益启示。

三、游戏节目可以帮助宝宝运动

0—3岁是人生发展最迅速的时期，正处于感官发展的敏感期。小孩愈运动，肌肉愈能够发展，各器官愈能协调，身体愈健壮。游戏除了帮助孩子提高记忆、拓展思维，对他们进行心灵和智慧的启迪之外，还能满足孩子身体健康的需要，提高他们的运动能力。

运动能力主要是指儿童躯体移位、下肢和手的动作发展,动作和心理发展有着密切的关系。因为,人的心理离不开活动,而活动又是通过动作来完成的。动作的发展,在一定程度上反映了大脑皮层神经活动的发展。0—3岁这个年龄段幼儿的活动随着年龄的增长逐渐熟练和复杂化。因此,如果这个时期的儿童广泛地参与游戏活动的话,他们的各种基本动作,如走、跑、跳、攀登、投掷等以及肌肉、手的灵活性和全身的协调性的发展都能得到很大的锻炼和促进。

所以,婴幼儿能够并且很愿意到电视中自己唱歌跳舞、到演播室或户外参加游戏竞赛类节目,而电视机前的儿童也会通过模仿参与其中。所以电视节目创作者应该充分利用这一特点,注意节目的互动参与性,让小朋友不再总是观看者而成为参与者。《YOYO点点名》是台湾地区东森幼幼台制作的最受小朋友喜爱的唱游(歌唱游戏)律动节目,被誉为最适合儿童收看的优秀电视节目。它的最大的特色就是将音乐、游戏和律动结合起来,设计成活泼可爱适合小朋友跳的舞蹈,小朋友在游戏的氛围中学到不同的动作,在听到各种不同风格的歌曲时,可以很自在地摆动自己的身体,从而训练儿童对节奏的敏感度和身体协调能力。

当然,在设计运动游戏节目的时候,要充分考虑到幼儿的生理发展水平和心理接受程度。日本NHK的《和妈妈在一起》节目介绍瑜伽操时,研究者制作了8个实验性片断,通过变换表演者的姿势、数量,变换背景和片断长度等来观察2岁孩子的反应。经过分析认为,片子介绍的瑜伽操姿势越少,孩子则越爱看;片段越短,越能吸引孩子的注意力;片子中提供的指导信息越多,孩子的模仿行为也越多。因此我们需要根据这一情况,制作相关的律动游戏节目,在增强节目收视效果的同时,促进孩子的身心发展。

四、游戏节目可以塑造宝宝的性格

儿童期是奠定一个人做人、做事、合作、生存所需品格基础的重要时期。从终身教育的观点来说,早期教育是整个人生的教育,因此品格教育应向前延伸,从婴幼儿时期开始实施。

游戏是宝宝道德品质教育极为重要的方式之一。通过游戏,宝宝能识别最基本的真、善、美与假、恶、丑。例如宝宝在游戏中,往往能识别好人和坏人。这会让他们懂得,自己如果想成为游戏中的好人,就必须要求自己具有诚信、守纪、勇敢、坚强等优秀品质,并努力在游戏中达到这些要求,以此在游戏伙伴中树立威信。也可以利用宝宝喜欢游戏的心理特点,在游戏中启发和纠正宝宝的一些不良行为,起到事半功倍的教育效果。

《七巧板》曾播出了孩子们表演"白雪公主"的游戏，其中有白雪公主、七个小矮人、女巫等角色。孩子们通过表演，知道了自私、邪恶的女巫是不受欢迎的，而善良、有爱心的白雪公主能赢得人们的尊重和喜爱。

此外，自我意识很强的独生子女通过参加群体性的游戏，在解决矛盾争执中，可以学会如何与他人相处、合作，从而增强宝宝的社交能力和自控能力，培养宝宝开朗乐观的性格和善于协作的精神。这些品质对于宝宝将来上学，直至长大走上工作岗位、步入社会都是十分重要的。

综上所述，婴幼儿正是在不断的游戏中认知学习，在游戏中启迪思维，在游戏中强健体魄，在游戏中塑造品格。所以，益智、有趣的游戏节目，是符合婴幼儿心理发展水平的，是幼儿电视节目中重要的组成部分。

《智慧树》周末版全家福

《智慧树》导演
姜 菲 然

概　述：培养创造力是儿童电视的一个重要命题，是每一个编导都应该思考的问题。本文在理论和实践上均提供了启示。

我创意 我做主
——论电视节目如何培养儿童的创造力

著名的教育家陶行知先生说过："我们发现了儿童有创造力，认识了儿童有创造力，就须进一步把儿童的创造力解放出来。"[1]培养幼儿的创造力，是现代社会对现代教育提出的一个基本要求。

3—6岁的幼儿是想象力、创造力发展的黄金时间。他们思维活跃、可塑性强、想象力丰富，是创造力发展最有潜力的时期。此时奠定的基础将会影响到人生发展的全过程。因此，培养和发展儿童的创造力显得尤为重要。

但幼儿创造力的培养不是一蹴而就的，需要儿童节目制作者有目的、有意识地培养，为儿童创设一个有利于创造力发展的适宜环境。《智慧树》中的《我创意　我做主》小栏目通过启发创意和展示创意类作品，传递给观众独特的思维方式，鼓励和培养幼儿的创造能力。

---

[1] 方明：《陶行知名篇精选》，教育科学出版社2006年版。

一、创造力的培养从幼儿开始

1. 什么是"创造力"

简单地说，创造力就是产生新思想，发现和创造新事物的能力。其核心是创造性思维能力。创造力与一般能力的区别在于它的新颖性和独创性。具体表现为：思维能随机应变、举一反三；反应既快又多，能够在较短的时间内表达出较多的观念；对事物具有不寻常的独特见解等。例如："报纸有什么用途？"回答："在野外烧报纸用于驱赶凶猛动物"，就比回答"用来阅读"更具独特性。

2. 人人都有创造力

科学研究表明，创造力本身就是人的大脑长期进化的产物。它不是少数人的天赋，而是不同程度地存在于个体身上的一种潜能。

谈到幼儿的创造力，有些人会认为幼儿只有淘气的份，谈何创造？但是如果仔细观察，就会发现他们的很多想象力丰富、有创造性的言语或行为：孩子会把苹果画上花纹做成足球。会用葡萄串成一串儿当成罗汉的佛珠。能用拼图积木拼出听到的一段优美音乐。会用彩泥捏出一只五颜六色的牛，然后讲一个有趣的童话故事……幼儿显然不能像科学家那样创造发明，但不能因为他们没有创造出新产品，而否认其具有的创造力。对于孩子来说，创造力正孕育在新颖奇特的幻想中。

3. 培养幼儿创造力的重要性

(1) 创造力培养是个人与社会和谐发展的需要

培养大批创造型人才，是社会发展的总趋势。美国著名教育家泰勒说："创造力不仅对科技进步，而且对国家乃至全世界都有重要的影响。哪个国家能最

《智慧树》——我创意 我做主

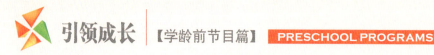

大限度地发现、发展、鼓励人民的潜在创造性，哪个国家在世界上就处于十分重要的地位。"[1] 现代科学技术的飞速发展，给社会提出了严峻的挑战，不仅要教给孩子基本的知识和技能，还要让孩子学会生存，学会学习，即学会发现、学会创造。创造力素质是个人得以终身发展的保证，而只有终身发展的人，才能推动社会的持续发展。

(2) 创造力培养是幼儿整体人格和谐发展的需要

人格，指一个人的整个精神面貌，即具有一定倾向性的心理特征的总和。幼儿已具有一定思维能力，有自己的主见，有求知好奇、创造的需要，这也是幼儿人格发展的需求。无视幼儿这种发展需求，忽视了创造力的培养，久而久之幼儿的情感受到压抑，想象力、创造力受到了摧残，培养出的幼儿思维单一，不敢创新。

具有创造力的人应具备下列人格特质：

a. 有强烈的好奇心和求知欲。

b. 思维灵活，善独辟蹊径，想象力丰富，直觉敏锐。

c. 兴趣广泛，对所有的事物充满信心，观察力强。

d. 喜欢分析和综合，善于抽象思考。

e. 意志品质出众，具有冒险精神和锲而不舍的努力精神。

可见，幼儿创造才能的发展与培养幼儿个体形成多侧面完整人格的整个过程是分不开的。

二、从幼儿的创造力特点出发，设置节目内容

1. 幼儿创造力的特点

心理学家把幼儿的创造力描述为：回忆过去的经验，并对这些经验进行选择，重新组合，加工成新的模式、新的思路或新的产品的能力。事实上，幼儿的这种创造行为可表现在幼儿的动作、语言、感知觉、想象、思维及个性特征等各个方面。幼儿创造力的特点，主要表现在以下几方面：

★ 幼儿的创造力是比较简单和初级的

创造力是建立在相应的心理水平和知识经验基础上的。心理学的研究发现，幼儿思维发展正处在直观动作和具体的形象思维阶段，抽象的逻辑思维刚刚萌芽。知识

[1] 谈亦文：《创造力培养从幼儿开始》，《家庭教育》，2000年第3期。

经验欠缺，决定了幼儿只能进行直观的、具体的、形象的、缺乏逻辑性的创造，处于创造力初级阶段。因此，他们的创造力常得不到足够的重视，在某些成人看来是"幼稚"的表现，没有价值可言。但是，幼儿的创造力不等于发明制造出"新产品"，而只意味着一种对任何事物都抱有的"敏感"，让幼儿保持这种敏感，就是培养创造力的最重要的一环。这个特点决定了在节目中对于幼儿的创意要给予足够的关注和鼓励。

★ 幼儿的创造力主要表现为创造性想象

创造性想象和创造性思维是创造力的两大支柱。而在儿童的创造力中，创造性想象的作用和地位更为突出。这是因为，儿童的心理发展水平决定了儿童只能借助想象来思考，来创造。幼儿最喜欢想象，他们是天生的画家和编故事的能手，栏目组经常收到小朋友的来信，寄来的绘画作品，颜色搭配大胆，粉红色的大象、飞在空中的鱼……画面颇具想象力。正是在这些想象中，包含着丰富的创造性的成分。这一特点要求编导，要在节目中留给幼儿充分的想象空间。

★ 幼儿可以把事物加以组织或使它们彼此产生关联

幼儿喜欢去操作、组合，喜欢把不同时空，彼此无关的东西统统组合在一起。他们可以从熟悉的东西中，看出不同的新奇的东西来。成人应该相信他们有足够的能力。

★ 幼儿有强烈的动机去仔细观察事物

儿童对身边的事物寄予强烈的关心，有很强的求知欲。远远地看，并不能够满足儿童的好奇心。儿童会希望更接近这件事物，去摸、去闻、去接触。总有问不完的问题，而且"打破砂锅问到底"。这种好奇心是创造的 大动力，是创造力不可缺少的条件。这个特点要求编导，在节目中要为幼儿创设丰富而新异的情景，以激发幼儿的好奇心。

2. 《我创意 我做主》的板块设置及目的

《我创意 我做主》节目的目标受众定位于3—6岁幼儿以及他们的父母、幼儿园教师等。该板块每期11分钟，周播。从开播至今，已经成为《智慧树》收视率最高的板块之一。

根据幼儿创造力的特点，结合电视传播规律，《我创意 我做主》节目共设置为三个板块：

第一板块——"拼图时间"，主持人红果果、绿泡泡引出当期主题，就主题引导儿童大胆的创意思维。让小朋友利用图形元素来拼接、组合，完成与主题相关的事物图

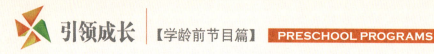
形。通过"拼图"，帮助小朋友认识和观察周围的世界，想象不同事物的基本形状，从而提高小朋友的想象力、创造力和抽象思维能力，为下面创意活动的进行做思维上的准备。

第二板块——"创意时间"，主持人展示短时间内能完成的、3—6岁幼儿能理解操作的、简单易学的创意作品，给幼儿提供具有创造力的榜样。

第三板块——"挑战时间"，挑战者参与挑战，挑战内容为与当期主持人创意相同或材料相同的创意作品。现场小嘉宾与主持人、小咕咚一起为挑战者粘贴创意星，创意星最多的挑战者为优胜者。每件作品的完成都要有自己的创意，但有时也需要与他人合作。节目鼓励孩子和他的小伙伴或者大朋友组成"创意搭档"，共同制作创意作品前来挑战。在鼓励创造性的同时也培养合作精神。

三、《我创意 我做主》如何培养幼儿的创造力

1. 培养幼儿的认知能力，鼓励儿童积极思维

好动、好问是儿童的天性，他们对世界充满了好奇。5岁的孩子就常问"为什么？"有时还会将玩具或家里的用具、摆设拆开来，想看看里面是怎样的。《我创意 我做主》在每期节目的开始会引入一个主题，例如：风，节目让幼儿听风的声音，感受风的吹拂。引导幼儿对风这一主题进行发散性思维，"风能看见吗？""风有什么作用？""怎么能够感受到风的存在？"孩子会说出很多答案："风筝飞在空中说明有风""使劲一吹气感觉凉凉的证明有风""柳树的枝条摆动说明有风""风能让人凉快""风能让风车转起来""风能发电""风能让我跑得更快""风能把人卷到天上去"……通过听觉、视觉、感触，让幼儿对风有了初步的认知，同时鼓励幼儿大胆表述不同见解。另外，"创意时间"中大部分的创意来自于日常生活，比如家里触手可及的小物件。结合生活常识，鼓励儿童加强对生活环境的认知，了解事物的功能和特征。通过发现和观察生活现象，不仅能够理解这些功能和特征，并且鼓励儿童从认知的角度出发，发散性思考，利用可获得的物品和条件，寻找事物在发展变化中新的功能和创意。

2. 引导幼儿进行创造性的思维训练

创造性思维是指在创造性活动中所特有的思维过程，也是创造力的核心。美国

心理学家吉尔福特认为：创造性思维过程中包含发散性思维和集中思维这两种思维形式。发散性思维，指从多种角度去思考探索问题，寻找多样性解决问题方案的思维。集中思维，是通过逻辑分析，按问题解决的要求筛选出一种最优化解决方案的思维。[1]

例如：在《我创意　我做主》对"形状"的引导中，主持人会请幼儿尽可能多地说出同一形状的物品，如圆形的东西有哪些，正方形的东西有哪些。在对主题"恐龙"的引导中，主持人会带幼儿玩"如果……将来会发生什么"的游戏，让他们说说"如果现在地球上有恐龙将会发生什么"。有时节目也会设计一些具有多种解决方法的生活趣题，让孩子思考。如请幼儿在10秒钟内，想出5种以上使热汤很快变冷的方法，用这样的方式对幼儿进行发散性思维的训练。对于集中思维的训练，会在节目中把一堆物品混合，让幼儿进行分类，并说出分类的理由。这样的分类标准可有很多，如颜色、形状、季节、用途等。

3. 锻炼幼儿从具体——抽象——具体的思维能力

创造力的核心是创造性思维。儿童思维的发展有一定的规律，由具体向抽象发展。因此，不能要求幼儿像大人那样全面的逻辑思维。但是适当的教育与训练，可以促进儿童的思维从具体向抽象发展，还可以培养良好的思维品质，如思维的深刻性、灵活性和创造性等，以提高儿童思维的能力。《我创意　我做主》特别设置了"拼图时间"。"拼图"是幼儿熟悉的游戏方式，幼儿在拼图过程中，以已有的生活经验和对事物的初步认知为基础，把生活中的具体事物抽象化，拼出他想象中的事物。然后再将抽象的画面组织成语言，使之具体化，从而完成从具体到抽象，再从抽象到具体的思维训练。

4. 引导幼儿提高语言能力

语言是表达思维的工具。有了词才能对事物进行概括和间接的反映。通过语言中的词语和语法规则，儿童才能脱离具体动作和具体形象，进行抽象逻辑思维。语言的发展对思维能力的提高起着重要作用。

《我创意　我做主》中，儿童在思维和创意的过程里，不但需要亲自动手，通过实践活动展示自己的创意作品，而且需要组织词汇和语言，形容和表达自己的创意。"拼图时间"拼图作品完成以后，孩子们会表达出他们自己的想法：几个圆圈，那是小鱼吐

---

[1]吉尔福特.J.保罗：《创造性才能》，1985。

出的泡泡。一个梯形，那是里面装满香甜水果的篮子……很多孩子往往能够用他所拼的图案，给大家讲一个有趣的小故事。在这些故事里，一些无生命的物体，被赋予生命。不会说话的物体具有了人的思想、情感和行为，充满了孩子的想象和创造；"挑战时间"里，鼓励孩子向大家介绍自己的挑战作品，它用了哪些材料，是怎样制作的。从动手实践到语言表达，推动了儿童从具象思维到抽象思维的发展。

5. 抛砖引玉，给幼儿提供具有创造力的榜样

"创意"是一个很抽象的词，让孩子理解和认识什么是有"创意"，就更加不容易。幼儿对手工活动充满着浓厚的兴趣，"手工活动"能促进幼儿左右脑的协同发展，

图 一　　　　　　　　图 二

图 三　　　　　　　　图 四

让孩子变得更聪明。因此《我创意　我做主》通过"手工制作"这一重要途径来传递"创意"的概念。"创意时间"里主持人或嘉宾展示创意作品的制作过程，同时用电视技术的手段放大创意点，让孩子对创意作品产生兴趣，加深印象，从而具象地理解什么是"创意"。另外节目也希望抛砖引玉，让更多的孩子带着自己的创意来挑战，从而激发幼儿的创造力。

在这个过程中，"创意作品"的选择是节目的重点和难点。"创意作品"要区别于传统的手工作品，例如，用泥团成大小不同的圆，组合在一起变成一只恐龙（图一、图二）；一个碗状的橡皮泥可以变化出形态各异的鱼（图三）；或者是利用美术的特殊

技法，产生出奇特的艺术效果，像蜡染画、吹画；再或者是巧妙地依据材料的特点，制作出形象的创意作品，如把西兰花做成大树，白萝卜做牛的身体，小芒果做成牛头（图四）等。这些创意作品都能够对幼儿的创造力有所启发。

6. 尊重幼儿，鼓励幼儿用自己的方式去思考

在《我创意 我做主》中，无论对于孩子的拼图作品还是挑战作品，从不一概否定。节目评点的价值取向是鼓励、激励，特别鼓励具有个性化的设计。节目的评价标准不是看孩子拼的或者做的东西像不像，而是引导儿童用自己独创的想法，创意的思维，把生活中的细节自发地创造出来。

一次录制《我创意 我做主》"拼图时间"时，小朋友要用拼图积木拼出"和水果有关的"东西，这对小朋友来说是一个很熟悉的话题。有一位小朋友试图用积木拼成一个圆，就差一个小三角形就完成了，但是积木太多了，他使劲翻小筐里的积木，还着急地摆摆手，示意主持人等等他。当主持人倒数到"1"的时候，他还是没有把那个圆拼完整，露着一个小小的豁口。主持人请这位小朋友讲讲他拼的是什么。

"是西瓜。"

"你的西瓜很特别，和我见过的不一样。"

"西瓜很甜，这是我咬了一大口。"

这个回答把无声的拼图作品变成孩子充满创造力的有声思维，对于这样的想象，节目怎能不给予鼓励呢？由此还可以看出，适当的压力也可以促进创造力。

在制作《我创意 我做主》的过程中，编导始终相信幼儿创造力的潜能是无穷的，成人需要做的是不断地挖掘、引导和鼓励。事实也证明，孩子们有着得非凡的创作才能，他们稚拙清新的创意常给节目带来无限的惊喜。这也是节目中不断探索和实践的强大动力。

《智慧树》制片人
倪 娜

概 述：看书讲故事是儿童节目的一个传统类别。该文对此进行了理论思考和理念提升。使得在儿童心理学指导下制作的节目具备了科学的高度，并有效促进了儿童的身心发展。

幼儿早期阅读的新尝试
——"婴幼儿电视有声图书"制作谈

早期阅读是幼儿学习与发展的重要组成部分。为了给幼儿提供有趣、有益、有效的早期阅读方式，为家长提供指导幼儿阅读的帮助，笔者进行了"幼儿电视有声图书"节目的尝试。

节目建立在对婴幼儿早期阅读研究的基础上，根据婴幼儿生理、心理特点，选择适当的印刷精美的平面读物，进行有指导性（主要是阅读结构和思考提示）的改编，通过声音和画面相结合的形式展现给电视观众，画面在尊重原作的基础上，稍作调整，在需要突出的部分加入简单动画。

它区别于平面读物的地方在于：它是有声的；它的画面是有动感的；它可能是配有背景音乐的（视情况而定）。它区别于一般的电子故事书的地方在于：它的配音是经过精心设计的，具有指导性的；它具有一定的互动性。它区别于动画片的地方是：它的动态效果相对简单，只起到点睛的作用；它以图书阅读的形式展现，凸现阅读的意义。

一、对于幼儿早期阅读的研究和分析

1. 什么是早期阅读

"早期阅读,一般是指学龄前儿童通过视觉作用于低幼读物,或通过听成人对低幼读物形象的描述来理解读物中图像、色彩及少量文字所表达的内容的过程。"[1] 这里所讨论的早期阅读,是指幼儿在成人指导下进行的,对幼儿读物的翻阅、讲述和简单理解过程,是建立在对于视觉图像的感知、理解和想象之上的活动,而非建立在识字基础上的阅读。

2. 婴幼儿为什么阅读

1992—1993年,中国社科院进行的一次调查表明,儿童阅读主要是出于五种最基本的需要,它们是:学习的需要、交往的需要、缓解焦虑的需要、放松的需要以及消磨时间的需要。由此,研究者得出结论,相对于儿童的这几种需要,阅读对于儿童有三个比较重要的功能:为儿童提供关于社会、自然和自我的知识;缓解儿童焦虑,帮助儿童"放松",以恢复到愉快的状态;填充时间。[2]

儿童心理学研究表明,早期阅读是婴幼儿认知的重要形式,是婴幼儿认识世界、探究世界的重要手段,也是促进婴幼儿心理良好发展的重要途径。这主要表现在以下几个方面:早期阅读能促进幼儿视觉和听觉能力的发展;早期阅读可以促进幼儿思维和想象力的发展;早期阅读能促进儿童语言的发展;早期阅读能提高儿童行为训练的效果;早期阅读能增进教养者与孩子的情感交流,丰富孩子的情感生活[3]。

无论从社会学还是从儿童心理学的研究,都表明了婴幼儿阅读的重要意义和作用。根据这些研究,笔者认为,婴幼儿早期阅读活动首先是婴幼儿主动的活动,他们出于求知、探索、娱乐、放松等目的,主动地进行阅读。其次,婴幼儿在阅读过程中,是一种伴随性质的学习,即在满足其娱乐需要的过程中,无意中学到一些东西,即一般所言的"寓教于乐"。因此,可以认为,婴幼儿阅读的特点是:以满足探索、求知、娱乐、放松为主要目的,有可能发生伴随性学习,以娱乐和体验为基本意义。

---

[1]薄文才:《早期阅读与幼儿素质的提高》,《辽宁教育研究》,2000年。
[2]卜卫:《媒介与儿童教育》,新世界出版社2002年版。
[3]薄文才:《早期阅读与幼儿素质的提高》,《辽宁教育研究》,2000年。

3. 婴幼儿能读什么

不同年龄阶段的儿童，根据其生理心理水平，能阅读的图书也有所不同，我们所说的婴幼儿，是指0—6岁的学龄前儿童。

0—3岁的婴儿，他们所进行的阅读活动，实际上是用耳朵"读"父母讲给他们听的事物、故事或歌谣。他们对于书籍只有初步的认识，较少有主动选择的能力和机会。他们读书的特点主要有：第一，在读物的选择上，父母大多会选取一些看图识字类的书籍，书中文字主要以名词、动词、形容词为主，也可以出现简单句，图画主要是常见的生活用品、动植物等，家长希望婴儿依靠这些词汇认识周围的世界、认识不同的人、不同的事物。第二，这一年龄段的阅读物，构图对比强烈、颜色鲜明，能够吸引婴儿的注意力。第三，这类图书都非常短，没有复杂的故事情节，这是由婴儿注意力特点和他们对于语言的掌握程度决定的。

4—6岁的幼儿，他们对于阅读物已经有了一定了解，知道了图书的基本功能和用途，他们往往会要求父母按照他们的兴趣给他们"讲书"，并且会在听故事的时候提出很多问题。他们已经不满足于知道"这是什么"，而会更多地把注意力集中到新奇的故事情节，他们会不停地追问："后来呢？""为什么呢？"他们可以清楚地辨别故事中的正面人物和反面人物，可以清楚地判别好的行为和坏的行为。随着年龄的增长，幼儿可以将自己的情感和经历与故事中的人物相结合，产生同情、喜爱、厌恶等情绪体验，并且有一定的幽默感，可以理解有趣的、好笑的故事。他们对读物，尤其是故事情节比较复杂的读物有更加浓厚的兴趣，并且有更加丰富的想象力，能为故事续编更多的情节。这个阶段的幼儿已经不满足于听故事，他们会对故事有更多的自己的解释和见解，有用口语进行复述、评论的表达的愿望。

4. 影响婴幼儿阅读的外部因素

如果说婴幼儿"能读什么"更多的取决于他们的生理、心理发展水平，那么婴幼儿"爱读什么"则更多地取决于外部环境，而这些外部环境则对婴幼儿阅读的发展起着更为重要的作用。

1) 家庭的阅读环境

研究显示，家庭阅读环境直接影响儿童对于图书阅读的兴趣、选择以及持续时间。家庭的印刷品数量的多少，父母的阅读习惯，家庭接收信息的方式和途径、家庭谈话的内容等，都影响到儿童对于图书的态度。如果家庭有一定藏书量，父母经常在业余时间阅读，则儿童更倾向于喜欢阅读，更倾向于选择适合自己年龄或稍高于自己年龄阶段阅读水平的图书。而如果父母阅读趣味比较低，或者根本没有阅读习惯，则儿童很难养成喜爱阅读的兴趣，尤其难以养成高品位的阅读兴趣。另外，不同经济水平也影响着阅读习惯和阅读兴趣。例如农村儿童的阅读量明显小于城市儿童，有些经济贫困地区的儿童，甚至没有课外阅读。

2) 家长对读物的选择以及指导

如前所述，0—3岁的低幼儿童，自己选择读物的自主权和能力较低，因此，父母对于读物的选择尤为重要。但大多数父母并不知道如何为孩子选择图书，很多家长在面对琳琅满目的图书时犹豫不决。对于图书购买的量、类别，尤其是买了以后如何使用非常困惑。

4—6岁的幼儿在选择图书时，往往会有一些自己的要求，他们购买某一类图书的原因主要有几种：同伴的带动；教师讲述的有趣的故事；电视形象的带动；图书封面的吸引，这是比较随机的。可见幼儿在选择图书时，受外界的影响很大，这时，就需要家长的帮助。但家长往往也不具备很好的判断力。

此外，家长对于如何指导幼儿阅读，更是缺乏足够的知识，也缺乏足够的时间。这些不仅影响了幼儿阅读能力的培养，也大大限制了幼儿阅读兴趣的增长。

3) 婴幼儿读物本身的质量

近年来，我国婴幼儿读物质量有了很大提高，画面丰满，色彩鲜艳，想象空间广阔的适合婴幼儿阅读的图书越来越多。但是，高质量读物的数量不是很大，读物的年龄针对性不是很强，读物本身可以提供给家长的指导也不够详细。

4) 其他阅读环境（幼儿园、社区等）

幼儿进行阅读的两大主要环境，一个是家庭，一个是幼儿园。相对于家庭而言，幼儿园教师所进行的阅读指导更为专业，他们能够根据幼儿的不同年龄段，不同认知水平，为幼儿提供相应的图书，并且在指导的时候更加注重阅读的结构和

《智慧树》主持人：红果果、绿泡泡和咕咚

互动。可是，幼儿园和家庭比较起来，其最大的缺陷在于集体教育形式中，教师很少有机会一对一地对幼儿进行阅读指导，孩子的听和看两个感知途径难以统一，孩子近距离欣赏优美画面不太可能。

综上所述，幼儿早期阅读，尤其是幼儿早期家庭阅读，一方面对儿童一生的阅读兴趣、阅读水平、阅读能力起着重要的作用，同时，又由于家长选择的盲目性、指导力度的缺乏，亲子共读时间不充足，而显得非常薄弱。加之经济欠发达地区的需求，都为"婴幼儿电视有声图书"的探索提供了可能。

二、对"婴幼儿电视有声图书"的初步探索

少儿电视节目，作为大众传媒手段，既承担着为幼儿提供丰富、有趣、有益的电视内容的责任，同时要对提高家长育儿水平有所贡献。

1. 平面读物的选择

首先，节目所选择的读物一定是有针对性的，能够清楚地区别出读者的年龄段，针对他们的年龄特征和阅读水平分门别类，这是节目制作的基础。

(1)在选择图书时，着重选择形象性、直观性、可读性强的图书。所谓形象性，即书中内容主要是生活中最常见的，儿童最熟悉的，并且能在儿童脑海中发生位移的事物。所谓直观性，即选择色彩丰富、绚丽、对比强烈的图书。因为儿童对颜色的感受最强烈、反应最敏感。所谓可读性，即故事情节简单而有趣，语言流畅幽默，这些与儿童日常生活及游戏密切相关的故事、儿歌等很容易引起他们的兴趣，从而牢牢记住书中的内容。

(2)选择那些画面动感强，想象力空间大的图书，使幼儿既能轻松地理解图书的内容，又能在原有内容的基础上展开想象。

(3)儿童的阅读和学习是在重复过程中进行的，他们对自己所喜爱的图书往往是百看不厌，爱不释手。根据这一特点，我们在选择图书时着重选择那些形象鲜明且较为固定，形成系列的图书。这类图书很容易引起儿童的阅读兴趣，也便于儿童记忆和巩固他们所掌握的知识。

2. 平面读物的改编

很多家长的困惑是，花不少钱买来的婴幼儿读物，上面只有十几个字。家长很难

把这十几个字进行发挥,翻来覆去只能照本宣科,而孩子则远远不满足这十几个字的诠释,不停地提出这样那样的问题。这就是所说的家长不具备专业的阅读指导知识和技巧。针对这个现象,节目对每本选定的图画书都进行了一定的改编。

首先,根据图书的内容将每一页中有限的文字进行扩充,将其变为对话的形式(视内容不同,也可能是单人或分角色的叙述)。用多个角色,将画面上的所有线索都尽可能地提供给孩子,指导儿童在充分观察的基础上,了解画面的全部内容。

然后,我们用设问和回答的形式,为儿童提出思考的问题,留出想象的空间。让他们在刚才的线索中寻找答案,使得单向的讲述、阅读过程变成有问有答的双向互动的过程。

最后,通过不断重复的语言,帮助儿童记住每一页画面中重点的内容,通过不断重复的句式,帮助儿童掌握一定的口语要素,让幼儿在兴致勃勃的欣赏和娱乐过程中,伴随着高质量的语言学习。

3. 动态图书的点睛作用

除了有声音之外,"婴幼儿电视有声图书"区别于平面读物的最显著特点是它是活动的。它是以电视为载体,以动画的形式呈现给儿童的。然而,制作动态图书,并不是为动而动。除了考虑到"动起来"的图书可以更好地吸引儿童之外,更多考虑的是动态本身对于阅读指导的意义,或者说,它所能起点睛的作用。

以一页画面的改编为例,图画书上有一只绿色的小青蛙,蹲在一片绿色的荷叶上,红色的舌头伸出来,粘住了一只苍蝇,周围是绿色的荷塘,荷塘里开着红色的荷花。图书为这一页配的文字是:"青蛙的舌头和荷花是红色的。"

这样的画面和文字一目了然,孩子可能看了一眼就不再看了。我们这样改编:青蛙的嘴巴闭起来,红色的舌头看不见了。一只红色的蜻蜓飞过来,丰富了以绿色为主的画面。这时,一个男生画外音说道:

"小朋友,看一看,这里什么东西是红色的?"

女生画外音稍微停顿了2秒钟(给幼儿提供思考的时间),回答道:

"荷花是红色的(停顿1秒,再次给幼儿观察思考的时间),还有蜻蜓也是红色的。"

男生画外音再次提问:

"荷花是红色的,蜻蜓也是红色的(重复刚才的语言和句式,给幼儿示范作用),找找看,还有什么是红色的?"

实际上，这时的画面中确实已经没有其他红色的事物了。但是，由于这样一个问题，儿童不得不再一次认真搜索画面，反思刚才自己和女生画外音的答案。这时，女生画外音和孩子一样，也找不到更多的线索。她说：

"还有什么是红色的呢？"

这体现了孩子当时的思维，让孩子和电视达到一种互动。这时青蛙的嘴巴打开，露出红红的舌头一下子粘住了飞来的苍蝇。女生画外音恍然大悟地说：

"哈哈，原来青蛙的舌头是红色的。"

这突如其来的结果，让孩子感到意外，也感到趣味十足。而这种动态的效果，就是和阅读紧密结合的、有利于阅读指导的点睛之笔。孩子在这样一个阅读过程中，不仅学到了平面图书要求的分辨红色和绿色的知识点，学会了"××是红色的。"和"××是红色的？"这些句式。更多的，是他们学会了细致地观察，反复地检验答案。同时，他们也领会到惊喜和幽默。而这些，是一般家长和一般平面读物无法呈现给幼儿的。

4. 创设阅读环境

制作"婴幼儿有声电视图书"，无论是有声的，还是动态的，最终都要落在"图书"上，要突出图书的特点。节目的小片头是一本打开的图书，一个画面到另一个画面的过渡，都是图书翻页的动画。并有串连词告诉儿童，我们要去读书了。所有的设计都是围绕着"读书"这个关键词进行的，目的就是要为幼儿创设一个良好的阅读环境。无论是电视的还是平面的，阅读永远是节目的初衷。目的不仅在于把孩子们拉到"婴幼儿有声电视图书"的屏幕前，而且要最终把孩子和家长送到精美的图书旁，让他们尽情享受亲子阅读的快乐。

节目通过大声朗读的形式，通过文字的扩充和改编，通过点睛的动态效果，最终希望为孩子创设一个优良的、有益的、可以反复进行的阅读环境。

《大风车》导演
格根图雅

概　述: 故事元素是儿童节目常用手法之一，本文尝试探讨，抛砖引玉，期望有更深入的探索者跟进。

幼儿节目中的故事元素
——英国学龄前节目的几点启示

导 言

　　隶属于BBC的CBeebies频道开播于2002年2月11日，以6岁以下儿童为目标受众，旨在给英国孩子提供多样化、高质量的电视节目。

　　对栏目进行"故事性"包装是CBeebies儿童节目的一大特色。"故事"作为儿童节目不可缺少的元素，如何将它融入到节目当中，每个少儿节目制作者见仁见智。本文通过对CBeebies三档节目——《Big Cook Little Cook》、《Tweenies》和《Balamory》的分析，与大家共同分享英国儿童电视节目工作者如何在节目中使用"故事元素"。

一、节目中故事角色设置的功能性

　　在故事化节目中，主持人扮演故事中的角色。主持人在角色化以后，小观众看到的就不再是直接向他们介绍节目内容、说明深刻道理的主持人，而是一个完整的故事性很强的节目。这些角色生活在节目里，有自己的衣食住行、喜怒哀乐，会思考、也会困惑。

在《Balamory》中，女主人公幼儿园老师Hoolie生活在一个叫Balamory的海边小镇。镇上还住着警察PC Plum、校车司机Edie、画家Spencer、科学家Archie、经营咖啡馆店的Pocket和Sweet、以及健身教练Josie。稍加注意就会发现，这个小镇里包含了现实生活的各个阶层，而他们每个人都有独特的性格与擅长的方向。

《Big Cook Little Cook》则设计了两个带有浓重童话色彩的角色，大厨师Ben和小厨师Small。他们一个高大魁梧，一个只有手掌大小，身材上虽然相差很多，但是他们搭档经营着一个咖啡馆。正是身材的差异，造就了他们两个看问题时候的不同角度，使他们能照顾各种不同的顾客，为他们制作食物。

《Tweenies》的主角是一个人偶之家，包括四个3—6岁的小伙伴Milo、Jake、Bella和Fizz还有两个家长Max、Judy以及两只宠物狗Doodles和Lzzles。

综观三个节目中对角色化主持人的设置，我们不难发现一些相通之处：角色之间的差异大、独立性强。这种差异体现在不同的社会职务、家庭角色、甚至悬殊的身材上。

20世纪末，联合国教科文组织发表名为《教育——财富蕴藏其中》的报告，指出21世纪教育最重要的部分为"学会共同生活"，强调培养孩子了解人类文化的多样性，认识各民族之间的共同性，增进对他人的尊重、了解和对他人相互依存关系的认识，学会在共同活动中与人合作，和谐相处。可以看出以上三个节目都把这一点带到节目中。

角色的独特性，对节目形式也起到了很大作用。比如在《Big Cook Little Cook》中，由于两个角色身材悬殊，节目赋予两个主人公不同的功能：小个子坐着魔法勺可以飞到任何地方，他的任务就是连接外景内容；大厨师的主要工作就是教大家制作各种有趣的食物。

二、节目中故事场景选择的典型性

选择一个好的场景作为舞台，无疑会给节目的故事性增添不少气氛。比如《Big Cook Little Cook》选择的典型场景厨房，每个家庭都有，但对于学龄前儿童来说那里既熟悉又陌生。因为他们很少有机会参与到食物制作当中；另外，厨房看似单调，却涵盖了很广的知识性。在制作食物的同时，不仅可以介绍常见食品、调料的制作过程，还可以向孩子们介绍蔬菜、水果等食材的种植收获过程和相关营养知识。这样一个小舞台就给小观众呈现了一个丰富的大世界。

《Tweenies》和《Balamory》把故事的舞台设定在模拟现实生活的群体空间中,一个是社区,一个是家庭。这种场景更注重通过群体中不同个性的人的互动,阐释节目的主题。

《大厨和小厨》、《Tweenies》

三、节目中故事逻辑的巧妙性

用一个故事将栏目各个环节串联起来,这是由儿童的生理、心理特点决定的。儿童生性好动,自控能力差,注意力很难集中,又十分喜欢听故事。因此与其他形式相比,形象性、故事性强的节目更能引起他们较持续的关注,内容也更易接受。所以如何把栏目板块用有逻辑的故事串联在一起,对于儿童节目来说至关重要。

在《Big Cook Little Cook》圣诞节的节目中,圣诞老人来到大、小厨师的咖啡馆,两位厨师不知道该为他准备什么食物。小厨师从故事书里找到了这样一个故事:圣诞老人曾经被问到为什么喜欢圣诞节。圣诞老人说,圣诞节会下雪,他最喜欢下雪,却因为太忙没时间堆雪人。听了故事,大厨师拿出烹调书,决定做个雪人样子的小松饼送给圣诞老人。这时,大厨师发现作为原料的橘子酱没有了。于是小厨师骑着勺子去果酱厂,带领大家参观了橘子酱的制作过程并带回橘子酱。最后大厨师和小厨师为圣诞老人制作了雪人松饼,圣诞老人非常满意。

整期节目分为三个部分,小厨师讲故事、参观橘子酱制造、制作雪人松饼。每个部分都是围绕制作雪人松饼这个主题展开,而它们之间的逻辑关系也增强了故事的曲折性、趣味性。对孩子来说,单纯的一个小制作,如果不喜欢就不会跟着学。但如果让这个制作在剧情中成为一个重要任务,并且要克服一定困难才能完成,就会增加吸引力。在我们的节目制作中,也可以尝试为小制作设定一个起因——为了某个人物,或者为了某件事而制作。这样就激起了小观众内心的使命感、责任感。如果这个小制作

在之后的故事中出现并起到一定的作用，更会引发小观众的兴趣。

四、节目中故事展现形式的多样性

故事的角色、发生的地点都选择好了，故事也定了，下面就要选择用什么方式来讲故事了。单一的语言会给孩子带来枯燥感。尝试在一个故事里使用多种形式，增加故事的形象感与互动性是一个不错的选择。图片、动画、情景小品，歌舞都是在儿童节目中经常使用的形式。这里要着重分析一下歌舞在故事中的作用，因为这也是我们的制作者经常容易忽视的形式。

婴幼节目《小小智慧树》

歌舞可以说是儿童最易接受的形式之一。模仿歌舞剧的形式，将歌舞与表演结合起来，增加歌舞的戏剧性，可推动节目中故事的发展。在《Balamory》中就看到了这样的尝试。作为每一期的固定板块，在每个故事中都设置了分辨颜色的歌舞环节。例如在一期节目里主人公Hoolie让画家Spencer去说服警察PC Plum来幼儿园扮演圣诞老人。当Spencer出门后，Hoolie女士就为电视前的小观众出了一个问题，"下面Spencer将进入什么颜色的房子呢？"接着画家Spencer就在街道上，开始边舞边唱："你能看到各种不同颜色的房子坐落在海边。这就是Balamory故事中的一部分，接下来我将进入哪一栋房子呢？绿的？红的？或者我会选择白色的房子？黄色、粉色还是橘色、蓝色？我将进入哪个颜色的房间呢？告诉我你的选择，告诉我你的想法。""你将进入白色的房子。""答对了，因为它是PC Plum的房子，他住在里面。"歌舞在这里出现，既给电视机前的观众提供了跟着一起蹦蹦跳跳的机会，又让孩子通过节目提高辨识颜色的能力。更重要的是孩子们和角色一起，推动了故事情节的发展，使他们成为故事的参与者。

五、节目中故事情感元素的重要作用

有调查显示，孩子们都喜欢幽默、有趣味的节目，于是我们的节目大都是体现欢乐美好生活的。但儿童节目中可以表现的仅仅是欢乐吗？英国学者对少儿节目研究的观点认为，儿童并非有着不可避免的脆弱性，儿童也并非必须获得天然的保护。他们认为，电视节目的"现实主义"价值、忠实于孩子们自己的生活经历，比营造简单的"大团圆"欢乐结局更能帮助孩子理解现实的世界[1]。那么如何在故事中体现真实的、复杂的情感呢？《Tweenies》提供了一个生动的例子。

在一期节目中，Jake生病了，在床上躺了一整天，孤单让他觉得很沮丧。马上就是圣诞节了，他非常希望圣诞节能下雪，他还希望能和朋友们一起去滑雪橇、打雪仗。朋友们并没有忘记Jake，他们纷纷来到Jake的卧室看望他，不仅带来了礼物，还和Jake一起唱歌做游戏。Jake非常想堆雪人，可是有病在身的他不能到户外去。于是朋友们开动脑筋，利用围巾、帽子、被子等卧室里可以找到的材料，为Jake在屋里搭了一个雪人，Jake高兴极了。

我们看到，在这期节目中《Tweenies》表现了一个成人、孩子都会遇到的生活问题——生病在家。那种孤独、无助的感觉让人沮丧。这种感情如何宣泄？在这里编导给出了一个答案，与朋友在一起你就不会孤单。另一个拍案叫绝的设计，就是朋友们利用屋里的材料堆出"雪人"。这不仅体现互助友爱的朋友之情，还是一个充满想象力的绝佳创意。这样的节目为缓解儿童的心理压力提供了帮助。

联系上面那期《Big Cook Little Cook》，我们也可以看到不管是圣诞老人，还是人偶明星，节目制作者都把他们设计得跟常人一样，有着这样那样的烦恼，使这些角色就像生活在小朋友身边的有血有肉的普通人，拉近了小观众与节目的距离。

通过上面的分析看出，英国以故事为主线的儿童节目，每个细节都有巧妙的设计蕴藏其中。这为我们的节目制作提供了启示。

[1]陈舒平：《儿童电视学》，北京广播学院出版社2003年版。

《智慧树》主持人
陈 苏

主持人
耿晨晨

概 述：怎样才能成为合格的儿童节目主持人？本文以宝贵的实践经验做出了一些回答。

幼儿科普节目主持人的角色定位
——从《科学泡泡》谈起

　　幼儿是天生的幻想家、探险家，他们对未知的世界充满了好奇和惊喜。为幼儿组织的科学活动，目的在于保护幼儿对未知的好奇心和创造欲望；激发幼儿对科学的兴趣；培养幼儿的自信心和动手能力。总之，养成科学的习惯和科学的态度是幼儿科学教育的最终目的。

　　《科学泡泡》是《智慧树》的一个子栏目，以幼儿科学教育为主要内容，在每周五19：30的《智慧树》栏目中播出。

　　《科学泡泡》既不是《十万个为什么》的幼儿版，也不是《科技大视野》的学前篇。节目旨在把一个更生动、更有趣、更互动、参与性更强的"玩科学"式的栏目展现在幼儿面前。让幼儿经历观察、思考和参与实验的全过程，体验科学真谛，实现节目初衷。

一、从"电视教师"到小朋友的好伙伴

　　《科学泡泡》版块在策划之初，即对主持人的特色及功能有了明确定

位，随着节目经验的积累，这个定位也在不断完善。

（1）红果果、绿泡泡不是幼儿园老师，也不是"万事通"或"科学家"，他们的作用不在于告诉小朋友结论，而是在于引导小朋友细心观察和思考，并带领小朋友共同进行实验，在关键的地方，适时地提出问题，启发小朋友的思路。

（2）红果果、绿泡泡不是小朋友，他们的思维水平和知识结构就是他们自己本身的水平，20多岁当然高于五六岁的孩子，切忌装幼稚。懂的就是懂，不懂的也不要装懂。关键是要引领、启发，提出的问题应是开放的，例如：我们向小朋友提问"在动物中哪种动物的鼻子最长"，得到的答案也许是五花八门的，可以让孩子发挥想象力，开动脑筋。而不是直接问孩子"鼻子最长的是大象对吗？"孩子只能说"对"或者是"错"。

（3）红果果、绿泡泡还有调节节目气氛，让节目既活泼又严谨，既富于趣味性又具有挑战性的作用。

（4）红果果、绿泡泡是节目好看与否的关键人物，他们必须处理好自身表演、实验过程和参与实验的儿童之间的三角关系。儿童是科学实验的主角，主持人是辅助、引导儿童完成科学探索的帮手，在录制节目前，主持人必须对科学实验的全过程及其原理完全掌握，在阐释科学问题时，用词必须严谨准确。

二、娱乐引发教育，鼓励儿童直接参与体验，主持人不是主角

儿童节目以"寓教于乐"为目标，教育和娱乐是两大重要因素。但强调以"娱乐"为主，"学习"和"教育"为辅。无论孩子能否通过观看电视获得学习，最重要的是，让孩子感受到"学习是快乐的"。大量儿童发展研究已经证明："玩"对于儿童认知、身体、情感和社会化的适度发展具有关键作用。

《科学泡泡》遵循儿童发展规律，让儿童直接参与，动手操作，亲身体验。在节目中，主角不是红果果、绿泡泡，而是小朋友。让儿童自己玩，自己总结。

主持人应遵循"探究第一"的原则，以"发现——思考——提问——尝试——总结"的形式来引导幼儿产生对科学活动、科学探究的兴趣，培养幼儿发现问题和主动思考问题的初步能力，并习惯于自己动手解决问题。

1. 在科学实验中提出和发现问题。

2. 在科学实验中观察具有什么样的条件。

3.在科学实验中探究其中某些条件的变化与科学实验结论的关系。

4.通过科学实验的拓展活动,使儿童能够在不同的科学游戏中总结共同的规律,进而达到举一反三的目的。

5.节目中的互动要有压迫感,互动指令明确。

为了进一步鼓励和调动儿童动手参与的信心与积极性,《科学泡泡》板块要求落实赏识教育。人性中最本质的需求就是渴望得到赏识、尊重、理解和爱。赏识教育的特点是:及时发现和赞美孩子的优点和长处,帮助孩子建立自信,从而获得探索世界的勇气和信心。在节目中,主持人会抓住每一次机会表扬参与节目的小朋友,哪怕只是一点点进步。节目还专门设计了固定的口诀和手势以表扬参与节目的小朋友:"小朋友,小朋友,你真棒!小朋友,小朋友,你最棒!"通过赏识教育的理念和实践,帮助儿童建立积极的人生态度。

三、主持人需根据儿童受众身心发展特点与认知能力组织语言

众所周知,1—2岁的孩子和5—6岁的孩子,在生理上和心理上都是非常不同的。

0—3岁的婴幼儿认知能力有限。以传播科学知识为主要教育点的体验型板块《科学泡泡》，显然不适合这个群体收看。《科学泡泡》是针对5—8岁儿童的认知水平制作的。

幼儿时期是学习的黄金时代，他们对世界充满了好奇，什么都想知道。如果有一套科学的教育计划，不仅能促进儿童的心理发展，而且对他一生的学习都会产生巨大影响。而科普教育对这个时期的儿童尤为重要。

学龄前儿童乐于接受语言生动、色彩鲜艳的节目样式。口语化，趣味化、形象化和情感化，应该是儿童节目主持人的语言特征。儿童的理解能力有限，口语具有浅显易懂、亲切感人的优点，是最适合儿童听的语言。语汇、语音、语法是语言的三要素。要做到语言的口语化，在词汇上，尽量选用鲜活的、贴近儿童生活的口头词汇。不用儿童听不懂的书面语、成语、专门术语。如果非用不可，就要用儿童听得懂的口语词汇来替代。涉及到较难的科学问题，我们一般会拟人化处理。例如："空气"这一词对孩子来说比较抽象，我们就会把它说成"空气宝宝"，这个"空气宝宝"就像他们的朋友一样，陪伴在他们身边，让孩子们容易理解。在句式上，尽量用口语句式，不用书面语句式；多用儿童一听就明白的短句和简单句，不用儿童听不懂的长句和结构复杂的句子。不用方言，而使用规范的普通话主持节目。在语音上，避免平缓无趣、节奏拖沓。

语言的趣味化，是指语言富有童趣和情趣。这样不仅契合儿童心理，还可以营造节目的欢快气氛，调动儿童收听收看的情绪，与他们产生心灵互动。主持中的幽默插曲、穿插的小故事、摹态拟声、夸张的戏剧冲突、引人入胜的情节等，都可产生妙趣横生的效果，吸引儿童的注意力。

语言的形象化，要求运用多种语言手段，把抽象的、难于理解的内容，变成栩栩如生的、具体化的形象，让儿童产生如见其状、如闻其声、如临其境的感受，并留下深刻印象。儿童心智发展不成熟，认识事物不可能从本质上把握，他们往往注意事物的外在形象，喜欢和容易接受形象化的东西，排斥空洞抽象的说教和概念化的东西，所以形象化的语言特别适合儿童的认知方式。另一方面，儿童心智虽未成熟，但想象力远远超过成年人。形象化的语言容易唤起儿童的形象感觉，产生丰富的联想，激发他们的兴趣。优秀的主持人都善于运用形象元素把抽象概念具体化，把枯燥的理性内容形象化。比喻、拟人、夸张等修辞方式，最契合儿童的接受心理。特别是比喻，在儿童节目中最常用到。它能够化未知为已知，化抽象为具体，化深奥为浅显，化平淡为生动。巧妙地运用这些修辞方式，可增加语言的生动形象性。

儿童电视节目主持人还可以借助面部表情、手势、身体姿态等形体语言，强化语

言的形象性,表达有声语言所无法表达的意义。主持人富有表现力的面部表情,恰当自然的动作,端庄大方的体态,亲切和蔼的态度,举止潇洒的风度,自然得体的服饰,都可营造出丰富多彩的视听环境,给儿童留下美好深刻的印象。

四、时刻从儿童的角度出发,从儿童身上获取经验

许多观众询问,《科学泡泡》节目为何总能受到小朋友们的欢迎?这里有一个重要步骤,那就是创作者的预备动作,即"到孩子中去"。

《科学泡泡》在选题方案提出之后,编导、主持人要带着选题到幼儿园做测试。测试儿童是否能够根据预设的步骤模仿下来,并且表达自己的看法。在这个过程中观察儿童的情感反映,反馈是否积极等,以确定儿童是否对该选题感兴趣。如果实验现象不明显、儿童对实验过程的热情及关注度不高等,这个选题就可能被放弃。因此,无论教育性和科学含量多高,在测试选题的阶段,儿童的感受才是最重要的,儿童拥有最终决定权。

频繁地"到孩子中去",也使主持人自觉降低高度,体验重返童年的感觉,并在与儿童的嬉戏游戏中,观察学习儿童的语言、儿童交往技巧,揣摩儿童心理,进而准确地呈现节目内容。要想成为一个合格的儿童节目主持人,"到孩子中去"的功课不能不做。

有些节目急于想给孩子很多知识信息,《科学泡泡》则是选择慢慢来。就像陪孩子散步一样,若用飞快步伐跑向目的地,会错失一些风景。陪着孩子走走停停,跟巷口的小狗说哈啰,跟踪地上的蚂蚁找寻蜜糖的巢穴,从七彩花丛里选出今天最爱的花,不可讳言地偶尔也会有催促的心,不过只要时间还允许,宁可多花一些时间陪孩子"胡言乱语",交换彼此的秘密,也因此而打开了不一样的风景。孩子们在这个过程中也获得了舒服的心情,感觉被好好对待,而不是被搪塞。于是我们坚持练习着不叨絮,一天只说一点点,而且一定说得巧妙,令人开心的是,孩子们果然十分享受这样的陪伴。

电视节目制作是一项精细的工作,它需要多工种的团队配合来完成。而主持人又担负着最终呈现的任务。儿童电视节目主持人要向生活学习,向孩子学习,蹲下身子与孩子平等相处,充分了解儿童。这样,才能准确传达节目意图,水乳交融地与儿童互动,圆满完成录制任务。

概　述：本文用频数统计图表，展示《智慧树》节目及衍生品等的受众反映与需求，并为类似调研提供可借鉴的模版。

《智慧树》制片人
倪　娜

聆听与修正
——《智慧树》收视调研报告

　　观众调研是电视节目自我修正的重要手段。2004年7月，《智慧树》采取进入幼儿园访谈和DV采样结合的方式，对幼儿及教师进行了收视调研。不仅了解到观众的真实感受，也获取了真实准确的改进意见。本次调研包括：节目整体特色的观众接受度；节目分板块的观众（成人）认可度；主持人（包括人偶演员）的认可度（幼儿提名）排名；幼儿园（园长、教师）对于各板块的参与度认知；节目有可能产生的衍生产品的市场接受度；适龄幼儿园对节目各板块的注意力持续程度和喜爱度等。

一、调查缘起

　　《智慧树》是央视少儿频道面向2—6岁学龄前儿童的教育类娱乐节目，栏目宗旨是：在对儿童早教理念研究吸收的基础上，坚持引导儿童多元智能发展，通过观看寓教于乐、寓教于玩的电视节目，获得有益的早期经验。同时为幼儿教师提供一个交流展示的平台。

本着此目的，栏目组在惯常采用的召开座谈会、分析观众来信、来电等方式之外，特别安排导演对自己的节目进行一次"科研"，实地聆听观众对自己节目的评价。

二、调研目的

a) 了解幼儿对《智慧树》的反映。

b) 了解教师对《智慧树》的看法、意见、建议和参与愿望。

c) 了解家长、教师、园长对于节目衍生产品的需求。

d) 培养节目合作单位和合作个人。

三、调研对象

a) 随机选取北京市11所不同级类幼儿园，不包括参与过本节目拍摄的幼儿园。

b) 每所幼儿园随机选取至少2个班级（一个大班、一个中班），调查对象为4—6岁幼儿；相应选取2位幼儿教师（以有学龄前子女为佳，可视为对家长的访谈）；对一位园长进行访谈。

c) 对1所幼儿园重点访谈（DV看片采样）；11所幼儿园均进行幼儿、教师和园长访谈。

四、调查方法和工具

a) DV采样法：随机抽取一天的《智慧树》节目。随机选取一个幼儿园的大班中15名幼儿作为被试观众播放样带。同时，用DV同步拍摄幼儿观影时的表现。

b) 访谈法：使用访谈提纲，对教师、园长进行个人访谈，用录音笔记录。

c) 指认提名法：

一是利用印有三名主持人（红果果、绿泡泡、咕咚）的问卷，请幼儿标出三人的标志；并请幼儿依据喜爱程度将三人排序。

二是请受访教师或园长提出印象最深的3个节目板块。

d) 调查工具：《智慧树》节目带、数码摄像机、录音笔、调查问卷（教师、园长访谈提纲。见附件）、幼儿指认提名问卷。

五、调研准备

a) 访谈提纲准备：在调研前，栏目组对北京市一所一级一类幼儿园园长就节目内容诸多方面进行了开放式访谈，并将访谈记录整理，作为访谈提纲的雏形。经调研小组集体讨论整理，形成正式的访谈提纲。

b) 访谈技巧准备：参与调研的导演大多数不具备科研访谈的经验，为此，对导演进行了访谈提纲使用和访谈基本技巧的培训，使导演了解每个访谈题目的意义，基本掌握举例、追问、说明等访谈技巧。

c) 访谈设备使用准备：对参与人员进行DV对比拍摄及其他调研器材的使用培训。

d) 访谈数据基本整理培训：在访谈结束后，指导导演采集和整理访谈的基本数据。

六、调研结果

经过近3周的准备和实施，调研组9位成员采访了北京市6个区县一级一类、二级二类等多个等级的11所幼儿园。采访园长8人、教师15人。受访幼儿201人，其中中班幼儿21人，大班幼儿180人。

调研结果如下：

1. 《智慧树》节目整体特色的观众接受度

在11所园中，5所表示非常满意，5所表示满意，1所表示不满意。表示非常满意和满意的幼儿园认为：《智慧树》栏目最突出的特色是参与性。让更多普通儿童走进电视，走上舞台，而不是只表现有某些超凡才艺的儿童。有的教师说，电视上的孩子就是我们身边的孩子，所以孩子们非常喜欢，而且坚信自己有一天也能走进智慧树乐园。有的园长说，这种重在参与的节目，一来给幼儿园提供了展示自我的平台，为儿童提供了参与社会活动的机会，二来也非常符合现代教育观念，体现了儿童发展的多样性。

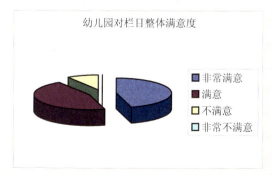

幼儿园对栏目整体满意度

- 非常满意
- 满意
- 不满意
- 非常不满意

对节目表示不满意的1所幼儿园的教师认为：节目没有体现知识性，或知识性体现不足。不符合大班孩子的欣赏水平，只适于小班和中班孩子。而且不符合现在家长希望孩子多学知识、早学知识的要求。

2.《智慧树》节目各分板块的观众（成人）认可度

调研要求受访教师或园长提出令他们印象最深的三个节目板块，由此计算节目各分板块的受欢迎度。结果显示，节目的所有板块均出现在提名中。可见每个板块根据其欣赏者的年龄层次不同（带班老师是小班、中班或大班）而有所不同。大班教师提名，多集中在英语、歌舞、木偶剧、探险家板块。小班教师则更多的提到智慧小宝典和歌舞。幼儿园园长大多数对专题片更有兴趣，认为这是一个学习他园教育经验的渠道，也是展示本园的平台。

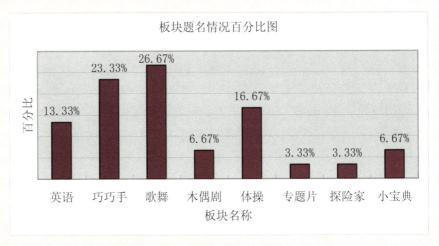

从统计表看到，提名主要集中在歌舞、巧巧手和体操三个板块。经分析，幼儿参与程度高、教师参与程度高是这三个板块获得提名的主要原因。它们的共同特点是：(1)节目组自行制作；(2)素材或拍摄对象来源于幼儿园；(3)含有不同的创新内容。

内容创新是这三个板块获得较高提名的另一主要原因。

歌舞板块：词曲的内容、曲调贴近儿童，并追求歌曲的流行性和欣赏性。所有参与节目的幼儿都是未经专业训练的普通孩子。通常是整班参与，无须经过考试或筛选。栏目组希望所有孩子都有机会进入"智慧树乐园"，使这次经历成为童年的美好记忆。

巧巧手板块：打破以往我教你学的传统，邀请一线教师带着主持人、小朋友和家长一起学习有趣的美劳制作。这既为教师提供了展示特长的平台，也为教学提供了参考。更为家长和孩子共同进行有趣的、富于创造性的家庭美劳活动提供了素材。

体操板块：这个板块有两个特点，一是体操来自于幼儿园，是小朋友喜闻乐见的体育锻炼形式，每个小朋友都可以跟着做，学得会。二是体操加入律动和情节，让小朋友在有趣的情节和丰富的想象中舒展肢体。既锻炼了身体，又发展了想象，并享受到肢体表现的艺术美。

提名较低的是探险家、专题片和木偶剧（"小宝典"的提名虽然较低，但多次出现在补充提名中，可见其接受度仍较高，且我们采访的大班教师较多，故应特殊考虑）。老师们对这三个板块的评价对改进节目非常有参考价值。老师们希望"小小探险家"能多播出一些新奇的动物，孩子们对生活中见不到的动物更加感兴趣。或者是常见动物的特殊种类以及不为人知的生活习性，也是孩子们乐于了解的。老师们对"小小探险家"用孩子的视角看待动物世界，提出问题并给予答案等形式给予了充分的肯定。由于"木偶剧场"放映的《全托学校》反映的是小学生的生活，有些中、小班的教师认为孩子欣赏起来比较困难。而大班教师则表示孩子非常喜欢，可见其评价受幼儿年龄影响较大。有几位教师对《全托学校》中不规范的语言提出了意见。"专题片"节目时长每次只有1分钟左右，这可能是教师对此稍感不满的主要原因。

3. 幼儿园（园长、教师）对于各分板块的参与度认知

由图看出，教师和园长更愿意参与的板块为"巧巧手"、"歌舞"和"专题片"。"巧巧手"老师的参与度最高。访谈中经常听到"我们从这里面学到了不少东西，可以教给班上的小朋友"，"我会的做法，比你们教的那个还好呢"等。说明这个节目受

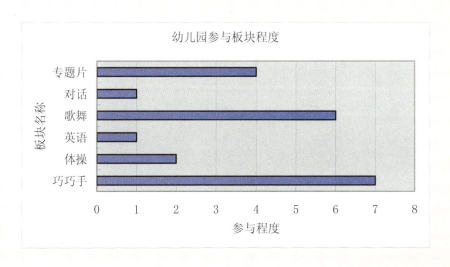

到教师的普遍认可,并在一定程度上对幼儿园的教学起到了参考作用。更重要的是,激发了教师参与电视节目拍摄的兴趣,令他们觉得"智慧树"乐园不仅是孩子们的乐园,也是他们展示的天地。

歌舞节目普遍得到大家的好评,原因还是参与性。教师认为,节目中的歌舞编排适合孩子学习,中班和大班的孩子,都愿意跟着红果果、绿泡泡一起唱唱跳跳。一位教师说,他们班的一个孩子以前从来不唱歌跳舞,比较内向。有一次,这个孩子竟然一边唱一边跳,唱的是《智慧树》歌曲。此后,老师非常注意鼓励他,孩子的性格也开朗多了。

园长们更多表示愿意参加专题节目的拍摄,这表明园长们十分注重幼儿园整体形象和教育教学成果的宣传,当然节目也起到了这个作用。

4. 主持人(包括人偶演员)的认可度(幼儿提名)排名

主持人支持率调查数据及结果

	第一名	第二名	第三名	总 数
咕 咚	101	50	50	201
红果果	65	90	46	201
绿泡泡	36	58	107	201

咕咚、红果果、绿泡泡的形象被印在纸条上,请小朋友投票(指认提名)。参与投票的小朋友多为大班幼儿,有了序数的概念,因此保证了投票结果的可信度。

结果,认为咕咚最可爱的为101票,这说明人偶形象设计是符合幼儿接受水平的。认为红果果最可爱的为65票,最喜欢绿泡泡的为36票,这和教师访谈数据差异较大。教师认为,孩子肯定会更喜欢咕咚,这是相同的。但教师普遍更喜欢绿泡泡,认为他声音好听,舞台形象端正。经分析,可能是女主持人有更加亮丽的外表,更接近幼儿园的女老师,孩子们可能因此而更加喜欢女主持人。无论如何,孩子们对主持人的印象,促使栏目组进一步强化男女主持人的塑造。

5. 节目有可能产生的衍生产品的市场接受度

在衍生产品的需求上,"小小探险家"和"歌舞"成为教师关注的重点。她们表示，现在出售的动物科教片很多，但都是成人视角之作，很多句子孩子听不懂，而一些表现凶猛动物捕猎的画面过于血腥。相比而言，"小小探险家"用孩子能听懂的语言来讲述动物世界。尤其是后面的问题，帮助孩子抓住重点，跟着片子一起思考，非常适合中大班孩子。教师还希望将题材进一步扩展，涉及更多的动植物和自然现象，满足孩子求知的需要。

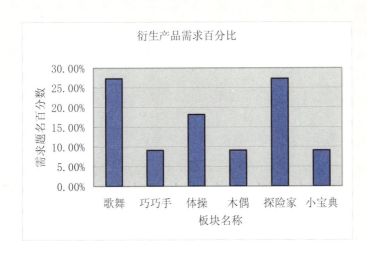

教师对歌舞节目的热衷出乎意料，他们普遍反映歌曲有新意，适于孩子传唱。但由于播出限制，孩子仅仅跟着电视学几遍很难学会。教师希望能将一首歌曲连续重播，这样更适合孩子的学习水平。

此外，教师们对体操节目也很感兴趣，希望能多次反复播出，以适合老师、孩子学习的需要。这些建议为节目更加贴近幼儿生活、符合幼儿学习规律提供了参考。

6. 适龄幼儿对节目的注意力持续程度和喜爱程度

本次调查使用DV对比法了解5岁左右幼儿对各板块的注意力持续程度和喜爱程度。通过30分钟的DV对比发现，孩子对于以下几个内容最感兴趣：

(1) 串场小动画。当节目中出现智慧树的串场小动画时（有背景音效），80%的孩子表现出惊奇和喜爱；当孩子看到小板块的动画片头时，所有表现出疲惫和走神的孩子，又都重新表现出对节目的关注。

(2) 当节目进行到歌舞、体操等板块时，有46%的幼儿跟着节目做出动作反应（由于测试场所为教室，这些幼儿很快就被同伴制止了）。

(3) 幼儿对熟悉的歌曲有更多反应。当节目进行到木偶剧场（《全托学校》）时，由于其主题歌每日播放，很多幼儿都可以跟着哼唱，所以孩子的反应非常强烈，几乎都跟着哼唱，并且没有人阻止同伴。

被观察的15名幼儿在观看节目时，有一人因为看不到而移动座位，有两人出现走神现象（分别为15秒和12秒，相应节目为插播广告）。

由此可见：(1) 被观察的大班幼儿 (以5岁半为主) 持续观看30分钟《智慧树》节目的持续程度为100%，这与其注意力持续程度有关，也与节目对儿童的吸引程度有关；(2) 孩子对动画情节更感兴趣，尤其是对以真人为主的节目中短时间出现的动画非常感兴趣，适当穿插动画片花、动画片头 (配以有趣的音效) 等可以抓住幼儿注意力，可以调动幼儿观看的积极性；(3) 幼儿对熟悉的东西更容易参与，所以，希望孩子学会记住的歌曲、儿歌、体操等需要一定量的重复播放才能达到目的。让幼儿在一个可以预期的时间收看到重复播放的节目，可以使幼儿更加有规律的学习和掌握；(4) 节目需要加入更多的互动内容，邀请电视机前的幼儿一同参与活动。

本次栏目组第一次尝试DV对比取样，由于缺乏经验，被试量少，获取的经验和数据有限，此方法以后会更多采用。

七、分析和讨论

通过这次调研，除了肯定的意见，也从专业角度看到了节目的不足。经过分析，几个问题值得进一步讨论：

1. 以先进的幼儿教育观念引导家长和教师必须成为节目的重要宗旨

以往大家对电视节目的评价往往是娱乐有余，专业不足。《智慧树》就是要以电视制作的专业和教育思想的来实践少儿频道"引领成长"的宗旨。

在访谈中发现，有些幼儿园盲目遵从家长的意志，认为孩子在幼儿园就是应该多学习，造成四五岁的孩子就"忙得没有时间玩"。这对孩子是不适宜的。其实，学龄前儿童的每一次游戏、甚至每一次错误都是在学习，学认知、社会交往、情绪情感等各个方面。将小学的学习内容下放到幼儿园，在短期内似乎看到孩子的"优越"。但是各种科研结果表明，这样的孩子进入小学高年级后，无论是学业还是人际交往，都不比其他孩子优秀，甚至处于劣势。电视必须为改变这种状况努力，让教师和家长在娱乐中理解什么是童年真正的价值，什么是孩子最有价值、最适宜的学习。

2. 坚持突出参与性，是节目获得普遍认可的重要原因

在上述调研中，栏目的"参与性"都被受访者重点提到。这也正是《智慧树》在设计之初不断强调的"这是所有孩子的节目"，是"空中幼儿园"的思想。在《智慧树》

《智慧树》主持人和孩子们

里，每个小朋友都可以找到展现自己的机会。

但是，教师们也提出，节目中幼儿参与表演的成分比较多，让幼儿能真正说话的内容比较少，孩子依然没有成为节目的主体。确实在过往节目中，孩子们仍然没有摆脱"摆设"的命运，这和编导及主持人的水平有关，更和对于孩子能力的不了解或者不信任有关。为此，栏目组专门到幼儿园和孩子交流，发现中大班的孩子完全有能力，把一个和他们生活息息相关的话题讲清楚，更能说出自己独到的见解。于是，栏目大胆尝试，在每天的节目中设立一个与孩子兴趣爱好、日常生活有关的小话题，让孩子发表意见。经过一段时间的拍摄证明，这种"让孩子说话"的形式非常好，孩子说出了许多大人意想不到的想法。"突出参与性"已经成为节目进一步努力的方向。

3. 精益求精、注重细节是节目生存发展的必要条件

电视的根本是节目，节目质量关系重大。拍摄中的细节，例如主持人的语言是否精练，人偶演员的动作是否生动，小板块的时长和节奏处理是否合理等，都影响着节目质量。愈是细节愈要精益求精。

交流从聆听开始，修正更应该从聆听开始。今后栏目组还将走进幼儿园，聆听孩子、聆听所有观众，使《智慧树》不断得到提升。

附件：《教师、园长访谈提纲》：

1.看了《智慧树》，您对其中的哪个板块印象最深？

2.如果邀请您参加节目，您最愿意参加哪个板块？

3.您觉得哪个板块应该最吸引孩子？

4.您觉得哪个板块在什么地方需要改进？怎样改进？

5.看了《小专题》板块，您觉得所在幼儿园有什么活动适合参加节目？

6.看了《巧巧手》和《请你像我这样做》，您觉得所在幼儿园有哪些优秀教师适合参加节目，哪些好的体操、好的手工制作适合上节目？

7.您认为节目有潜在的教育含意和教育因素吗？有哪些对幼儿有益的经验吗？您觉得是否有必要把设计节目的目的以字幕的形式在屏幕上打出来？

8.《智慧树》里，哪些内容能成为您教学的资源，比如歌曲、幼儿体操、小小探险家以及美劳活动，或者对您的教育课程内容编排有一些启发？

9.您是否需要节目的相关资料（比如歌曲、体操、智慧小宝典、木偶剧场和英语教学节目），您愿意为个人或幼儿园购买它作为教学资源吗？

《智慧树》周末版

科普节目篇

SCIENCE AND
EDUCATIONAL PROGRAMS

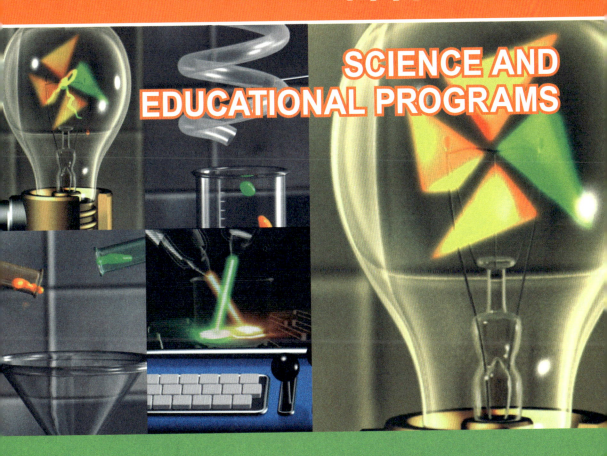

《异想天开》制片人
梅 龙

概 述：本文结合栏目理念与实践，探索栏目核心竞争力和表达模式，为同类节目的理论探讨与实践提供新的起点。

中学生科技创新的电视表现

一、我国中学生科技创新电视节目的发展

中国最早的少儿科技电视节目可追溯到1959年北京电视台（现中央电视台）在《对学龄前儿童广播》中开设的《聪明的机器人》小栏目。1976年在《少年儿童节目》栏目中，又制作了《玻璃杯唱歌》、《科学游戏》等一批科学节目。

1981年暑期，中央电视台播出了《北京中学生智力竞赛》系列节目，开创了中国中学生知识竞赛的先河，它正契合了文革后人们对知识的渴求，不仅在全国掀起了一股学习知识的热潮，也开创了电视知识竞赛的新形式。

1994年的《第二起跑线》中的《奇思妙想》表现中学生的发明创造，启发他们创造性思维。节目开始从知识传播提升到知识的运用。

1999年7月13日推出的《芝麻开门》以9—14岁孩子为主要对象的科普栏目。它新颖的竞赛形式让中学生耳目一新，形成了一个新的收视高潮。

2000年7月16日中央电视台与韩国三星公司合作的节目《三星智

力快车》再次通过竞赛的形式，表现了当代中学生的丰富的文化科学知识，得到广大中学生的认可。

2001年7月，中央电视台大型创新思维栏目《异想天开》推出。提出了"让头脑赛跑，用双手说话"的口号。首期节目是《五号电池拉汽车》，北京及重庆的三所中学的中学生同场竞技展示中学生的科技创新能力。节目通过让中学生只用一节五号电池而不借助其他动力如何让一辆真正的汽车移动为竞技题目，让中学生通过对所学知识进行综合运用，探讨一种解决这个问题的办法。节目一经播出就引起社会积极反响。

总结历史可以看出，我国中学生科技节目发展是：知识点的传播→知识点的运用→以知识为基础的创新→创新思维和动手并用。

下面以《异想天开》栏目作为样本探讨我国中学生科技创新节目的发展规律、遇到的困难及出路。

二、《异想天开》节目的理念及得失

作为目前中央电视台唯——个鼓励青少年科技创新的栏目，《异想天开》栏目开播到现在已快十年了，其在中学生及其老师和家长中影响越来越深。

1. 《异想天开》的核心竞争力

《异想天开》栏目在创办之初，即确定了先进的节目理念，即科学的理性精神、幻想的感性光芒、青春的活力色彩、娱乐的益智元素。正是这四个要素构成了《异想天

开》的核心竞争力，并呈现独特的个性。

科学的理性精神，是节目安身立命之本。《异想天开》是一档中学生的科学创新节目，其出发点要求青少年才俊们其所思所想必须基于科学的理性，是奇思妙想，而非胡思乱想。编导在节目的立意、节目逻辑发展和节目结构设计必须基于科学的思想，保证科学的严肃性。所以《异想天开》的所有节目，无论其命题多么不可思议，但在中学生的探索和实现过程中，均是以科学的知识作为基石。

幻想的感性光芒，是节目的个性特征。科学的理性精神固然是《异想天开》得以存在的基石，但却不是《异想天开》所独有的，它是一切科普类节目所必须的条件。而《异想天开》区别于其他青少年科普节目的个性是幻想的感性光芒。栏目在内容的选择上既要求具有科学性，又要求具有幻想性。幻想是基于科学基础上的幻想，科学也是对于幻想的探索。世界上最伟大的，莫过于人类心中美丽的幻想，所有心怀未来与希望的人们都需要幻想。《异想天开》就是要将科学幻想进行感性的表达。对科学幻想的探索，是对人类智力的挑战，在这种智力挑战中，感到极大的精神快乐。《异想天开》提倡挑战科学幻想的高度，而不是挑战体验的难度。正是由于具备了幻想性，节目充满了科学的浪漫主义之光。

青春活力的色彩。《异想天开》的参与主体是充满青春活力的中学生。他们有一定的知识和动手能力，他们不囿于条条框框，他们精力旺盛充沛，他们敢于向陈腐挑战，蔑视一切，他们是朝气蓬勃的一群。同时他们又青涩、不成熟。节目在表现他们进行科学探索和动手创新的理性思维的同时，也表现他们遇到挫折时的气绥、同学间的友爱、成功后的欢快。记录青春成长，呈现青春活力，自然成为了《异想天开》的另类气质。

娱乐的益智元素。《异想天开》通过利用一些益智的娱乐元素，让节目更符合青少年的欣赏趣味。比如竞技手段的使用，环节的设计，选题之外的知识或能力考验，中学生自我设计亮相等环节的引入有效发挥了活动中娱乐因素对青少年参与的吸引力。

2.《异想天开》表达模式的探索

高考指挥棒让中学生更多地关注课本之内的内容和成绩。家长及老师一方面希望孩子或学生能力更强，一方面却督促他们沉湎于课本知识的死记硬背，几乎忽略了动手及实现能力的发展。致使《异想天开》更多是非特定观众收看，并且呈小众化。

那么，如何打破现状，吸引更多青少年主动收看呢？

美国J.J.阿恩特在其著作《青少年使用媒体实现自我社会化》中，探讨了青少年对媒体的使用主要有五个目的：娱乐、性别学习、轰动、消极情绪的缓解与对付和青少年文化的认同。他认为：

青少年选择媒体娱乐的方式，主要有电视、网络、收音机。

对于性别学习，他认为青少年会从媒体中获得他们认为的理想的男人或者女人的概念；对于职业角色的认同，他认为青少年会从中为自己选择未来的职业进行定位。

他同时认为青少年比成年人更倾向于追求轰动。许多媒体就提供紧张和新奇的刺激吸引青少年。这些刺激包括动作等新奇的东西。

在情绪和感情方面，他认为青少年相当一部分是用媒体来缓解和驱散负面的感情。尤其是学习紧张和情绪紧张需要通过网络、电视等媒体来进行舒缓。

对于青少年文化的认同，他认为，青少年通过找同辈群体，看同样的电视节目，听同样的音乐，欣赏同样的广告语和象征符号等来达到认同。

围绕这些功能，《异想天开》从内容到形式进行了多种尝试。包括：奇思异想的情节模式、探险探秘的情节模式、竞技比拼的情节模式、梦想展示的情节模式。

"奇思异想的情节模式"，就是通过节目把"不可能"变为"可能"。选题以小搏大，把明显超出人的能力与智慧之外的事，通过知识的综合运用和巧妙的设计成功实现。如：《五号电池拉汽车》、《纸桥过车》、《弹簧秤称大象》等节目。这些节目从新奇特几方面给观众强烈的视觉和思维冲击，吸引青少年去探究，去思考解决问题的办法。

《纸桥过车》是清华大学的学生和网上自发组织的网友队进行智慧和创意的比拼。柔软而质轻的纸张，如何能支撑成一座桥梁，并且通过一辆两千千克的真真实实的吉普车？这首先就让观众好奇，吸引观众们看下去：纸如何做成桥？其原理是怎样的？做成桥后吉普车又是怎样通过的？会

纸桥过车

出现什么问题?……这个选题本身也具有轰动性,符合青少年心理需求。直到现在,还有许多中学和大学的物理老师把它作为教案津津有味地讲解其中涉及的桥梁力学,材料力学及创新点等。

"探险探秘的情节模式",是由志同道合的中学生们,或对历史、或对科学、或对自然中存在的未解之谜,通过运用自己掌握的知识,大胆设想,认真求证。

如《破解悬棺之谜》就是一群贵州安顺的中学生,面对家乡所存的悬棺的各种各样的传说,通过考察和对收集的资料进行分析,针对悬棺的用途、悬棺如何安装上去的等等谜团提出了自己的独树一帜的想法并在实地进行了验证。节目不仅记录了这群中学生们认真探索的过程以及实验成功后的喜悦心情,更重要的是表现出他们通过这一活动认同自己的能力及找到了同龄人共同的价值观念等深层定义。

"竞技比拼的情节模式",竞技比拼的手法贯穿了栏目始终。但节目也着力表现选手们在进行最后任务比拼时的不屈、勇气、毅力,失败成功中体现的浓浓友情,以及初生牛犊不怕虎的探索精神。他们在竞技中较劲,在比拼中学习,在比赛中成长。

"梦想展示的情节模式",针对青少年的特点,《异想天开》栏目推出了一系列展示中学生梦幻色彩的节目。如《妙趣大连环》要求中学生根据给定的主题或材料,将各种不相干的物件通过巧妙的组合,精密的机关,一环紧扣一环,组成一个大的连

纸船载人

环。这给了同学们想象的空间，他们可以将上至宇宙，下至身边，远至过去和未来，近至当下时刻的每一个事物都设计进来。让不相干的物件产生联系，让梦想实现。这个节目的看点在于，观众不知下一个坏节的连环是大还是小，是长还是短。谁能料到，扫帚如何和MP3组成一个机关？

《异想天开》与其他类型节目相比，对参与者的要求较高。他不只是要动脑筋进行创意，还要实现创意。

比如，以前都是先把选题发给学生，让他们在录像前就准备好，到时在演播室进行现场竞技。可观众和老师们反映，为了获胜，很多学校组织老师作为后援，最后不知比赛的是老师的想法还是同学们的想法。为了解决这个问题，栏目组将演播现场搬到学校，节目也变成了在外景录制。由此带来的好处在于：打破了演播室的封闭状态和舞美场景的单调感，避免了观众审美疲劳。到各地拍摄除了带给观众不同的内容，还有各地风土人情。拍摄活动由于分散到各地举行，这样就像长征一样，是宣传队，是播种机，扩大了节目在各地的影响。

纵观国际国内发展现实，社会上下都认识到，要建设创新型社会，国家才能有更大的发展后劲，才能保持国力的持续增强。这个创新型国家的基础在哪里？答案非常明确，在青少年这里。这样，《异想天开》作为央视少儿频道唯一一个以培养青少年创造性思维为目标的节目，其意义不言而喻。

《芝麻开门》主编
张卫东

概　述：趣味化情境、角色化人物、故事化情节，剧情化能否让少儿科普独树一帜？本文对此做了探讨。

少儿科普栏目的剧情化探索

一、央视少儿科普栏目现状

作为央视少儿频道唯一的少儿科普栏目，《芝麻开门》承担着向7—14岁少年儿童普及科学知识的重任，并在趣味性和知识性并重的前提下，实现少儿科普栏目的收视目标。经过数年实践，《芝麻开门》初步实现栏目目标。其中，少儿科普栏目的剧情化探索是栏目的一个亮点。

二、少儿科普栏目的剧情化定义

少儿科普栏目的剧情化是指：在科普栏目的包装串联过程中借鉴儿童戏剧、动画片的角色设置理念，对主持人进行角色化包装；对串联过程进行趣味化、情境式设计；剧情化的关键点在于重情节片段（或称桥段）而不重完整的故事。

1. 主持人角色化

《芝麻开门》的主持人"芝麻"在定位上是一个热爱科学、喜欢探索、样子搞怪的科学迷。他脾气古怪、喜欢说俏皮话、偶尔还办点傻事，不过这些都不能阻挡他对科学的狂热。"芝麻"的角色化设置借鉴了儿童剧中的主人公特点，把主持人包装成为一个有性格、有喜好的生动角色。实践证明，"芝麻"的角色定位准确，在少儿频道的男性主持人中认知度较高。

2. 包装串联趣味化

剧情化设置的目的之一就是使包装串联趣味化。与通常的主持人设置不同，作为角色主持人的"芝麻"，利用剧情化设置完成节目的串联过程，这个过程的重要原则就是保持串联的趣味性和情境式设计。角色主持人（人物）在一个特别设计的环境中（场景），如芝麻实验室，通过实验（事件）、道具、小的情节等元素充分吸引观众的注意力，并且在串联的同时对节目的内容进行引入。

3. 重情节片段而不重完整故事

剧情化设置的最终目的是为了保证节目内容对受众的正确传达。因此，在完成包装串联趣味化的同时，还要对内容进行引入和贯穿。这种引

《芝麻开门》主持人——芝麻

入和贯穿强调与节目内容的贴合与无缝衔接。因此，与儿童剧最大的区别在于，《芝麻开门》的剧情化设置重情节片段而不重完整的故事化。也就是说，尽管有角色化的主持人芝麻，有一些小的剧情片段，但是对少儿科普节目来说，剧情化并不代表演绎

一个完整的故事。

综上所述，剧情化设置要点可以概括为主持人、串联、情节片段三个关键词。这也是剧情化设置和非剧情化设置的主要区别。剧情化设置中，主持人必须角色化，比如"芝麻"形象的定位和包装；剧情化设置中，串联要注重趣味和情境设计，一个特别的环境（如芝麻实验室）可以让观众身临其境。而非剧情化则可以任意选择现实生活环境作为拍摄地点；剧情化设置中，借鉴戏剧影视元素，以富有节奏感和趣味效果的情节片段包装知识点，展现角色。非剧情化设置中可以直入主题（如《走近科学》的串联）。剧情化设置的这三个特点更符合少儿科普节目，而非剧情化的设置则更多地出现在成人节目中。

三、为什么要进行少儿科普栏目剧情化探索

《芝麻开门》的剧情化探索，借鉴和吸收了国内外优秀节目的制作理念。

1. 国外科普节目的成功经验

国外少儿科普节目的成功经验是推动《芝麻开门》剧情化探索的动力。著名的系列科普节目《比克曼科学世界》就是一个生动的例子。在这一系列中，科学怪人比克曼和两个助手在一个科学实验室中，完成各种各样的物理和化学实验。其巧妙的构思、精致的设计、丰富的道具、谐趣的表演吸引着观众的眼球。比克曼也由此成为节目中最大的亮点。作为国内少儿科普节目的主持人，"芝麻"的角色定位与比克曼有异曲同工的作用。

2. 青少年观众的收视心理和收视习惯

少儿节目的实践表明，无论是儿童剧、动画片还是日常栏目，青少年观众对节目的直接认知是通过角色和主持人来完成的。这也是为什么国内外优秀的儿童节目中最为知名的都是角色。而许多儿童节目，包括儿童剧和动画片更把角色直接作为节目名称，如《天线宝宝》、《哪吒》、《美猴王》、《小熊维尼》等。《芝麻开门》吸取了角色设计的趣味化和性格设定，而剧情化的包装形式进一步促进了主持人和节目的良好结合与融合互动。

3. 少儿科普节目的特性需要

　　7—14岁少年儿童的受众定位，决定了《芝麻开门》始终在强手如林的竞争环境中求生存。这是因为，《走近科学》、《人与自然》、《探索发现》、《国家地理》、《探索》等成人科学节目一直拥有最广大的收视人群。依靠大制作、专业团队、精心打造的大型科普节目早已成为各个卫视台的看家法宝。这些节目对于处于求知期的青少年来说具有必然的吸引力。如果单从节目内容上来说，《芝麻开门》与这些节目毫无竞争力优势。但是作为少儿科普节目来说，虽然在内容和制作的专业性上比之不及，在深度和广度上无优势，但主持人角色化、包装串连剧情化、节目内容异角度诉求，则是《芝麻开门》所独具的魅力。

　　主持人方面，成人科普节目一般都中规中矩，缺乏儿童节目中角色主持人的夸张和动漫效果；包装串联方面，成人科普节目因为内容的充实和丰富往往省略此点，少儿节目则可在这一点上利用情境设计、实验、道具、小的剧情桥段充分引导观众、发散思维；在内容上成人科普节目往往强调故事性和原汁原味，对悬念的设定，故事的完整性都有着极高的标准。在摄影上更是精益求精，做到唯一性和精确性。少儿科普节目利用剧情化的特点，在节目内容的设计上求新、求异、求奇，强调选题和内容的异角度诉求。举例来说，成人科普节目对动物的介绍可以说是面面俱到，少儿科普节目则根据儿童的好奇心理，从儿童出发寻找看点，攻其一点。比如：人能像熊一样冬眠吗？

这是一个地道的儿童问题，可能成人不屑于回答，但却能让儿童困扰多时。《芝麻开门》从这个有趣的小问题切入，就通过剧情化的设计引出许多关于动物的问题来。在剧情化的推动下，这些问题还可以继续发散开来，完成对知识点的阐述和信息量的增长值。

四、剧情化探索的得与失

经过不断总结，《芝麻开门》在剧情化探索上有了一些经验，同时也掌握了一些方法。

1. 内容为王

剧情化串联包装归根结底是为内容服务的。在内容为王的原则下，内容的选择必须和剧情化设置紧密结合。在追求异角度诉求的前提下，将内容和形态完美地结合在一起才能最大化地发挥剧情化设置的功效。

比如，《黎寨寻宝》系列节目的是以海南黎族村寨中的非物质文化遗产等为核心，向观众介绍少数民族文化遗存，包括钻木取火、树皮衣、船形屋、黎族服装、黎族纺织技术、陶器制作、木器制作等。

按照剧情化的设计思路，策划组选取了芝麻、飞去来猫、摇摇鼠三个角色来完成整个节目的包装串联。其中飞去来猫和摇摇鼠由通过选拔的儿童饰演。剧情是飞去来猫（女孩儿）因为误服了机器人摇摇鼠（男孩儿）的药水，而间断性失去记忆，从而趣味性地引出一个个黎寨内容。导演在外拍的过程中，搜集了大量当地的道具带回到演播室（芝麻实验室），芝麻和两个儿童角色利用道具，营造出一个个悬念和引入点，带领观众走进黎寨，了解黎族文化。包装串联趣味横生。在内容的拍摄上，编导和摄像以儿童视角拍摄了大量的原始素材和人物采访，这些鲜活的素材配以趣味化、与内容紧密衔接的包装串联，打造出一个丰富多彩、充满看点的系列节目——《黎寨寻宝》。

2. 悬念、节奏、趣味

剧情化设置要把握悬念、节奏和趣味。

要吸引观众，悬念的设置必不可少。《走近科学》的成功在很大程度上归功于节目内容上的悬念设置。少儿科普节目同样如此。在《黎寨寻宝》中，飞去来猫的意外失忆为每集的节目内容设置了悬念，引导观众继续关注节目。悬念设置的一个重要原则是要与节目内容密切相关。在关键知识点上增设悬念既可以起到吸引观众的目的，同时也能够从新、特、奇的角度切入知识点。

节奏是剧情化设置的另一重要元素。节目内容既要好看又不能拖泥带水，特别是要在有限的时间里将必要的知识传达给受众。这就要求在剧情化设置中牢牢把控节奏，通过对语言的推敲、知识点的把握、剧情的安排做到节奏恰到好处。对于妨碍节奏的对话、剧情、与节目无关或关系不大的内容一定要删繁就简，保证节目的实质性内容占主导地位。如《黎寨寻宝》中的"钻木取火"一集，主持人芝麻把钻木取火的工具拿到演播室中，和其他两个角色主持人实验"钻木取火"的过程。在这一过程中插入外景拍摄取火人寻找取火木、讲解取火传说、示范取火技术。演播室和外景拍摄紧密结合，将历史传说、取火木、取火技术等知识点巧妙融合，节奏紧凑，张弛有度。

趣味对于儿童科普节目来说包括童趣、谐趣、乐趣。儿童科普节目要把"童趣"放在第一位，这是儿童科普节目与成人科普节目重要区别之一。儿童有特有的思维习惯和心理特征，他们看待事物的角度和兴趣点与成人有很大区别。少儿科普节目编导必须深入生活，真正在节目中采用儿童视角制作节目，展现童趣。在《黎寨寻宝》中，每集片子的结尾飞去来猫都会做出一些不可思议的动作，这些动作充满童趣和悬念，是导演在观察和了解儿童行为后的精心设计；"谐趣"在剧情化设置中指主持人的语言和表演。角色主持人芝麻是一个喜欢搞怪、热爱科学和发明的科学迷，他的语言和表演代表了新版《芝麻开门》的包装风格，我们对他的要求是诙谐风趣。要做到这一点，栏目前期的策划和脚本创作，都要牢牢抓住角色的谐趣特点。并在剧情化的包装中，通过语言设计、道具运用、角色表演来完成。实践证明，这一设计提升了主持人在少儿观众群体中的认知度，也造就了《芝麻开门》主持人芝麻

的独特风格；"乐趣"能体现对栏目受众群体的潜移默化的熏陶，在笑声中传达知识，在乐趣中拓展第二课堂。由乐趣向兴趣的转化，是素质教育的飞跃，也是少儿科普栏目的飞跃。

3. 融合与链接

剧情化设置具有融合与链接功能。剧情化设置可被当做一条串联线，而节目内容分散为一个个经过设计的知识点并以问题的形式出现。剧情化串联就是要把知识点有效地组织在一起，达到节目形态与内容无缝链接、水乳交融的地步。在此基础上，通过发散性思维，将知识的触角伸进每一个链接点，加大信息量在节目中的投放。

4. 互 动

剧情化设置要完成与受众互动的任务。电视节目最通常的互动方式有电话、邮箱、主持人公布幸运观众等形式。剧情化设置除了完成以上互动方式外，还通过网络、活动等方式将主持人和观众紧密地结合在一起。网络虚拟社区让少儿观众实现与主持人、编导、其他受众之间的多点互动，这一互动形式正与网站密切合作并在积极探索。

五、剧情化探索的深远意义

《芝麻开门》的少儿科普栏目剧情化探索具有深远意义。一方面，随着互联网的日益普及、电视科普栏目的强势崛起，少儿科普栏目只有在变化中求生存，在探索中求效率；另一方面，在实践中借鉴国内外优秀的科普栏目、少儿栏目的经验，丰富和完善央视少儿科普栏目的形态和内容，打造具有鲜明特色和知识产权的品牌化少儿科普栏目已迫在眉睫。

概　述: 从实践出发,以儿童角色为切入点,论述了如何实现"以儿童为主体"的创作原则。对各类节目均有启发。

《芝麻开门》导演
崔　玲

儿童在科普节目中的角色作用

《芝麻开门》是一档面向7—14岁儿童的少儿科普节目,儿童是节目的受众,更是节目的主体和灵魂。不了解这一点,就会模糊了与其他科普节目的界限。

由北京师范大学完成的"2008年度未成年人电视媒体收视行为调研报告"指出,获取娱乐和信息是儿童收看电视节目的主要目的;儿童考察节目的三大标准是信息量、丰富度和情感性;选择喜欢科普节目的儿童占7.8%,而选择不喜欢的却是这个数字的一倍,达到15.8%;具体到栏目,儿童高度认同的科普节目是《探索　发现》,因为其融合了知识性、趣味性、故事悬念和视觉冲击力,是一个视听语言很丰富的百科探秘类节目。

这份调查报告清楚地指出,目前国内的少儿科普节目内容普遍缺乏针对不同年龄段儿童心理需求和审美趣味进行的细化设计,对象化传播不足。要想获得儿童的喜爱和认可,最重要的指标是——娱乐互动性。寓教于乐已经不再是最准确的提法,先"乐"后"教"才是最好的方式,给儿童大量的快乐,这是少儿节目的成功之道。

众所周知,少儿科普节目不好做。在内容上,儿童获取知识的途径非常广阔,即使选择收看电视,也往往把目光锁定在探索发现、国家地理等强势频道上；在形态上，少儿科普节目还面临动画片、游戏节目对观众的分流。因此，如何吸引儿童的注意力，使他们对少儿科普节目产生高度认同，我认为充分发挥儿童角色在科普节目中的作用至关重要。

一、儿童在少儿科普节目中扮演哪些角色

儿童科普节目是做给儿童看的，要使节目贴近儿童、满足儿童，就要充分发挥儿童在节目中的角色作用。儿童的角色作用有以下9类：

1. 提供意见的受访者

这种形式可集中展示儿童的意见。其优点是可以让受众直接了解儿童所想，缺点是表现形式趣味性不足，意见庞杂需要筛选。

2008年"5·12"大地震后，栏目组与中国地震局合作，紧急赶制3集介绍地震相关知识的节目。编导带着问卷去学校和五六年级的孩子交流，发现他们对地震的理解相当深入。灾难发生后的十几天里，除了给灾区同龄人捐款捐物外，他们还利用课余时间自发研究过地震现象，了解地震的基本原理，对防震减灾措施进行大胆设想，甚至讨论过"地震有没有可能波及北京"这类问题。制作节目时，去掉了那些儿童已经掌握的内容，从厚厚的一摞问卷中提炼出他们关注最为集中、最想了解的问题，取得了良好的收视效果。

2. 科学实验的参与者

这是《芝麻开门》早期最常见的一种节目形式，儿童进入演播室，和主持人一道动手做实验，通过变化实验条件、提出新设想，吸引孩子持续关注、观察和思考。其优点是实验有趣、直观、参与性强，缺点是选题有局限，并非所有的科学内容都可以用实验表现。另外，操作难度也比较大，需要准备大量道具。

3. 对抗PK的竞猜者

孩子天生就喜欢比赛，限时作答的挑战、对抗的紧张、胜负的悬念、团队的荣誉感，这都是吸引儿童的元素，也是这类节目的优点。缺点则是表现形态比较单一。最重要的是，儿童都渴望接触最新鲜的事物，愿意有机会动手去做，而不只是站在

那里回答问题。

栏目组曾与中国人民公安大学合作，制作了7集以侦破知识为主题的系列片"科学探案"。其中设计了"是真是假"和"实战演习"两个环节，两队儿童动手又动脑，展开竞赛，结合情景再现的动画，深入浅出地揭开了刑侦科学的神秘面纱。在栏目组制作的"和科学家一起看恐龙"节目中，编导从辽西恐龙发掘现场拍摄的素材中，选取细节提炼问题，儿童通过竞猜完成了一次"书本上没有的"科学体验。

4."命题作文"的完成者

一个或几个儿童得到一个科学命题，然后靠自己的力量采取各种办法完成"命题作文"，得出答案，类似于真人秀。其优点在于设定规定情景和规定任务，忠实记录儿童完成任务的过程，有悬念有共鸣。缺点在于节目成败很大程度取决于儿童本人的表现力，而他们的个体情况是千差万别的。

2006年栏目组制作了一部20集系列科普节目"魔术也科学"。所有参与节目的儿童必须靠自己的力量破解某个经典魔术背后的秘密，然后在数十位小观众眼皮底下再现表演出来。同时，还必须用DV记录下研究破解魔术、制作道具和演练的幕后情

况。这个命题作文给了孩子很大的发挥空间，他们发明出不少令人大跌眼镜的"山寨版"魔术破解方法，整个过程的真实展示笑料不断，妙趣横生，充分表现了孩子自己的动手能力、思考水平和可贵的想象力。

5. 走进生活的探寻者

不同地区的风土人情背后，可能藏着很多与科学相关的秘密。贴近儿童视角，重新审视每天生活的环境，探寻特有的现象，让儿童开阔眼界，是这类节目的优点。缺点是接近纪录片风格，探寻过程的展现可能会影响节目的整体节奏。真实，却不够娱乐。如果把握不准确，就会拍成风光片，偏离科普节目的本质。

2008年6月，《芝麻开门》改版，时长为25分钟。由此，栏目组开始走出去，制作记录各地儿童探寻本地风物的节目。孩子们作为小向导，带领大家去认识湖南浏阳绚丽烟花中的化学原理，北京西郊古老琉璃上的神奇魔法，南京的云锦是怎样从蚕丝变成锦绣的，内蒙大漠的沙海风车如何点亮草原的夜空，还有宁夏那些神秘的乐器、一根

芦苇、一段铁丝，怎么能奏出千古流传的优美旋律。

6. 儿童节目的制作者

除前期策划及后期编辑由成人负责外，全程通过儿童DV拍摄，由儿童亲自提出问题、体验探索、寻找答案，最后得出结论，实现"儿童制作"。这类节目中的画面可能会抖会虚，但这些技术问题经过简单训练完全可以解决。最宝贵的是，儿童可以流露最真实的情绪，展现出纯粹的儿童视角和表达手法，粗糙却真实，古怪又新鲜。

在栏目组制作的一系列以小学高年级儿童为创作主体的"DV学科学"节目，发动孩子从日常生活司空见惯的现象中提出疑问，对一些好玩和存在争议的命题发起挑战。孩子们自发组成探索小队，选派小摄影师用DV机全程记录。通过讨论和求证，设计实验方案，亲自动手实验，最后一起总结陈述自己的发现。整个过程孩子玩得开心，大人看得也开心。

7. 儿童主持人、外景记者

美国儿童节目《芝麻街》针对8—12岁儿童制作的科普系列片《3—2—1接触》与《芝麻开门》的受众定位相近。该片是针对年龄较大的学龄儿童对科普知识不感兴趣的报告而制作，由几位儿童担纲主持，以新闻杂志的形式激发儿童的兴趣和热情，增强他们对科学的理解能力。作为一档电视节目和科普工具，其成功离不开对科学信息和科学进程的完美诠释。同时，人气较旺的儿童主持人功不可没。

在《芝麻开门》制作的以儿童安全自护知识为主题的20集系列节目"拯救大行动"中，最大的亮点就是儿童主持人刘玥。他个性突出，头脑灵活，语言和肢体表现能力都很强，给节目添彩不少。不过，儿童有学业压力，长期担任主持人和记者不很现实，这也是这类节目最大的困扰。

8. 角色化的表演者

这类节目是在演播室里进行剧情化包装，给儿童赋予角色，通过设计对白、动作，让小演员和主持人芝麻一起表演。《芝麻开门》一直在摸索剧情化包装和角色化扮演的问题。毕竟，儿童特别容易进入到设定好的情境中，但这类节目的剧本创作至关重要，直接影响节目质量。

9. 节目之外的互动者

栏目组的邮箱经常收到来自全国各地不同年龄段儿童的来信,有的是回答互动问题,有的是对节目进行补充,提出自己的新鲜想法,还有的把困扰自己的谜题说出来希望得到答案。这显示了《芝麻开门》的吸引力。能亲自参与节目的儿童毕竟是少数,栏目需要建立强大的互动平台来满足更多儿童的愿望。

二、儿童在科普节目中到底应该扮演什么角色

央视少儿频道始终强调以"三贴近"原则制作节目,即贴近儿童生活,贴近儿童情趣,贴近儿童市场。未来社会的主体是今天的儿童,尊重儿童在电视节目中的主体地位,是社会文明进步的标志,也是少儿电视真正成熟的标志。

1. 儿童应当是节目内容的最主要来源

在现行操作模式下,编导承担着策划、撰稿、导演、后期编辑等一系列工作,很难对选题做到深思熟虑,也几乎没有把选题拿到儿童中去检验。节目内容与儿童的实际需求存在脱节。栏目组迫切需要到儿童中去,源源不断地采集最新鲜的选题。在央视少儿频道举办的《2008年国际儿童电视发展论坛》上,BBC少儿频道《蓝色彼得》制片人伊万·维尼考伯介绍了他们的工作流程。他们的核心观念是—— stepping out——走出去,深入学校和孩子面对面接触,寻找话题。作为制片人,他本人每周都要去学校和孩子们坐坐,像个大哥哥一样随便聊天谈心,了解孩子最关心的东西,而且,他从不带着命题去,以防孩子们给出"虚假"的答案,这项每周雷打不动的工作被他描述为"最有价值和回报的工作"。这一点是我们最欠缺的环节,也是迫切需要加强的环节。

虽然我们也在以座谈和问卷调查两种方式走近儿童,但这两种方式无法真正深入儿童内心。栏目组曾以"最想知道的科学知识"为主题进行座谈,反馈的信息少而重复。孩子们普遍表达喜欢"恐龙"、"UFO"和"机器人",具体喜欢什么?还想知道什么?回答这些编导最关心的问题时,孩子们总是显得兴趣寥寥,说不出所以然,座谈流于空泛。调查问卷的针对性通常更强,都是围绕某个选题来征求儿童意见。或列举若干具体问题,直接索要他们的答案。回收上来的内容比较杂乱,同质化严重,只能沙里淘金。

要真正贴近儿童，还需要大家付出更多的时间、耐心和努力，到儿童中去，到学校去聊天交朋友。把这种与儿童无障碍沟通的模式持之以恒地坚持下去，收获一定是丰厚的。

2. 儿童应当是节目策划的最重要一员

目前电视台的策划机制大都由主创人员确定选题，然后全组（包括外脑）群策群力数度讨论，经过素材搜集和论证，最后确定节目内容和表现形式，交由编导撰稿并执行完成。策划过程中几乎没有儿童的身影和声音。这固然和我国儿童学业繁重有关，但更重要的是，我们还没有认识到儿童对节目策划起到的重要作用。

央视少儿频道总监余培侠曾经说过一段意味深远的话："儿童电视由成人唱主角、做幕后指挥的观念已经成为过去。21世纪中的孩子不再是成人的陪衬，今天儿童电视要多用他们自己的视角去看社会，用自己的眼睛、自己的语言去描述影响他们生活的一切。孩子可以拍属于他们的电视，可以主持他们自己的栏目，甚至可以让他们成为下一届金童奖的评委。尊重儿童在儿童电视中的主体地位，不仅是儿童电视成熟的标志，更是新世纪儿童电视发展的新趋势。"如果这个思想得到贯彻，很多问题会

迎刃而解: 儿童不再是努力背诵台词的小大人儿; 节目编导也不再为揣摩儿童的需要而绞尽脑汁; 少儿电视节目将迎来全新的面貌! 现在, 需要我们开始走出第一步, 在节目策划初期尝试儿童制作人的模式。

还是在《2008年国际儿童电视发展论坛》上, 日本NHK教育台日常科学与环境教育节目的总导演三木信哉举了一个例子, 他认为孩子就像顽固的科学家, 有自己的想法和经验, 他拿着毽子向儿童发问, 知不知道这个东西? 它有什么特别的? 关于毽子有什么疑问? 当孩子提出"怎么才能让它在空中停留的时间更长"时, 一个由儿童亲自参与策划的好选题就出现了, 下一步他要做的就是调动一切手段提供科学的建议、以及新的可能的角度。

导演们总在说, 要通过节目教给孩子正确的思维方法。那么, 好的思维方法从哪里来? 谁来提供? 传统的策划体系只能提供成年人的那一半, 另一半必须来自儿童。

3. 儿童应当是节目的直接参与者

亚历山大·戈德在《传播的含义》一书中说, "参与是使一个人或数个人所独有的成为两个或更多的人所共有的过程"。在信息化时代, 参与电视媒体是少年儿童社会化的重要方式之一, 好的电视节目可以开阔儿童视野、激发他们的想象力和创造力。应该说, 成功吸引受众参与节目也是一档好节目的重要指标。

在儿童参与节目的过程中, 充分调动他们的主观能动性是最关键的。操纵孩子的行为举止, 无非是把孩子当做一个儿童版的扬声器, 很难得到好的效果。表现科学现象或原理, 就应该请儿童亲口表达他们的想法, 亲自动手去尝试。

编导们需要做的事情很多, 要真正尊重和了解儿童, 尊重他们的人格尊严, 把他们视为独立主体; 要真正从孩子的心理、角度和视觉去贴近他们, 了解不同年龄所处的不同处境以及由此形成的不同心理, 从中透视共同的需求点。只有真正做到这些, 才能真正贴近少年儿童的心灵, 贴近他们的现实生活。

儿童新闻节目篇

NEWS PROGRAMS

《新闻袋袋裤》制片人
洪 宇

概 述：儿童电视新闻的制作现状、传播理念、思考对策分别是什么？本文做了积极的探索，对同类节目有借鉴。

儿童电视新闻节目初探

　　《新闻袋袋裤》开播于2005年5月1日，日播15分钟，首播时间是周一到周六的18点45分，是一档以少年儿童的视角解读新闻，分析时事，提供全方位信息服务的儿童新闻栏目。演播室形态是由成年人主持和一两位小主持人以聊天方式说新闻。节目构成主要有三个板块：时事解读、身边新闻和服务资讯。三个板块实际上是三个角度，第一是"儿童说新闻"，从儿童的角度出发来解读重大新闻事件。第二是"说儿童新闻"，报道小记者自采、自编的新闻。第三是"为儿童服务"，报道与孩子们相关的生活资讯。

一、国内外儿童电视新闻节目现状分析

　　儿童电视新闻栏目并不是新事物。1972年，英国广播公司（BBC）开播针对9—15岁儿童收视的《新闻巡礼》，是世界上第一个儿童新闻节目。荷兰、美国、日本、德国等在20世纪也相继开播了儿童新闻节目。各国儿童电视新闻节目多针对8岁以上的少儿观众，如日本广播协会NHK综合电视台《儿童新闻周刊》面向8—14岁儿

童；美国有线电视网《CNN儿童新闻》针对初、高中学生；美国尼克频道的《尼克新闻》针对8—12岁儿童；德国电视二台《LDGD》新闻节目针对9—13岁儿童。

2001年9月，中央电视台青少中心在"以儿童为主体"的理念指导下，全新改版《大风车》，并推出《新闻袋袋裤》小栏目，让儿童主持人在演播室参与报道少儿新闻，每周播出一次，15分钟。2002年，《东方儿童》再开设少儿电视新闻板块《童童工作室》。2003年央视少儿频道开播后，《新闻袋袋裤》扩版成每天15分钟的独立栏目，进入频道播出，成为全国首个日播少儿新闻栏目。该栏目让儿童在成人的指导下完成解读新闻、了解时事、提供信息和服务的全过程。并通过"儿童写儿童"、"儿童拍儿童"、"儿童评儿童"，让孩子们以自己的视角发掘他们身边的新闻线索和感兴趣的话题，成为覆盖全国的少儿新闻节目。

中国教育电视台《少儿新闻》、福建少儿频道《大嘴巴谍报》、浙江少儿频道《小智情报站》、成都少儿频道《榕城小记者》、武汉少儿频道《武汉少儿新闻》、南京少儿频道《南京少儿新闻联播》等也相继开办并在本地区具有一定的影响力。

那么少儿观众需要新闻节目吗？他们需要怎样的电视新闻节目？

通常西方心理学家认为儿童心智发展分为三个阶段，3—7岁为感官期，儿童根据显而易见的感官刺激来认识产品价值；7—11岁为分析期，儿童对产品类别、售价、功能等有一定的认知能力，开始明白物质的社交意义；11—16岁为反省期，孩子对市场的产品类别、销售地点、推销策略有更深刻的认识，充分明白品牌的意义，明白物质的价值。由此可见，8岁以上的儿童才开始摆脱单纯的感官认知，能够理解和分析事物。新闻节目需要观众具有一定的理性和思考能力，中小学生恰好具备了一定的收看新闻节目的素质。从电视节目的媒介责任和社会认知功能看，我们有必要对孩子进行早期的媒介素养教育，使他们适时地了解世界、关心社会、培养沟通意识和交流能力。

目前国内的少儿新闻节目，既借鉴国外优秀节目，同时也在探索本土特色。儿童新闻节目基本的节目理念为：从少年儿童观察世界的视角出发，以少年儿童喜闻乐见的表现手段，传递少年儿童应知的国内外重大新闻、身边的新鲜事和具有科技含量、审美价值的服务资讯，达到满足少年儿童观众对信息的需要，同时实施媒体应担负的社会教育功能。儿童新闻节目的形式从串编到自采、从新闻专题到演播室谈话灵活丰富；表现手段从图像、照片、字幕、配音到动画一应俱全；主持人从成人与儿童主持人合作到儿童主持人独播。目前，全国的少儿电视新闻节目尚存在着数量少，质量参差不齐，主持人表现不尽如人意等现象，值得关注。

国外优秀少儿电视新闻节目具有很鲜明的特点。比如，同处儒家文化圈的日本的

《儿童新闻周刊》，选取生活中的家庭为主角，由家庭成员进行新闻播报，并对一周的大事、要事进行分析讨论，还会采用各种模型分析向儿童揭示一些灾难发生的原因。该节目曾获得12.3%和14.9%的高收视，居日本实用教养节目排名的前十位。该节目与英国、荷兰、美国等国家的优秀少儿新闻有着诸多共性，如注重知识性和趣味性相结合，形式活泼，语言生动等。但该节目的个性尤为突出。它采取家庭讨论的方式赋予重大新闻事件以人情味。以家庭成员围坐在一起讨论来宣传平等性。在报道新闻事件时把儿童当成成年人看待，是平等观强有力的体现。除了新闻事件的报道，节目中还有科学教育，即对灾难发生的原因进行精确和形象的解释；同时还有理性教育，即儿童和成年人一样对新闻事件进行事实和逻辑陈述；更有价值观、意志、人文与公民教育等。

中国的少年儿童需要怎样的电视新闻节目？《新闻袋袋裤》正是在上述的思考和探索中不断成长着。

二、儿童电视新闻节目的传播理念

1. 给孩子什么

这是个看似与"孩子需要什么"角度不同的问题，事实上当这两者有机融合时，儿童电视新闻节目就获得了双赢——赢得了小观众的心、实现了媒体责任。

(1) 对儿童思维的一种训练

知识性与趣味性兼具的新闻和信息是儿童新闻节目提供的内容主体，表达形式可以是讲故事甚至做游戏，其最终目的是提示、激发和培养儿童观众观察大千世界、关心他人和关怀社会的意愿。同时，潜移默化地培养儿童科学的世界观。根据孩子的认知和思维特点，袋袋裤对成人新闻进行解读，特别在新闻背景上下工夫。不仅因为背景中有知识、有故事、有情节和细节，还借此润物细无声地向儿童传达了一种认知世界的方式：新闻和历史、自己和他人、自然和社会都是有千丝万缕联系的。博古才能通今、知己才能知彼。

(2) 赋予儿童话语权，提升自我意识和社会意识

给儿童表达自己的机会、平台和渠道。比如，通过各种方式，从普通中小学生中选拔出少年儿童的代言人作为节目主持人；目前已有近60多位小主持人先后走进《新

闻袋袋裤》的演播室播报新闻；另外，选派中小学生记者参与新闻事件的采访，不但深入少年儿童自己的课堂、学校和家庭，还出现在国家重大新闻现场。比如，2007年，《新闻袋袋裤》的两名小记者李恺悦和季家希，以儿童的视角报道他们眼中的十七大。同时建立全国各地中小学生的联络和互动通道，不但及时沟通意见取得反馈，同时建立起一个信息、人才和反馈联动的机制。

参与十七大特别报道的小主持人们和杜悦姐姐

有了通达的平台和渠道，才能保证少年儿童发言的权力，进而培育有水平、有质量、有趣味的发言能力。

（3）以有意味的快乐的方式，满足小观众道德、情感、审美的需求

在《新闻袋袋裤》服务资讯的板块，我们除了用一些时尚趋势、创作和有趣的国内外活动给孩子们带来快乐和美感，更注重这些讯息的导向性。重点表现其思维创意、艺术创新和文化的气息，以此熏陶小观众的人文艺术素养。

（4）从小建立文化自觉意识，认同和传承中华优秀传统文化

袋袋裤在选择和编排新闻、资讯内容时特别注意政治导向和文化导向，警惕各种形式的消费主义倾向，坚定的倡导环保观念，宣扬奋斗和创造的精神。

2. 教化既是节目灵魂又是形式和手段

教化的基础就是知识。新闻就是知识的一种形式。当今的世界正处于人类历史上又一个重要的历史转变时期。科学和技术的飞速发展，以及经济全球化的推进，使得人类社会从以知识为基础的经济向以知识为基础的社会转化。在以知识为基础的社会里，知识不仅成为影响经济的主要因素，而且将广泛而深刻地影响着社会的各个方面，包括经济、政治、文化、教育、科技和军事等。可见，传递一种特殊知识的少儿电视新闻节目肩负着怎样重大的使命。

教化的前提是引导。尊重孩子，平等对待儿童观众的一个重要思想方法是要敢于

和善于引导。那些一味迎合儿童口味和水平的做法是不妥当的。

三、当前的思考和对策

对上述传播理念进行贯彻和实施，须树立榜样，紧贴现实，科学运作。目前"让儿童写儿童的故事，让儿童拍儿童的生活，让儿童评儿童的表现"的理念已经被越来越多的认可，它无疑是儿童电视新闻努力的方向。但关键是儿童写什么故事，拍怎样的生活，评什么表现？这些具体的运作需要专业者来参与设计，所以《新闻袋袋裤》的创作团队始终是儿童和成人编导共同组成。在袋袋裤的工作现场，聚集着60后，70后，80后，90后，如今00后的也来加入了。

在《新闻袋袋裤》的成长中，我们发现，少儿新闻最重要的是让儿童对所传播的内容感兴趣。像《时事解读》，它的选题遴选是非常重要的一环。它的选题不一定是最重大的，但一定是最有悬念和趣味的；解读不一定是最全面的，最有逻辑的，但一定是最有个性的和最符合儿童心理的。

1. 建立和培育人才库

栏目组要像一所大学，不仅制作节目产品，更重要的是培养制作优质节目的团队，聚集人才资源。当然，小记者、小主持人是培养的重点。小主播李寅通过在栏目组的锻炼，被保送到中国传媒大学，继续学习播音主持。唐瑭是学校电视台的一名小编辑，当初是来栏目组送自己拍的新闻片，却被选中担任了小主持人，通过努力完成了在镜头前从怯生生到从容自如的转变，虽然她的理想是学习金融专业，但是她自述，这段少年时代的人生经历将影响她的一生。还有田燕南、刘慈航、屠化、高文竹、郭好唯等无数有思想、有个性的孩子……

2. 形式创新采用动态思路

栏目策划理念和目标确定之后不宜频繁变动，否则会破坏观众的忠诚度和节目品牌的稳定性。但是要提高播出效果就必须常变常新。2008年6月，《新闻袋袋裤》推出周末版，打破了常规节目中板块与板块界线，将三个板块有机的糅合。这也是在串联方式上的首次改革，将15分钟节目变成一个整体，主持人也改变以往的播报方式，说新闻和聊新闻，轻松回顾一周的趣闻趣事。报道形式则由一个小主持人独自完成。

栏目组还策划了主持人介入式的社会活动,如:小记者进校园活动,这不仅是荧屏内外的交流,同时也是互动性强、兴味盎然的新闻现场。

3. 主持人的语言目标明晰、自然、有个性

儿童新闻节目主持人应采用生动形象、浅显易懂的语言。在讲述新鲜事物时,应提供较为详细的背景信息;此外要多用短语短句,采用主动语态等。

少儿电视新闻节目中的成人主持人要说目标明晰的成人语言,否则既不符合心智成熟、人生经验比较丰富的成人身份,又令小观众感到主持人"装嫩"做作。国外优秀的成人儿童节目主持人从来不会捏着嗓子装孩子腔,但是却能和孩子们"打成一片",个中原因值得我们分析。所谓明晰的目标至少有:

① 明确"这一条"新闻是儿童应知的,语气要肯定,要有强烈的吸引力,激发小观众的兴趣和好奇。

② 要有分享有价值新闻的态度,所谓分享就是主持人自己对这些新闻就很认同、很感兴趣,不能"小视"那些做给儿童看的新闻。

③ 在内容简洁、易懂、有趣的基础上,语气里的内在语要明确,不能听似流畅实则蜻蜓点水、缺乏重点,走马观花。要有把应知的信息通过声音运用"镌刻"进小朋友记忆中的本事。

总之,儿童新闻节目主持人要通过语言对节目产生较强的驾驭感。

小主持人通常没有经历专业训练,优点是可塑性强。"塑造"小主持人、小记者的主动权掌握在编导和成人主持人手中,注意不能拿自己的经验"强迫"他们遵守要求,要充分观察小记者、小主持人的习惯和个性,结合节目需要,引导他们发挥潜能,共同探索一种自然恰切的表达方式。

儿童电视新闻节目只要坚持正确的新闻传播规律,把握儿童接受新闻资讯的心理特性,发挥创新思维,就能为儿童的身心健康成长提供优质精神产品,也为我国的新闻传播事业作出新的贡献。

央视少儿频道
策划研发组
王 可

概 述: 将人际传播的"聚合"与"区隔"理论植入少儿电视领域。本文结合小记者"十七大"报道的成功经验,试图提出一种少儿电视新闻制作的新思路。

受众预期的满足与突破
——试论少儿电视新闻的创新思路

少儿电视新闻具有特定的报道对象和受众群,可以定义为"借助电视传播的视听符号,以少儿能够并乐于接受的表现形式,对少儿关心的变动的事实的及时报道"[1]。

国外许多媒体都有较为成功的少儿电视新闻栏目。而在我国,少儿电视新闻也在受到持续关注。本文提出少儿电视新闻节目中存在的共性问题,试图寻找解决问题的途径。

一、目前少儿电视新闻栏目面临的主要问题

1. 少年儿童参与度低

社科院新闻与传播研究所研究员卜卫曾提出儿童参与媒介的参与权阶梯。认为儿童对媒介的参与分为8个等级:

(1) 操纵;

(2) 装饰品;

---

[1] 邹鹏志:《少儿电视新闻初探》,《中国广播电视学刊》,2006年第5期,第66页。

(3) 象征性参与；

(4) 成人作出决定，但事先通知；

(5) 成人决定，但咨询儿童意见；

(6) 成人策划，但与儿童一起作决定；

(7) 儿童策划，儿童自己决定；

(8) 儿童策划，邀请成人一起讨论，然后作出决定。[1]

其中，前三个阶梯其实属于"非参与"。"从表面上看，儿童出现了，好像在参与着什么，其实，他们根本没有提出自己意见的可能，也不可能根据儿童的意见改变什么"[2]。从第四个阶梯开始，儿童参与度逐渐提高。而从国内少儿电视新闻栏目的现状来看，少儿电视新闻的前期策划和后期制作鲜有少年儿童的参与，很难看到少儿的创意和想法。

2. 少儿新闻成人化

由于少年儿童参与度有限，少儿新闻在语言使用等方面呈现出成人化倾向。如某电视台少儿频道《老豇豆新闻联播》的小板块《小豇豆新闻发布会》，六七岁的小主持人"小豇豆"常常做出夸张的表情和动作，俨然是一个小大人。而他有些语言也明显与其年龄不符[3]。

3. 说教色彩浓重

上海东方少儿频道开播后的一个收视调查显示，72%的孩子收看少儿频道是为了"寻找欢乐"[4]。而我国的少儿电视从传统上重视教育功能，成年人进行少儿节目策划和制作时，有意无意地向教育靠拢；成年人为少儿主持人书写的串联词，也常常让人感到说教色彩过重。

4. 内容单一

我国少儿电视新闻的内容多局限在少儿生活。选题范围狭窄，内容单一。少年儿童的学习与生活应该是少儿新闻的核心，但不应是全部。少儿新闻还应关注更为广阔的国际、国内新闻，为少年儿童的成长拓宽视野，培养他们关注时事的良好习惯和分析问题的能力。

二、解决问题的思路

为解决上述问题，笔者试图从受众心理预期的满足与突破这两个方面，提出一种

[1]卜卫：《媒介与儿童教育》，新世界出版社，第19页。
[2]卜卫：《媒介与儿童教育》，新世界出版社，第19页。
[3]叶思遐、黄孝俊：《少儿电视新闻的现状和对策》，《当代传播》，2006年第6期，第84页。
[4]张育敏、朱志宇、黄蕾：《十大少儿频道总监问诊少儿频道》，《视听界》，2005年第6期。

少儿电视新闻报道的新思路。

1. 理论框架：聚合和区隔理论

聚合 (convergence) 和区隔 (divergence) 是人际传播调节理论中的关键词。这一理论由霍华德·贾尔斯 (Howard Giles) 等学者构建，他们把交流者模仿对方行为的倾向，称为"聚合"；而把交流者夸大彼此之间差异的倾向，称为"区隔"。[1] 与聚合和区隔相关的一个概念是"心理预期" (anticipation)，它是指对某个事物预先的想法、讨论和期待。把这个概念和聚合、区隔结合起来，是因为，聚合事实上是对交流者心理预期的迎合，而区隔是对其心理预期的打破。

将这一理论推广至大众传播领域。"聚合"是指大众媒介迎合受众心理预期而进行的传播；"区隔"是指大众媒介打破受众心理预期的传播。

2. 少儿电视新闻报道与该理论的结合

用这一理论来看目前少儿电视新闻栏目存在的问题，均可归纳为聚合、区隔手法使用不当。

具体来看，儿童参与程度低、少儿新闻成人化、说教色彩浓重这三点没能充分使用聚合的手法，即没能在新闻中充分融入少年儿童的特点，没能很好地满足受众对少儿新闻的心理预期。

而区隔不当主要表现在选题范围较单一。目前少儿电视新闻更多地选取传统意义上少儿关注的话题，缺乏更为广阔的时事、国际信息，既难以满足少儿成长期广泛的信息需求，又无法突破受众对少儿电视新闻的不良刻板印象，最终无法达到少儿电视新闻传播的终极责任：培养少年儿童关心时事的习惯，建立对国家与社会的责任、审时度势的高远视野和胸怀。

与之对比，曾引起强烈反响的中央电视台少儿频道小记者"十七大"特别报道，则较为成功地运用了聚合和区隔手法。美国《侨报》、香港中评社、台湾东森新闻台等媒体对该报道中小记者的评价是："尽管童言童语，但是相当有模有样"。"童言童语"四个字，高度概括了报道中由"聚合"体现出的儿童特点；"有模有样则是使用区隔手法后，报道表现出的与其年龄的反差。而普通网友关注最多的，一是重大报道中儿童特点，如青少年网友认为报道"说出了我们的心声"；二是少年儿童在重大选题面前表现出的与其年龄具有反差的特点，如网友感慨"这么小的孩子就参与国家大事"。前者是在重大事件的非少儿因素中融入儿童特点，使其向少儿新闻"聚合"；后者是指

---

[1] 斯蒂芬·李特约翰：《人类传播理论》史安斌译，清华大学出版社，第115页。

小记者出镜采访时, 人物、选题的重要性等诸多方面, 以"区隔"的手法打破了部分受众为少儿电视贴上"小儿科"标签的刻板印象。由此可见, 最能引起受众兴趣和关注的, 正是满足和突破受众心理预期的两方面内容。

3. 少儿电视新闻中聚合与区隔的使用

根据以上分析, 笔者提出少儿电视新闻的思路, 即, 从聚合和区隔两个方面满足和突破受众预期:一方面, 对于非少儿因素, 应加以聚合, 使其满足受众对于少年儿童的定位, 这样才不会脱离少儿节目的本质。在"聚合"的基础上, 强化受众对于少儿频道专业性的定位, 有助于少儿电视新闻栏目和少儿频道的品牌建构;另一方面, 具有明显"少儿"特点的因素, 应适度加以区隔, 用以突破受众对少儿新闻的局限性心理预期, 在加深印象的同时, 引导受众对少儿电视新闻建构新的、更为积极的认知。

(1) 内容选取与表现形式

内容选取和表现形式是电视新闻最重要的两方面因素, 决定了新闻的事实、角度、受众群和形态等多个方面。

①内容选取可从宏观和微观连个不同层面, 分别使用聚合和区隔手法:首先, 可在选题的宏观层面使用区隔手法, 触碰与少年儿童看似关系不大的重大选题。选题不再局限于传统意义上少儿关注的话题, 如环保、体育等, 而是广泛涉及与国计民生相关的方针政策, 由此从选题上突破了受众的预期。

这一点, 国外的儿童新闻报道组织CE (Children's Express) 提供了良好借鉴。CE的运营模式类似于一个小通讯社, 它完全由儿童进行管理, 包括确立新闻选题、组织采访、写稿以及编辑, 然后由大众媒体来播发他们的新闻。他们的口号是"由儿童为所有人制作" (by children for everybody), 而不局限于"由儿童为儿童制作" (by children for children)。CE的新闻涉猎广泛, 其中不乏国际时事等重大选题, "CE的新闻报道不仅是为儿童的, 更是为成人的。它的目的不仅让儿童了解自己的生活, 也要让成人或全社会听到儿童的声音, 通过大众媒体而不是儿童媒体让儿童的声音进入主流社会和决策层"[1]。

其次, 在选题的微观层面, 如报道角度选取等层面, 使用聚合手法。由于从宏观层面来看, 选题具有明显的"非少儿"因素, 因此报道用聚合的手法, 把这些因素纳入少儿电视新闻的范畴。

以央视少儿频道小记者"十七大"特别报道为例, 其总体理念"用孩子的眼睛观察盛会;用孩子的视角报道盛会;用孩子的关注解读盛会"即为聚合手法的集中体现。

---

[1] 卜卫:《媒介与儿童教育》, 新世纪出版社2002年版, 第40—41页。

如从宏观角度看，小记者关注"青少年教育"这一重大选题，使用了区隔方法；但微观层面，报道着意选取课业负担、学习压力等孩子们能够切身感受到的角度，甚至只使用"书包的重量"这个可见可感的点，拉近重大选题与少年儿童的距离。

小记者专访杨利伟代表

再如小记者对杨利伟的访谈选择了独特的角度，就孩子们关心、易于理解的太空服、太空食品等话题访问杨利伟。选题的宏观层面用区隔的手法让杨利伟和他的事业走进了孩子的生活；而微观层面又用聚合的手法让这一话题真正具有了少儿的特征。

②表现形式则可在同一层面的不同方面，分别使用了聚合和区隔手法。新闻事实本身具有天然的"非少儿"特征，少儿电视新闻可采取多种聚合的表现形式，以满足受众对少儿新闻的预期。

第一，故事化。这种报道方式更符合孩子"听故事"的收受特点。少儿电视工作者可通过讲述孩子的故事，或是孩子身边的故事，来报道新闻事实。这种形式突出了少年儿童的主体性——用孩子的眼睛观察，同时也用少儿最易接受的方式阐述新闻事实；

第二，知识化。在报道的同时普及知识，这是少儿电视新闻与成年人电视新闻的显著区别之一，也是符合少年儿童成长规律和收视习惯的传播方式。比如央视小记者"十七大"报道中，一方面专辟知识性板块"党史知识"；另一方面，在小记者现场采访和报道过程中，也特别注意知识的普及，如小记者以设问的方式提出"这次大会共有多少位代表"、"人民大会堂里有多少座位"等。这一方法有效地拉近了重大选题与少年儿童的关系，也体现了少儿频道的专业性特点；

第三，语言符合儿童特点。一方面，小记者的语言可做具象化处理，如让孩子说"课业负担问题"，就不如小记者用"小书包的重量"来得生动、具体；另一方面，小记者报道语言现场化，用"我发现"、"我看到"、"我感到"等第一人称语言进行报道，符合少年儿童的叙述方式。

再来看区隔的部分。目前少儿电视新闻多采用少年儿童出镜采访报道这一形式来体现"少儿"特点，这一做法是为满足受众预期，实际上是"聚合"手法的一种。然而，从这一"传统"做法中，还可以派生出突破受众预期，让人耳目一新的区隔方法。

第一，小记者出镜，可突出他们与现场环境的反差。2007年10月16日的《小记者报道》，专门介绍了小记者采访的特殊性，采访现场环境中矮小的小记者穿梭在大记者中间，与他们形成强烈反差，给观众留下了深刻的印象。

第二，小记者虽然稚嫩但提问非常专业，显得训练有素，和大记者不相上下。在受众的预期中，少儿电视新闻往往采用（甚至是特意采用）活泼轻松的方式采访、播报，使其符合少年儿童特点。但如若在报道中能反映出小记者提问、采访时异于受众预期的严肃、镇定，以及一种发自内心的对国家大事的关切，这些都会使观众在意外的同时，加深印象、受到感染，从而引导受众修正对少儿新闻的偏见。

第三，在受众预期中，少儿电视节目常采用轻松活泼的表现形式，严肃的形式似乎是成年人报道重大新闻的"专利"。孩子们使用目前报道重大新闻事件最普遍的"主演播室+现场连线"形式，而主持人和外景记者都是孩子，他们的童言童语与这种严肃的形式产生了反差，进一步打破预期，让人耳目一新。

(2) 特别报道与常规节目

2007年央视少儿频道的小记者"十七大"特别报道不仅是党的新闻史的一次创举，也是少儿电视新闻的一次勇敢尝试。其播出后的热烈反响提醒我们，重大新闻事件完全可以做出优秀的少儿电视新闻节目。少儿电视新闻栏目也可为能预期的重大新闻事件进行特别策划。2007年10月24日晚，《新闻袋袋裤》栏目播出了"嫦娥奔月"的特别报道。这是该栏目小记者"十七大"特别报道后，对重大新闻事件的又一次特别策划。报道中同样派出了栏目的小记者来到新闻现场，进行采访和报道，具有很强的现场感和对象性，报道质量高、效果好。

与此类似，少儿新闻栏目也可对选题重大的突发新闻事件进行特别报道。如2008年5月12日汶川大地震后，中央电视台少儿频道从新闻栏目《新闻袋袋裤》到其他栏目，都立即展现出了对此事，尤其是对震区少年儿童的关注。

值得注意的是，重大新闻事件和突发新闻事件的内容往往具有较明显的"非少儿"特点，因此在内容选择和表现形式两个方面，应整合使用聚合和区隔手法，以便达到满足和突破受众预期的双重目的，加强传播效果。

少儿电视新闻栏目的常规节目也应借鉴这些报道经验，在内容选取和表现形式两个方面寻找"满足预期"和"突破预期"的动态平衡。这样不仅能提高少儿电视新闻节目的可看性，提高收视率、扩大影响力；而且能够通过对受众心理预期的满足与突破，不断强化和修正受众对于少儿新闻栏目的看法。在打造品牌栏目的同时，全面提升少儿新闻节目的影响力，最终实现少儿新闻的终极传播责任。而这种强化和修正，也可由少儿电视新闻栏目拓展至整个少儿频道，有利于引导受众对少儿频道建构更为积极的认知。

《新闻袋袋裤》记者
严子仙

概　述：本文感性地概括了儿童新闻节目的内容定义，对同类节目有借鉴作用。

在孩子和世界之间架一座桥

《新闻袋袋裤》是国内为数不多的少儿新闻栏目。从开办至今，关于少儿到底该看什么样的新闻，少儿需要什么样的新闻，少儿喜欢看什么样的新闻的争论一直存在。

一、少儿新闻——"你想知道的"和"你应该知道的"

在成人世界里，人们会通过各种渠道获取希望知道的信息。但对于孩子们来说，他们挑选信息和挑选游戏一样，兴趣是第一位的。然而，有一些信息孩子们需要知道，却不一定感兴趣。《新闻袋袋裤》节目的第一部分——时事解读，就承担了这个责任。

孩子们通过时事解读，可以了解到不同方面的知识。有些是他们一直都感兴趣的；有些是他们在知道后可以互相讨论的；还有一些完全可以当做一道题，向自己的朋友提问后再亲自作出完整的回答。

栏目组曾经做过这样的调查，小学高年级到初中的孩子们希望知道哪些新闻？让大家颇感意外的是，孩子们对世界经济、战争甚至是选举这样的政治事件感到好奇。

　　《新闻袋袋裤》开播后即遇到六国峰会的报道。当时，栏目组有些犹豫：这类重要政治事件要不要为孩子们解读？该怎样给孩子们解读？在节目中，我们避开敏感的政治话题，从峰会的背景知识切入，给孩子们讲解知识性的内容。如为什么要开六国峰会？六国峰会是在哪一年开始举行的？在峰会上大家要解决什么样的问题？这些问题虽然都是新闻背景，但是对孩子们了解峰会起到了关键作用。

　　此后遇到类似选题，我们更加注意成人新闻难以看到的细节。比如，在解读亚太经合组织（ＡＰＥＣ）会议时，除了简单介绍会议的背景，我们把兴趣点放在主办方为各国元首准备的特色服装上。这样，不仅让孩子们了解事件本身，又让他们感到这样的新闻里还包含有趣的细节。在报道每年的全国政协和全国人大的"两会"时，栏目组十分注意从众多新闻事件中遴选与孩子相关的信息，如减负、升学、教育体制改革等。把这些与孩子相关的议题报道给孩子们，让他们了解到，政府的工作中有很多是与他们相关的。这样，孩子们既了解了国家大事，又增加了归属感和责任感。

　　对于少年儿童来说，以上这些政治性选题，处理不好会很枯燥。我们就换个角度

《新闻袋袋裤》演播现场

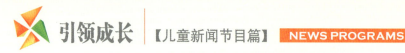

报道，换个方式解读，使孩子们不仅易于接受而且乐于接受。

一般来说，孩子们最感兴趣的选题有以下几类：

(1) 科学探秘 (比如UFO，神奇的自然现象，传说中的不明生物，人类起源等)。

(2) 考古发现 (比如玛雅文明，埃及金字塔，出土墓葬等)。

(3) 动物 (比如猛犸象，恐龙，濒临灭绝的各种动物，新发现的物种等)。

(4) 体育赛事 (比如奥运会，NBA，极限运动等)。

(5) 人物 (比如莎士比亚，爱因斯坦，徐悲鸿，祖宾·梅塔等)。

这些选题都符合孩子们充满好奇的特性，而且都满足他们的兴趣。他们往往会因为某一条新闻而开始关心一段历史、一种动物、一个历史人物。而从收视率来说，这些选题都具有极高的拉动收视效果。

由此可见，在少儿新闻里，"你想知道的"和"你应该知道"的，是两个不可或缺的部分。

二、身边新闻——嘿，这全是你身边的事情，但它不一定出现在你的生活里

"身边新闻"这几个字看起来很好懂，就是发生在孩子身边的新闻。但是，孩子们身边的新闻，难道就局限在小小的校园里吗？

其实，除了学校发生的事情，"身边新闻"的视野应该放眼天下，让孩子们了解更多天下事、国际事。为此，许多其他媒体，诸如报纸、网站，都是袋袋裤选取新闻的地方。

编排这一部分新闻时，栏目遵循先国内、后国外的原则。但是，在口播导语中，打破完整呈现"5W"的方式。甚至在播报这些新闻时，更多地把它当成故事，而不是枯燥地播报一条新闻消息。例如，在报道德国仿生技术制造的机器企鹅时，按照惯例，应该把时间、地点、事件等内容交代清楚，但是考虑到要引起孩子们兴趣，节目改变了原有说法：

(原文)

导语：如今，仿生技术在机器人领域的应用越来越广泛，最近，德国一家公司在"汉诺威工业展"上展出了两款利用仿生技术研制的机器企鹅。一款能在水里游，一款能在天上飞。

正文：几只企鹅正在池中尽情嬉戏。仔细看看你就会发现，它们并不是真的企鹅，而是德国费斯托公司最新推出的"水下企鹅"。而这个则是它们的"兄弟"——

能在天上飞的"空中企鹅"……

（改动后）

导语：一提到企鹅，大家一定会想到它摇摇摆摆可爱的样子。不过，如果说企鹅能在天上飞你能相信吗？不信，我们就去德国看个究竟吧！

正文：瞧瞧，这就是能在天上飞的"空中企鹅"。而这几只正在池中尽情嬉戏的企鹅是它们的兄弟。……你看出来了吗，它们并不是真的企鹅，而是德国费斯托公司最新推出的仿生企鹅……

改动前后的文稿，在内容上没有变化，但对于孩子们来说，他们需要的不是高深的语言技巧，而是通俗易懂的语言描述。同样的新闻，不同的表达方式，说出来的效果大相径庭。一个是平铺直叙，一个是引人入胜。《新闻袋袋裤》虽然是一档新闻栏目，但其语言却要符合孩子们的身心特点。因此，节目放弃了新闻写作要求的严肃性，更多使用活泼的、形象化的语言表达方式，让孩子们对于即将出现的新闻充满期待。

国外新闻部分，节目在编排时着意考虑各条新闻之间的关联性，让孩子们看新闻时产生联想式思维。世界各地稀奇古怪的比赛，引人发笑的动物趣闻，还有最新的科技博览等，它们都有助于打开孩子们的视野。很多孩子反映，每天两点一线的生活很单调，他们对校园以外的世界充满好奇。打开电视看到其他地方同龄人的生活，也会让他们感知世界的缤纷色彩。"身边新闻"更像是一座桥，把孩子们和外面的世界连接。

三、前沿资讯——"对不起，这个东西目前还没有上市"

很多孩子和父母看完《新闻袋袋裤》的资讯部分后，会打来电话询问某种产品的价格或者出售地，而编辑们经常会非常抱歉地说："对不起，这个东西目前还没有上市。"因为这一板块的目的，是把世界最先进、最前沿的东西介绍给孩子们。

现代社会日新月异，在这样高速变化的时代里，孩子们对新鲜事物的掌握也是前所未有的，他们所知道的新玩意儿时时在变。那么，要想抓住他们的眼球就不能太过"大众"。开始，栏目组把目标锁定在学习用品上，可是事实证明，这些东西并没有太多新意。现在，从搜索引擎到电子地图，从智能机器人到太阳能博物馆，这里面涵盖了目前世界上最炫最酷的科技。袋袋裤为孩子提供的服务不仅是眼前的，还有未来的。

从整个栏目看，这个板块的节奏最快，体现了资讯的快捷性。其中汇集了产品介绍、演出资讯、电影资讯、旅游信息、生活提示、展览信息还有好书推荐。它并非包罗万象，

《新闻袋袋裤》小主持人

但却给孩子们提供了一个参考的平台。在这个板块里，最受孩子们欢迎的是"好书推荐"。有些孩子会因为推荐而结识一本好书，也会因为在此遇见了自己读过的书而兴奋不已。

四、"不像新闻"的新闻

《新闻袋袋裤》编排的新闻，在很大程度上剥去了新闻原有的外壳，让它们成为了"不像新闻的新闻"。少儿新闻，应该有自己的特点。它不是成人新闻的照搬，但是也没有游离于新闻的本质，它是趣味化的新闻，是以孩子们需要为出发点的新闻。在孩子们的世界里，新闻没有严格的"5W"——Who（谁）；Says What（说了什么）；In Which Channal（通过什么渠道）；To Whom（向谁说）；With What Effect （有什么效果）。没有固定的形式，没有深奥的含义。广义地说，孩子们眼中所观察到的一切，都可以叫做"新闻"。

概　述：儿童的特殊媒介需求，决定了新闻在少儿电视节目中的多元化使用。本文对此进行探讨，试图呈现"立体新闻"的可能性。

央视少儿频道
策划研发组
王　可

满足儿童**多元媒介需求**
——试论新闻在少儿电视节目中的延伸使用

　　美国传播学者施拉姆在对北美地区5991个学生、1958个家长和几百名教师进行实验研究后，指出儿童的电视需要主要有三类：一是娱乐需要。他认为，儿童看电视或因娱乐而感到兴奋，或通过娱乐发泄情感、排遣烦闷和回避现实生活中的问题。二是信息寻求需要。大多数儿童认为他们从电视学到了知识，电视可以使儿童满足认识生活和积累生活经验的需要。三是社会交往需要。儿童可从电视中寻找共同话题，因此常将电视看做社交工具。[1]

　　正是上述媒介需求的特殊性，决定了少儿电视节目的特殊性。本文笔者依据上述媒介需求，按照新闻在少儿电视节目中所居的不同位置，探讨新闻在少儿电视节目中延伸使用的可能性。

[1]卜卫：《儿童与大众媒介》，http://www.cycnet.com/sunyunxiao/e_edu/e_e_parteac/e_e_parteac09/008_02.htm。

一、作为事实的新闻："特殊性"延伸

"作为事实的新闻"即为新闻在少儿电视节目中最普遍的使用——少儿电视新闻。少儿电视新闻可定义为"借助电视传播的视听符号，以少儿能够并乐于接受的表现形式，对少儿关心的变动的事实的及时报道"[1]。

在我国，少儿电视新闻越来越受到重视。如中央电视台在2001年全新改版的《大风车》栏目中推出了《新闻袋袋裤》儿童新闻小栏目；2002年《东方儿童》栏目中再开设少儿电视新闻板块《童童工作室》；2005年5月1日，《新闻袋袋裤》扩版进入少儿频道播出，成为全国首个日播少儿新闻栏目[2]；南京电视台少儿频道2004年推出《南京少儿新闻联播》；武汉电视台少儿频道2005年开办《武汉少儿新闻》等。

值得注意的是，虽然少儿电视新闻也是对新闻事实进行的报道，但它并不是新闻的简单儿童化。目前，少儿电视新闻栏目所面临的特殊挑战主要有：其一，特殊的受众，以及由此带来的特殊需求；其二，多从其他新闻中选取适合儿童收受的内容进行编辑，因此，从业人员很多时候面对新闻报道，而非新闻事实本身。因此若要满足儿童的需求，就遇到了更大的挑战。

1. 作为事实的新闻在少儿电视节目中的延伸，首先应表现在新闻价值的特殊性上

根据童兵的定义，新闻价值是指新闻事实满足社会需求的特殊要素的总和[3]。新闻价值要素被集中概括为：

第一，时新性。既指时间上的新近，也指受众事先对新闻事实的感知度。

第二，重要性。指新闻事实同受众的利害关系。

第三，显著性。新闻事实的显著度。

第四，接近性。新闻事实与受众在地理上、心理上的接近程度。

第五，趣味性。新闻事实调动受众共同兴趣、引起注意的有趣程度[4]。

具有普适意义的新闻价值要素，在少儿电视节目中应被延伸为少儿电视新闻的价值要素。具体来看：

［1］邹鹏志：《少儿电视新闻初探》，《中国广播电视学刊》，2006年第5期，第66页。
［2］赵化勇主编：《中央电视台发展史（1998—2008）》，中国广播电视出版社2008年版，第184页。
［3］童兵：《理论新闻传播学导论》，中国人民大学出版社2000年版，第51页。
［4］童兵：《理论新闻传播学导论》，中国人民大学出版社2000年版，第51-52页。

新闻价值要素	应否延伸使用	延伸后价值要素	满足媒介需求
时新性1 时间的新近程度	否		
时新性2 受众事先感知度	是	儿童对新闻事实的感知度	信息寻求需要
重要性	是	新闻事实与儿童的利害关系	娱乐需要 信息寻求需要 社会交往需要
显著性	是	新闻涉及的人物、地点、事件等 因素对儿童是否有知名度	信息寻求需要 社会交往需要
接近性1 地理接近性	否		
接近性2 心理接近性	是	儿童对新闻事实是否有求知欲 和好奇心理	信息寻求需要
趣味性	是	新闻事实能否引起儿童的共同 兴趣从而引起注意	娱乐需要

2. 作为事实的新闻在少儿电视节目中的延伸，还应表现在新闻角度选择的特殊性上

新闻价值要素的延伸，主要聚焦于新闻事实层面的选择。若想新闻信息被儿童所选，还应在新闻角度层面进行有针对性的选择。根据特殊受众需求或新闻价值要素，为同一新闻事实选择不同角度进行报道，对少儿新闻显得格外重要。

比如，孩子喜爱动物，从新闻价值要素的"趣味性"出发，可常报道有关动物的新闻事件。江西电视台少儿新闻工作者肖芳芳曾记录过一次经历：她遇到一条澳大利亚发明了能模仿海豚叫声的发声器。原稿中有许多晦涩难懂的科技词汇，正当她担心如何讲清楚时，一名小主持人发挥表演特长，绘声绘色地模仿海豚的叫声，并以此为由头介绍了本条新闻，没用到任何科技词汇。小主持人说，有了能模仿海豚叫声的发声器，小朋友就可以和海豚说话，跟它们做好朋友了。至于发声器是根据什么科学原理制造出来的，他们并不关心[1]。

---

[1] 肖芳芳：《少儿新闻类节目的打造》，《声屏世界》，2008年第9期，第48页。

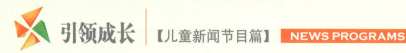
这个案例生动地说明，同一新闻事实的报道可做出多种新闻角度的选择，而孩子们的兴奋点与成人是多么不同。因此，少儿电视节目中新闻角度的选择也应依据儿童媒介需求进行延伸，从新闻事实中挖掘出儿童应知、欲知而未知的角度，确保儿童的收受与满足。

二、作为对象的新闻："纵深性"延伸

上文中的"延伸"可解释为一种特殊化处理。笔者认为，新闻还可延伸使用为"对象"，即新闻不应单纯停留在信息层面，而应向纵深发展为儿童解读、分析、评论的目标物。

当前少儿电视新闻，多以消息和简讯的文体，向儿童受众传播新闻信息，而对观点的传播略显不足。但笔者认为，少儿电视节目中对新闻事件的解读、分析、评论，对满足儿童受众的媒介需求起到关键作用。这是因为：

1. 旗帜鲜明地表明儿童的立场和视角

新闻报道因其客观性要求，立场、视角只能通过新闻选择、叙事手法等隐藏式地表现，正所谓"用事实说话"的艺术。而新闻解读、分析或评论，则是儿童表达观点最有效、最直接的体裁。从收受行为来看，儿童收受的观点同样也是一种信息，主要可以满足他们的信息寻求需要，获得认识生活、积累生活的经验；同时，观点性信息也可成为儿童日常交往的谈论话题，从而满足他们社会交往的媒介需要。如2009年6月8日央视少儿频道《新闻袋袋裤》的头条——关于英国牛津郡麦田怪圈的组合报道。小主

持人在串联中用"美观"、"希望早点找出形成原因的答案"等语言表达对该条新闻的看法,生动鲜明地表明儿童的立场和观点。

2. 引导儿童作出判断

儿童对新闻进行解读、分析和评论,既为儿童参与媒介提供了机会,又是一种基于实践的媒介素养教育。

解读、分析和评论,是对新闻事件、事物进行事实判断或价值判断,进而形成观点的过程。笔者认为,让儿童从新闻的信息性使用延伸到观点性使用,有利于儿童进行社会学习,即儿童通过学习适应社会环境。此外,这种通过媒介直接表达自身观点的体验,也有助于孩子们形成媒介使用、新闻选择性收受、对新闻进行判断等观念。这些都可满足儿童更深层次的信息需要:比如,如何看待事件、如何看待社会等,而不仅局限于事件"是什么"这个层次。形成观点和判断,也是培养公民意识,建设公民社会的重要一环。如2009年6月10日的《新闻袋袋裤》,报道了《海豹适应环境能力超出预期》的新闻。小主持人首先评论其为"好消息",然后呼吁小朋友们保护环境,引导小观众对本条新闻做出判断的同时,不忘用发展的眼光看到肩上的责任。

但是,新闻信息传播向新闻观点的传播延伸,也要关注儿童受众的特殊性。电视新闻评论节目形式多样,根据儿童受众持续注意力有限的特点,适合少儿电视节目的,是小主持人串联中,类似于"编者按"、"编后"的新闻解读、分析和评论。这种手法优点有:其一,短小精悍,符合儿童注意力特点;其二,就事论事,论题比较集中,而且依托其前后的新闻事件,比较形象,易于儿童理解;其三,主持人串联的语言和形式较为灵活、活泼,容易引起儿童的收受兴趣。

三、作为由头的新闻:"交叉性"延伸

学者孙宝国曾提出,电视节目由"内容为王"的时代,已经转入"元素为王"的时代:"不同电视新闻节目形态的元素相互交叉,互为文本,这又成为当代电视新闻节目形态发展和演变的一个重要特征和潮流。"[1]

笔者认为,在少儿电视节目中,新闻可以作为由头,以"元素"的身份向其他形态

---

[1] 孙宝国:《电视新闻节目形态定义与元素简论》,http://media.people.com.cn/GB/22114/50421/120879/7146641.html。

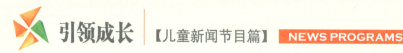

的少儿电视节目延伸。[1]

这种方法在国外少儿电视节目中已经得到了较为成功的运用,以下列举两个案例说明:

例一:2008年慕尼黑青少年电视节中,德国制作的《九个半:水》被评为优秀节目。节目以报道"世界水周"的成人新闻节目开始,转为向儿童讲述水资源保护的科普节目。在这个节目中,新闻"本周是'世界水周',各国专家正汇集在斯德哥尔摩讨论合理利用水资源的问题"成为由头。节目由此展开,以很快的节奏转为少儿科普节目,并以真人与动画结合的形式,人物化、故事化的手法,向孩子们讲述保护水资源的重要性和方法。

加入这个新闻由头有什么意义呢? 第一,新闻由头赋予科普节目以时效性,更易让孩子们感到保护水资源的紧迫感与重要性,这以隐含的方式加大了节目的信息量;第二,新闻的加入,使孩子们获取的信息与成人世界勾连起来,与成人保持同步,关注国际国内大事,在满足儿童信息寻求需要的同时,也有利于孩子获得社会认同感,建构社会角色。

例二:日本广播协会NHK综合电视台1994年起开办《儿童新闻周刊》节目,该节目主要包括三方面内容:一是一周社会要闻,主要报道与孩子的生活密切相关的新闻;二是新闻要点,主要报道一周之内发生的国内外大事;三是本周难点特别节目,使用模型、道具等向孩子们讲解本周的要闻和难懂的词句。

[1]需要厘清的是,此类延伸后的节目已不再是少儿电视新闻形态;但本文的范式是,以新闻在少儿电视节目中所居不同位置进行分类探讨。

其中讲解难懂词句的部分，是新闻作为由头向其他类型少儿电视节目延伸的另一种尝试。处于信息爆炸时代的孩子们，媒介是他们学习语言的重要渠道。通常来讲，新闻语言具有规范、准确、传播效率高等特点。《儿童新闻周刊》的这个部分，是把新闻作为由头，提高儿童的语言认知与运用能力。从而，新闻的"触角"延伸到了儿童认知节目的领域。这样做的好处，一是提高孩子们对新闻语言的认知，满足他们信息寻求的需要；二是把新闻作为讲解内容，对象性好，常做常新，久而久之能为儿童提供庞大的词汇资源，帮助他们更轻松地认识世界、进行社会交往。

不同节目形态的交叉与互文，已成为当下电视节目形态创新的趋势之一。从以上两个例子可以看出，把新闻作为由头，向科普节目、认知节目等延伸，可以更大程度地满足儿童的媒介需求。

NHK儿童新闻周刊

本文试图从三个不同的维度探讨新闻在少儿电视节目的延伸使用：少儿受众具有特殊性，作为事实的新闻在新闻价值元素和新闻角度选择上应予"特殊性"延伸；少儿不但有收受信息的需求，也有收受观点的需求，新闻可"纵深"延伸为儿童解读、分析、评论的对象；新闻还可与其他类型相"交叉"，以新闻为由头，延伸出其他形式和内容的少儿节目。这样，新闻不再是孤立存在的，而是向内、向深、向外延伸开来，从而更好地满足儿童受众的多元化媒介需求。

《新闻袋袋裤》记者
富晓峰

概　述：本文也许理论高度不够，但是从实践中来，很具实用性，对同行有启发。

少儿新闻的选题采集及制作手法

　　"播报新闻是电视新闻的基本功能。但由于受众的特殊性，少儿电视新闻的内容和播报方式都有自己特殊的要求"[1]。作为《新闻袋袋裤》的记者，常要独立完成搜集选题、拍摄、后期编辑、写稿等工作，下面结合实践谈一些经验。

一、新闻内容的选择

　　"孩子们的新闻"，包括两方面的含义：其一，它必须具有新闻性，即少儿新闻必须关注孩子们感兴趣的"新近发生的事实"；其二，它所传播的新闻还必须符合孩子们的心理诉求，即必须以孩子的眼光判断哪些是新闻。因此，新闻选择必须立足于少年儿童这个特殊群体，提供与他们年龄段相适应的、与他们成长经历相关联的

---

[1] 邹鹏志：《少儿电视新闻的作用》，http://www.cnhubei.com/200608/ca1168160.htm。

新闻资讯，满足儿童对外部世界好奇、求知的心理需求。

（1）新闻素材的主体性。少儿节目要以少儿为主体，新闻也不例外。要通过新闻人物、新闻事件，让新闻反映少儿的声音、感受和观点。如奥运会期间，栏目推出儿童参与奥运会专题报道。我和同事选择了志愿者这一选题。新闻由两位来自香港的孩子切入，报道他们与

《新闻袋袋裤》的小记者们

北京志愿者一起完成志愿服务的故事。志愿服务不仅是少儿应该了解的公民知识，也是孩子们成长中非常重要的经历。以少儿为切入点宣传志愿服务，以志愿服务来彰显少儿主体，相得益彰。而且这个与孩子成长历程密切相关的新闻内容，颇具贴近性，是少儿受众乐于了解的。

（2）新闻素材的趣味性。上海市的一项调查显示：少年儿童看电视的需求排序是：娱乐、获取信息、学习知识，其中娱乐需求所占比例最大，为76.8%[1]。因此，少儿新闻的内容选择应注重知识性与趣味性的结合。我在拍摄2008年全国学生定向越野锦标赛时，遇到了向小观众解释"定向赛和它的赛事规则"等枯燥的难题。如何把赛事做成有趣的、适于少儿接受的新闻呢？我选择了把新闻事件故事化的手法。先对一组队员进行跟踪采访，通过她们在一起互助合作、共同面对困难的具有故事性的内容向小观众报道定向赛，使新闻更易理解、更具感染力。

（3）新闻背景的知识性。少儿新闻的受众为6—18岁的少年儿童，依照这一年龄段孩子的知识储备和理解能力，少儿新闻报道中应注意增加新闻背景、尤其是知识性背景的介绍，以帮助孩子理解这条新闻的背景及意义，并用孩子能理解的简单语言解说新闻内容。如报道国家大事、全国性的少先队活动以及自然科学知识和人文知识

---

[1]《上海未成年人媒体需求调查》，上海团市委、市少工委、上海社会科学院青少年研究所，"中国青少年社会教育论坛——2004·媒体与未成年人发展"。

时，要适当加入背景介绍、历史典故、现代科技知识等资料图片。报道信息量的增加，使孩子们不仅了解到"发生了什么"，还知道怎样发生的。同时也能帮助少年儿童提高思考问题和分析问题的能力。

二、少儿新闻拍摄经验

电视新闻同步记录和报道现实生活。由于少儿观众求知、探索和好奇的心理，少儿电视新闻应具备现场感强、信息量大等特点。要实现这一点，我体会有几个注重：

左：少儿频道小记者在十七大会场前做报道。右：小记者采访奥运冠军王楠。

(1) 注重与拍摄对象沟通，调动孩子们的参与热情，重视采集孩子的声音。孩子们对新闻事件都有自己的看法，而这种看法是最真实、最具感染的。所以在拍摄前，记者应和孩子们充分沟通，彼此产生信任感，才能获取最真实的新闻素材。我曾到打工子弟学校拍摄，拍摄前我和孩子们进行了长时间的交流，就是聊天、做游戏，目的在于消除陌生感，拉近距离。交流的效果非常明显，孩子们面对镜头不再呆板，而是放松地谈论他们身边的热点难点问题、成长过程中的欢乐与苦闷。

(2) 注重画面的信息量和内涵。比如报道地震灾区学校参加快乐体育的新闻，我不仅拍摄了孩子们参加体育活动的画面，还通过镜头反映出灾后学校重建的情况和孩子们的学习环境，让观众们感受到当地孩子热情、坚强的生活态度。以饱含信息量和富有内涵的画面，增加了新闻的说服力。

(3) 注重同期声。 在记录图像信号的同时记录下的声音信号即为同期声。它的特点是声画结合紧密,声音空间真实。在新闻报道中,典型的同期声是新闻事实的重要构成成分,可以增强新闻的现场感和真实感,清楚地展现人物的个性特征。我在拍摄全国"六一"国际儿童节计算机表演赛活动中,借助同期声表现孩子自己制作的各种音乐。这条新闻不需太多解说词,同期声即可表达比赛的信息和趣味性。

(4) 注意拍摄角度。 儿童新闻以儿童为主体,反映的多为儿童的生活。成人在拍摄少儿新闻的时候,应蹲下来以孩子的视角拍摄,给儿童平等和自然的感觉,不能养成俯拍的习惯,给孩子居高临下的压迫感。

(5) 注重启用小记者现场报道。 少儿新闻使用出镜小记者,让他们用自己的视角来解读新闻,无疑会提升新闻的贴近性,增加小观众对少儿新闻的亲切感。

(6) 注重抓拍。 典型瞬间是在事件发生过程中,最能反映事件本质的那一刻。我曾拍摄某基金会向希望小学捐赠图书的新闻。我特别注意抓拍孩子们得到图书时喜悦的表情特写,和翻看图书时渴求的神态特写。这些画面有力地反映出希望小学的孩子们对知识的渴求。

(7) 注重整体与细节的关系。 拍摄前要充分了解新闻事件,全面考虑镜头表现,不遗漏镜头,避免后期补拍。尤其是大型活动报道,不仅要拍摄反映现场整体气氛的全景镜头,也要对相关人物进行特写拍摄。特别要注意拍摄被采访者或者新闻人物的表情与感情变化细节。只有整体和细节相结合,才能制作做出信息全面的新闻。

(8) 注重连续拍摄。 在反映事件发展过程和人物情绪变化时,进行连续拍摄或称连续记录,除了完整以外,还可增加新闻的真实性和可信度。就像电视转播魔术,如果中间有切换,观众就觉得假了。记录完整的过程,明知魔术师玩了把戏,观众也感到惊奇可信。这一点在新闻人物专题片中显得格外重要。

(9) 注意提前开机和延时关机。 在拍摄索尼探梦科普下乡的新闻时,主办方给山区孩子准备了多种科普小实验。在实验还未开始时,我有意识提前开机,拍摄了很多孩子们好奇的神情。而实验结束后,我并没有马上关机,继续追踪,拍到了孩子恍然大悟、追问专家等画面。这些提前和延后拍摄的画面具有很强的视觉冲击力,可让观众真实感到山区孩子对新科技的渴求。

(10) 注重画面色彩。 孩子们喜欢鲜明的画面色彩,所以要尽量避免灰暗等颜色。通过绚丽的色彩和艳丽的画面,使得孩子们对新闻资讯记忆深刻。鲜艳明亮的色彩也能间接反映孩子们积极向上的天性。

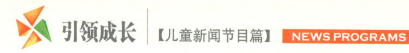

三、少儿新闻稿的撰写

少儿新闻当然也要具备新闻的五要素：何时、何地、何人、何事、何故。但新闻稿的撰写又区别于成人新闻。成人具有丰富的社会经验，新闻信息点到即可。少儿新闻则要注意以下几点：

（1）把陌生的事物与熟悉的事物相联系，让新闻信息建立在孩子们已有信息的基础上，以此增强新闻的易读性。

（2）少儿新闻的解说词要符合少儿的知识水平、年龄特征。不能用孩子的口吻说大人话。充满童真童趣才能吸引孩子的眼球。

（3）语言简练。句式简短，结构简单，用词浅显易懂，尽可能做到形象化、趣味化。让孩子们在轻松愉悦的氛围中接受新闻内容。在编辑"舞梦童圆——中华舞蹈爱心行动"新闻时，我拿到的一篇成人新闻稿是这样的：

"最近，由中国舞蹈家协会主办的2009'舞梦童圆'中华舞蹈爱心行动启动仪式在北京举行。此次公益活动旨在为农民工子女、低保家庭儿童、孤残儿童及留守儿童等贫困孩子实现舞蹈梦想，为他们提供学习、生活上的帮助。"

遵照以上原则，我改写成：

"很多同学都有着自己的舞蹈梦想，可是有一些同学因为家境贫困无法实现自己的舞蹈梦。最近中国舞蹈家协会启动了2009'舞梦童圆'中华舞蹈爱心公益行动。这样的公益活动可以让同学们免费接受专业老师的指导，学习自己喜欢的舞蹈，在舞蹈中展示自己的风采。让他们的青春更多姿多彩。"

加入行动前后的对比，让少儿观众们易于理解此条新闻的主旨所在。

少儿电视新闻在我国电视节目中还是一个比较新的领域，尚有许多理论和手法等待同行们去探索实践。我也会继续努力。

亲子家教节目篇

FAMILY AND PARENTING PROGRAMS

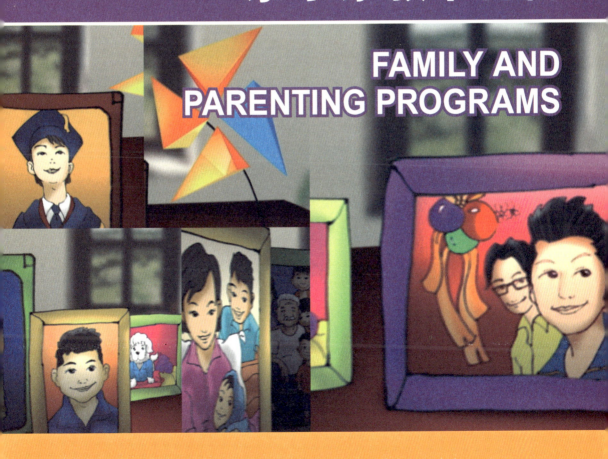

《动感特区》制片人
潘 跃

概 述：本文结合栏目实践，厘清"真人秀"特质，并探讨了本土化运作。

从《动感特区》探索
"真人秀"的特质

2005年《动感特区》的年平均收视率是0.093，频道栏目排名列第21位。2006年是0.15，排名第16位。2007年达到0.27，排名第10位。2008年，少儿频道进行开播以来的第一次改版，《动感特区》从晚间黄金段退出，被调整到周日中午播出，但年平均收视率不降反升，创0.29的新高，频道栏目排名升至第8位。2009年第一季度，栏目的平均收视率达到0.35，继续呈现上升势头。

知其然还要知其所以然，《动感特区》收视率上升的动力来自何处？

《动感特区》创办于2003年，是一个"真人秀"节目。通常认定1999年是"真人秀"元年，那一年，荷兰恩德莫（Endemol）公司推出了划时代的《老大哥》（《Big Brother》）。随后，"真人秀"作为一种崭新的电视形态，在欧美主流电视台被大量制造。

但"真人秀"不是一副灵丹，在中国，它至今命运不济。由于某些节目醉心于表现残酷竞争、阴暗人性和猎奇猎艳，触及了道德底线，不仅遭遇了行政监管的"红牌警告"，也遭遇了收视的"滑铁卢"。

其实任何电视形态,它本身是完全中性的。至于是橘是枳,就看使用者如何栽培了。《动感特区》引入"真人秀"形态时,也经历了一个摸索阶段。两年多的创作实践,使我们对"真人秀"的特质从模糊到清晰。《动感特区》正是抓住了"真人秀"的两个最重要特质,并将其与栏目理念有机融合,才获得了收视率的攀升、社会知名度和美誉度的不断提高。

一、对人性、人物命运和人际关系强烈持续的关注

《动感特区》一开始是把焦点放在比赛上,编导们会把大部分精力投入到比赛项目和比赛程序的设计上,大家都认为项目越惊险越新颖,程序越具有对抗性,比赛会越好看。事实也确实如此,自从把拓展项目引入《动感特区》后,高空、高难度带来的刺激也确实吸引了观众的眼球,一时间收视率在高位运行。但好景不长,由于拓展项目数量有限,项目开始不断重复,观众不再兴奋和紧张,连编导自己也变得厌倦起来,收视率开始回落。

此时,栏目组仔细研究了国外优秀的"真人秀"范本,惊奇地发现,它与以往的竞赛节目有本质区别。

传统竞赛节目是典型的三段式:比赛项目介绍——比赛的惊险、精彩过程——比赛结果。

而"真人秀"中的比赛呢?虽然也是三段式,但是在第一段中,除了比赛项目介绍,重点是参赛者差异化个性化出场(预示着下面他们各有"另类"的表现),参赛者对比赛的不同预期和准备,参赛者开始着手为比赛结盟或分化。

在第二段中,虽然展示了比赛的惊险、精彩过程,但更细致地描写了参赛者在比赛所带来的巨大压力下,突破常态的行为和情感;参赛者的关系促动交织在一起;参赛者由于性格的不同和诸多偶然性,造成了命运的不同轨迹。

在第三段中,虽然展示了比赛的结果,但更着重表现参赛者的感悟。

概括说来,通过比赛把人最大限度地调动起来,激活人性和人际关系,并呈现出来,那是一个多么多姿多彩、有血有肉的"魔方"啊。到了这个层面,比赛就只是一个"压力器",编导开始不惜篇幅不遗余力地去刻画人性、人物命运和人际关系。编导们终于明白,这是真人秀节目与纯竞技(纯比赛)节目的本质区别,前者聚焦于人,后者聚焦于技(或器)。

归结到一句话,"真人秀"就是让镜头对人性、人物命运和人际关系予以强烈持

续地关注。可以说，这是"真人秀"独特的识别符码，也是它的利器，只不过这把利器暗藏在比赛的光芒后面。

这个重大发现让我们惊喜不已，并马上着手对《动感特区》的"人"作精细剖析，发现《动感特区》在这方面有着天然的优势，甚至以前被看作是不利的因素恰恰是可供开掘的资源。比如：《动感特区》是以家庭为单位参赛的，而家庭作为社会的细胞和血缘的集合，内部有非常丰富、独特、有趣的关系。家庭中有大人和孩子，男性和女性，造成了人物的天然差异，这都为人物的描写埋下了很好的伏笔。更重要的

《动感特区》2009年暑假特别节目《阳光灿烂的日子》

是，《动感特区》的定位就是促进家庭代际沟通和增进亲子关系，这使得"真人秀"的功能和《动感特区》的职能非常重合，达到了形式和内容的高度统一。

当然付诸实践的过程充满了曲折。编导由于本能惧怕离开了比赛的描写，会导致节目节奏缓慢、刺激度下降，所以总是吝啬描写人的篇幅。而更难的是对人性、人物命运和人际关系的拍摄需要一定的功力，既要求创作者对人性有深刻理解，有真诚的人文情怀，还要有敏锐的观察捕捉能力，和利用音视频设备及时记录的专业技巧。相对于显性的比赛过程的展现，确实是一大挑战。

比如，节目中有一个让参赛家庭走高空缆索的比赛环节。以前编导会怎么做呢？很简单，让参赛的四个家庭每家爬上去走一遍，一共四遍。其实到第三个家庭时，观众就开始厌倦了，导演也知道这一点，为了抻住观众，就在后期配上"惊心动魄"的大片音乐，再辅之花哨的画面特技。现在编导会怎么做呢？在主持人宣布完比赛项目后，编导并不急于让家庭爬上高空。此时观众看到的是，甲家庭的父母决定利用这个比赛，让平时比较懒散柔弱的胖儿子经受一次洗礼。但儿子坚决拒绝爬上高空，他声嘶力竭地哭喊着要放弃比赛。可是看到乙家庭比自己年小瘦弱的女孩儿默默在做赛前准备，他又觉得很没有面子。而乙家庭的女孩儿是爸爸的宝贝，爸爸不忍心让女儿去冒险，决定去找主持人，问能不能由家长顶替，被好胜心极强的妈妈拉住。丙家庭的男孩儿是班干部，善于演讲，说出的豪迈誓言让父母和主持人翘大拇指。可惜，当站到高台面对钢索时，恐惧让他冒出了放弃比赛的念头。而丁家庭的父母竟然在现场争吵了起来，一个埋怨对方平时溺爱孩子，一个埋怨对方平时不关心孩子……这些都是在拍摄现场真实发生的，而下一期又有新的不可预知的故事和冲突发生。每一期的参赛者不一样，每一期的现场都在发生让编导和观众感到意外和兴奋的"事件"。

二、把握好"真"与"秀"的辩证关系

"真人秀"这个译法真是到位，摄取了Reality TV节目类型的几个关键要素，组成了一个生动而完整的词汇。聚焦于人性、人物命运和人际关系是"真人秀"的核心。再看"真人秀"这个词，人字恰好处在中间，真和秀字分列两边，好似一张牌的正反两面。

我们常常设问，"真人秀"中人物的活动，是真实呈现还是表演的结果？在《动感特区》向"真人秀"转型的时候，栏目组大量观摩欧美的"真人秀"节目。在观摩中，对于那些精彩的、有着戏剧性变化或者激烈冲突的段落，大家总在争执，这究竟是摆拍的还是抓拍的抑或偷拍的？你说它是摆拍的，可是很难看出破绽，要知道面对镜头

的并不是专业演员；你说是抓拍或偷拍的，似乎又不具备必要的条件。这似真非真，确实让人浮想联翩。

英文单词Reality的原义就是真实、事实的意思，对于这个真字，人们的争议相当大，这牵涉到"真人秀"类电视节目的归属问题。最早的"真人秀"不是一个主动创造的产物，而是一个迫不得已的替代品。在20世纪90年代，电视剧是欧美商业电视台的主打产品。曲折离奇的剧情、豪华的布景和大牌演员是收视率的重要保证，但这也带来巨大的商业风险。巨额拍摄资金堆出来的电视剧，不一定赢得广告商的青睐和观众的追捧，有可能、也确实发生过血本无归的情况。严峻的现实逼迫电视制作人去寻找一种相对物美价廉的替代品：如果由普通人出镜可以省去巨额片酬，如果在一个真实的环境中摄制，可以省去昂贵的布景费用。正是在这个思路驱使下，"真人秀"应运而生，而且它又吻合了电视日渐成为观众参与的平台这一潮流，所以一下子就火爆起来。

可见，"真人秀"与电视剧有着天然的血缘关系，只不过用人为的规则代替了人为的剧情，用特定的场景代替了制造的场景，用普通身份的出镜者代替了明星身份的出镜者。所以，当"真人秀"聚焦于人性、人物命运和人际关系时，镜头中的人物呈现具有或者被认为具有表演的成分就不足为奇了。

有趣的是，后来各国"真人秀"的制作班底大多来自于竞赛节目、娱乐节目和纪录片的制作者，而非电视剧专业人士。其实，"真人秀"从起源、形态到制作手法，都是一个典型的"混血儿"，它注定融入多个电视样式的优秀因子，来锻造自己的金身。况且，整个电视发展潮流就是不同的节目形态互为交叉，你中有我，我中有你。像纪录片已普遍应用的情景再现就是对影视剧表演方法的借用，而电视剧中取材真实事件并让非职业演员出演角色的做法则属于虚构向真实的靠拢。所以，"真人秀"中是真还是秀不能作为评价"真人秀"优劣的标准。

那么标准是什么呢？我认为，在于它的呈现是否有真实的质感。有些"真人秀"节目中人物的行为和话语受到诟病，是因为它显得"太假了"。相反，很多受到激赏的段落也并不是完全原生态的，只是没有露出破绽而已。

但有一个关键要素不能不考虑，"真人秀"中的出镜者绝大部分不是专业演员，缺乏表演的经验和素质，这个要素相当地限制了导演"摆拍"方面的为所欲为。

分析"真人秀"中的出镜者，每个人都具有两个身份。第一，他是普通人，他们的职业千差万别。但是，谁也不能否认，几乎每个普通人都有表演的潜质，就像不少演员是半路出家或者由于偶然因素而从艺的。第二，这些出镜者又不是普通人，因为他们都是经过导演挑选（或者叫选拔）的，一个很重要的选拔标准就是他有没有"镜头感"，能够在镜头前从容自然的状态。即使到了这一步，任何聪明的"真人秀"导演也不会让出镜者去"演"什么，也没必要。职业演员需要把假的演成真的，而他们只要做到把真的演成真的就可以了。

例如《动感特区》中有这样一场激烈的家庭竞赛，规则要求父亲用双手抓住水池上的铁杠，利用身体的摆动，腾空跃到前面的浮漂上。由于父亲比较胖，有啤酒肚，他虽然数次抓杠，但始终没敢松手跃出。按照规则，如果他放弃，他的家庭就要被淘汰。女儿在一旁开始埋怨父亲，并且越来越激烈，最后大哭起来。母亲则十分生气，严厉地批评了女儿，怎么能不近人情地逼迫父亲做这个动作呢？女儿争辩道，你们平时教育我，要敢于尝试，不要怕失败，可是为什么轮到自己就不这样做了。爸爸制止住妻子和女儿的争吵，要求她们手拉手齐声为自己加油。女儿、妻子止住争吵，在她们有节奏的加油声中，父亲摆起自己肥硕的身躯，纵身一跃——可惜，只有一只脚踏在了浮漂上，还是跌落在水里。女儿奋力跳入水中，冲到父亲身边，满脸是泪地抱住父亲，说："爸爸，你是我心中的英雄！"

这不是演戏，这是"真人秀"。镜头前三个人的血缘关系是真的，父亲跳不过去是真的，孩子和母亲生气也是真的……在这个层面，"真人秀"是真实记录，无所谓演和秀。但是众所周知，一般人不愿把矛盾特别是家庭内部的冲突呈现在别人面前，也不愿在镜头或陌生人面前哭泣、叫喊，而大庭广众落入水中淋个精湿也会不好意思，但这个家庭做到了。从这个层面上看，情节、矛盾、人物样样具备，确实是一场演出的秀。

这里，我们已经捕捉到"真人秀"的精髓，即要让戏剧性的一幕幕变得真实，就必须做到人物关系是真实的，心理动因是真实的，思维和情感是真实的，而演只是呈现这些真实、使其外化、可视化的一种手段。

"真人秀"的导演要做的是，如何通过巧妙的设计和智慧的诱导，让出镜者（选手）进入特定的情境，激活他们的心理和情感，让他们演好自己。

这是"真人秀"中描写人的难点，也是它的魅力所在。

上面说的爸爸、妈妈和孩子之间的这场"戏"，编导运用"规则"这只"上帝之手"和"情境"这张"天罗地网"，让这个家庭进入特定的状态，上演了感人的一幕"秀"。

两年来，我的创作体会就是，"真人秀"是一匹桀骜不驯的马，很难驾驭；"真人秀"是一个富矿，你很难穷尽它，但是开掘的难度也在增加；"真人秀"是斯芬克斯，它给你抛出的谜很多，而你渴望解谜的冲动也很强烈。今后相当长的一段时间，《动感特区》将继续在"真人秀"的节目形态上前进探索，为更深入更全面的理论研究提供实证。

《成长在线》导演
马 力

概 述：作者以自己的实践对儿童服务类节目做了初探，其中的收视分析可圈可点。

儿童服务类节目分析

电视作为大众传媒的一种形式，除了新闻和娱乐功能以外，还有服务功能。生活服务节目就是指关注和满足百姓日常生活需求的节目类型。随着生活水平的不断提高，我国生活服务类节目的种类和形态越来越丰富，儿童的服务类节目也应运而生。其定位是针对儿童这一特定年龄段的收视群体，以儿童视角出发，对儿童所关注的热点问题进行引导和解答，对儿童生活中遇到的难题进行指导和帮助，其宗旨是为儿童答疑解惑，帮助儿童健康成长。

如果仅针对节目的内容，笔者认为，大体可将儿童服务类节目分为"家教型"、"家务型"和"参照型"。

一、"家教型"服务类节目的针对性

家教型服务类节目的特点是：针对儿童在成长过程中出现问题的特殊个案，通过节目中相关专家的分析指点，给出明确的答案。既可以让当事人能够得到具体的解决办法，也能给具有此类问题的电视观众一些启迪、借鉴。目标收视人群定位在儿童及其家长。

例如《成长在线》曾播出了《我家有个慢孩子》（原名：《我的女儿像蜗牛》），其中主人公是一名小学二年级的女孩楚楚。节目讲述楚楚在生活和学习等方面动作都非常的慢，楚楚的家长对此十分"头痛"。针对这样的典型案例，栏目编导邀请儿童心理学家，在演播室现场与孩子及其家长面对面的沟通。从最初的现场动作测试来呈现孩子"慢"的特点，再用外拍环节反映家长对于孩子"慢"的态度，然后回到演播室里通过专家的智力测试以及提问，展现孩子的反应速度，以及孩子和家长的关系。最终得出的结论是，全职妈妈平常对孩子的教育方式不科学，父母之间的沟通也存在障碍。专家在节目最后拿出解决的"锦囊"，例如让家人每周相互帮助对方做一件事情。每个月家人坐在一起，表达对对方的感激、赞美。整体看来，这是一期典型的家教型服务类节目，节目的收视率为0.11，走势如下图：

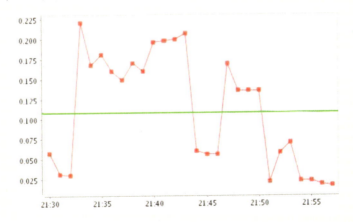

根据节目中设计的环节，可以将收视曲线划分为四个部分。这样划分是因为收视率呈现的四个逐渐下降的趋势，与节目的环节设置正好对应。

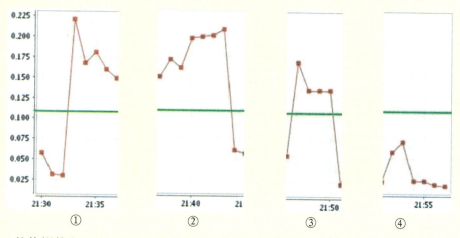

从收视的曲线上，可以分析出节目对于观众的影响力，也就是观众接受或者认可的程度。图①部分的内容是：两个动作测试环节，呈现楚楚"慢"的特点，然后利用外景拍摄的VCR介绍现楚楚家庭状况，以及家长现场讲述目前的烦恼。图中曲线上升阶段是节目中的动作测试部分，测试是通过比较楚楚和现场随机出现的小观众面对主持人发出的"蹲下"、"向前走"的指令时，产生的反应速度；曲线下降阶段是VCR介绍楚楚家庭状况部分，以及楚楚的妈妈具体讲述孩子在生活中出现"慢"的特点；图②部分的内容是现场专家对于楚楚的思维能力测试，以及讲述针对测试的结果得出的结论；图③部分的内容是现场专家的测试，以及讲述针对测试的结果得出的结论，只不过测试的对象发生了变化，换成了楚楚的妈妈；图④部分的内容是专家现场给出解决问题的方法。

四部分曲线所呈现出共同的特点是：现场测试环节收视上升，针对个案特征专家进行分析收视下降。这个结果说明：简单易操作的测试环节可以引起电视观众的参与，从而获得了收视的上升；但生硬又比较抽象的专家"就事论事"，缺乏适合电视观众接受的角度，因而就产生观众流失，收视下降。

家教型服务类节目由于所选案例的特殊性，受众一般限定在关心此类事件的人群内，属于窄众传播，所以，要保持较好的收视率需要付出更大努力。

二、"家务型"服务类节目的大众性

家务型服务类的节目与家教型服务类节目不同点在于通俗、实用、受众广泛。例如针对儿童在生长发育过程中遇到的营养、生理、健康等话题，进行详细而具体的分析，提供实用又简便的方法，这使得"家务型"服务类节目具有广泛的收视群。研究这类节目的收视走向对进一步提高收视率、扩大影响力十分重要。

例如《成长在线》曾播出了《春季营养——鱼》，针对青少年在春季中应当注意的营养补给的话题进行探讨。节目将春季适合食用的鱼类逐一列举，再根据鱼的不同种类进行结构的划分，利用挑选、制作、品尝等多个环节搭建出节目的立体层次。相对于上面的个案分析，这样的话题探讨能赢得更广泛的观众认可，收视率为0.3（图中绿线），具体的走势如下图：

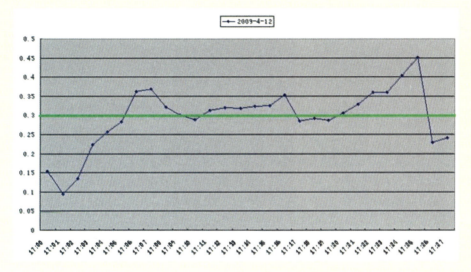

根据节目收视曲线的起伏，大体可将其划分为三个部分。

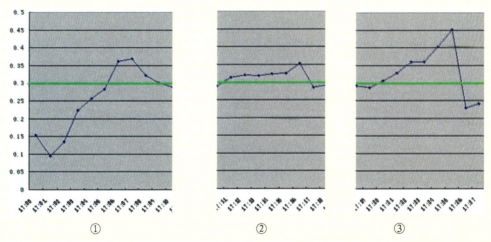

①　　　　　　　　　　②　　　　　　　　　　③

如果先不顾及节目内容，单从曲线的起伏特点可以概括为图①是上升阶段，图②是平稳期，而图③是再次的上升阶段，整体收视是逐步上升的趋势。再回到节目的内

容上，图①部分是针对"春季营养"的话题进行初步的探讨，从而引出鱼对于青少年成长的重要性；图②阶段则是进一步拓展话题，传授挑选鱼类的方法；图③部分是传授烹饪鱼的技法。节目整体的结构虽然简单，但步步为营，不但没有造成收视人群的流失，还稳中有升，获得了最大的收视份额。

三、"参照型"服务类节目的普适性

将"家教型服务类节目"的针对性强和"家务型服务类节目"的广泛性结合起来，就是"参照型服务类节目"普适性的特点，即每一个青少年受众，不限于特定年龄段、社会背景、学业优劣，都能从这类节目中得到收益、启发，或照单全收，或触类旁通。

例如国外有一类择业节目，就可归纳为"参照型服务类节目"，它结合了脱口秀、真人秀等形式，把择业面试的种种可能展现给观众。在提供实用信息的同时，让观众更直观地看到该信息所导致的择业结果。并为自己可能的择业选择提供参照。

参照型服务类节目力图通过电视观众最容易接受的表达方式，对大众关心的话题、事件进行探讨，或者选择观众参与度强的形式进行互动，从而获得最广泛的收视效果。

例如《成长在线》曾播出了《禁毒知多少》，该节目是针对6月26日联合国确定的国际禁毒日而制作。从选题内容上而言，似乎和儿童服务类节目有些冲突，因为这样的选题没有太多的儿童视角。但是从服务性节目的性质看，又必须将相关的知识和远离毒品信息传递给孩子，以此为参照，引起青少年的警戒。本期节目编导使用了一些技术手段，来增加儿童视角。节目收视率为0.2（图中黄线），具体收视情况如下图：

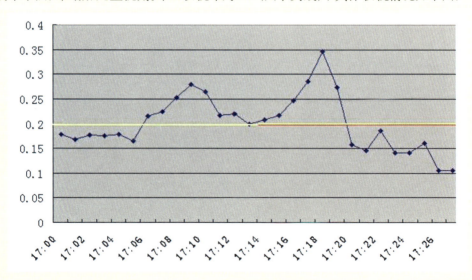

从保护未成年人隐私出发，本期节目没有表现青少年涉毒的特殊案例。那么如何让观众能直接参与到节目中来，编导有针对性地设计了不同的环节。利用现场观众互动（儿童为主角）、嘉宾真人秀（儿童为主角）、知识竞答（儿童为主角）等儿童可参与性强的环节，提升大收视。笔者将本集收视曲线划分为三个部分，从曲线不同的走势，反映观众对于节目的关注度。

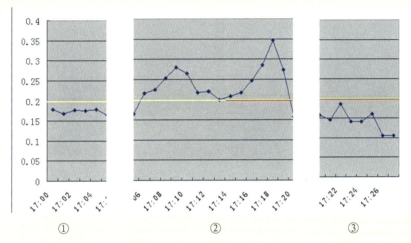

① ② ③

图①为平稳阶段，收视曲线没有大起伏。该部分为青少年观众和禁毒专家的互动，探讨的话题是"毒品距离我们有多远"和"禁毒工作和青少年的关系是否密切"。禁毒专家用相关的数据介绍了当前的禁毒工作形式以及青少年染毒比例。虽然没有具体的引人入胜的个案，但是禁毒专家说出的一些惊人数据成为该部分保持收视的"惊悚效果"。

图②收视曲线出现了大的波动，但相比图①，收视呈现总体上升的趋势。这里有两个关键的峰值发挥了重要的作用，而它们正好又是编导安排的可视环节。在10分钟左右（图②中下方为时间）出现的峰值，是观众可以直观看到毒品模样的介绍环节，

通过现场的模拟情景和观众参与识别，大大加强了节目的可视性。第二个峰值出现在19分钟左右，这里又是观众直观看到毒品给人体带来的危害的短片。编导利用小嘉宾体验"模拟吸毒后的你"游戏，从视觉效果上的变化反映吸毒带来影响，收视曲线在这里到达最高值。

图③为知识竞答后半部分和广告，出现收视线下降的趋势。但和图①的收视数值相当，证明固定观众没有大的流失。

节目的收视曲线反映的不仅仅是分钟的收视数值，也间接说明，如何利用大众化手段提升抽象化的服务类节目的收视。只有吸引广泛的观众去关注，才能获得较高收视值，达到传播最大化。

以上对儿童服务类节目的分类，只是自己的观点。目前，儿童服务类节目需求量很大，前景也很广阔。但是，要认真探讨如何实现儿童服务类节目的大众化呈现。《成长在线》将继续利用好自己的平台，在创新中积极实践，摸索儿童服务类节目的新内容、新形式，以更好地服务儿童和家长。

综艺节目篇

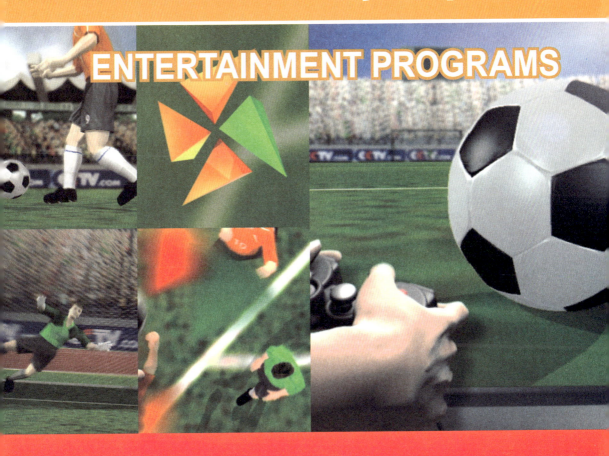

ENTERTAINMENT PROGRAMS

央视少儿频道
编辑部副主任
阎建光

概 述: 大型节目如何突破,老品牌如何创新,本文对此做了细致的阐述。

大型动画情景剧
《梦想乐园》的几点创新

2006年5月31日至6月2日,中央电视台少儿频道历经5个月精心打造的首部动画情景剧《梦想乐园》在北京中国剧院连续进行三场公益演出,并于"六一"当晚在中央电视台综合频道、少儿频道黄金时间并机播出,大获成功。这台由"绿野寻踪"、"海底奇遇"、"太空神话"、"梦想乐园"四场构成的情景剧,与往届"六一"晚会相比实现了三个突破,即:创作理念的突破、节目形态的突破和运作模式的突破。是对老牌"六一"晚会的一次改革与创新,成功打造了中央电视台"六一"节目的新品牌。

一、创新理念,倡导先进的儿童观与节日观

少年儿童是国家和民族的未来与希望,每逢"六一",党和政府都非常关注祖国的"花朵",社会各界也都为孩子们办实事,我国几十年来形成了良好的社会风尚。但不可否认,也有趁儿童节拿孩子做文章的现象,比如:"六一"期间,各种充满诱惑的大赛名

目繁多，让孩子们苦于大量课外阅读，忙于应对各类大赛，给节日中的孩子们增添了重负。"大众传播方式确立的传受主体关系，是一种分立对应关系，在这种关系中，传播主体居于不可否认的主导地位。"[1] 因此，中央电视台少儿频道明确提出了先进的"儿童观"和"节日观"。先进的"儿童观"就是"尊重、支持、引导、快乐"八个字。把"尊重儿童的权益、支持儿童发掘自身潜能、引导儿童健康成长、让每个儿童都有快乐的童年"作为"六一"节目的核心理念。"先进的节日观"就是倡导"快乐而非负担、参与而非强加"的节日理念。让孩子们快乐地参与，开心地过节，使"六一"儿童节真正成为孩子们的一个"快乐节"。"让孩子在快乐中健康成长"便成为2006年"六一"大型动画情景剧《梦想乐园》的创意原动力。从演出三天的剧场效果来看，孩子们真正融入了剧场营造的奇幻氛围中，融入到台上台下的互动情境中，剧场成为欢乐的海洋，孩子成为欢乐的主角，这也是创作者在创作理念上的一次成功飞跃。

　　此外，在《梦想乐园》的创作过程中，还传来美国百老汇卡通音乐剧《狮子王》、迪士尼公司的卡通音乐剧《小熊维尼》将分别在上海等地巡演的信息。因此，中央电视台少儿频道仅用5个月时间抢排并在"六一"推出《梦想乐园》，更具有抢占国内市

2006年"六一"大型动画情景剧《梦想乐园》

[1] 杨保军：《新闻理论教程》，中国人民大学出版社2005年版，第83页。

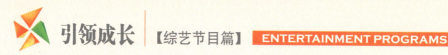

场先机、占领卡通文化阵地的重要意义。在国外卡通剧到中国抢滩登陆之前占领市场，占领阵地，为中国动画扬威，面对这样的挑战以及超越自我的困难，该剧的主创群体知难而上，勇往直前，体现了电视工作者高度的责任心和使命感。

二、创新形态，强力首推动画情景剧

"观众的接受与审美取舍，在某种程度上又与我们如何奏响主旋律，怎样扶持高雅文化，如何确认并创作出真正的电视精品是相一致和同步的。"[1] 从1986年起，中央电视台举办了20届"六一"晚会，既有最初的少儿歌舞晚会、综艺晚会，又有专题晚会、故事晚会，年年出新。《梦想乐园》的创作者对于进一步提升观众的满意度，以及使节目更加符合广大少年儿童的欣赏情趣等问题十分关注。当时，中央电视台少儿频道开办仅仅两年多，它的绿色收视率和市场份额在全国58个上星频道中的排名已经跃居第7位。调查显示：国产动画片和情景剧是少儿频道最受孩子们喜爱的节目。由此，也找到了新的创意点。从而确定了"六一"动画情景剧的新内容和新形态。2006年正逢中国动画80周年，为了寻找孩子们喜爱的国产动画形象，中央电视台少儿频道与《中国电视报》、央视国际网站联合推出"我的动画我选择——中国动画排行榜征集活动"，让少年儿童在中央电视台播过的180部国产动

画片中选出最喜爱的动画角色，并于"五一"前夕在杭州第二届中国国际动漫节上公布了哪吒、孙悟空、猪八戒、黑猫警长等中国动画形象，加上中央电视台推出的52集动画片《小鲤鱼历险记》中的小鲤鱼、癞皮蛇等动画明星，最终由孩子们为自己的动画剧选择出了自己的主人公，更具亲和力和亲近感。

为成功打造"动画情景剧"品牌，中央电视台少儿频道在借鉴国外卡通音乐剧和冰上音乐舞蹈表演的创作理念的基础上，提出了"三重三不重"的创作原则，即：一是重国产动画片中的经典人物、经典场景和经典音乐的再创作，不重境外动画明星的脸谱和模式；二是重情景，不重情节，既不是传统的情

[1] 金丹元：《电视与审美——电视审美文化新论》，学林出版社2005年版，第315页。

景剧，又不是传统的音乐剧，而是动画情景剧；三是重现代艺术的兼容，不重传统戏剧的单一元素。大胆地把幽默、夸张的中国动画人物造型通过高科技手段和戏剧元素、歌舞元素、魔术元素、杂技元素、互动元素融为一体，从而创作出焕然一新、前所未有的动画情景表演，令人赏心悦目，耳目一新。

强大的创作班底也是取得成功不可或缺的因素。以中央电视台为主创核心，该剧从编剧、歌曲创作、造型设计、舞美等方面请来很多国内同行中的佼佼者。演员方面，除鞠萍、董浩、月亮姐姐、金龟子等中央电视台少儿频道主持人全部披挂上阵之外，又特邀小朋友熟悉的六小龄童、马德华担纲孙悟空、猪八戒角色，而大部分主要演员由中国儿艺的优秀演员承担，这些专业和业余演员的全情投入和精彩表演，为《梦想乐园》的成功锦上添花。

《梦想乐园》精心进行的造型设计，有效提升了舞台效果的视觉冲击力。40多个可爱的中国动画明星的造型色泽艳丽、形态逼真。其中，130多斤重的大象、4.6米高的长颈鹿、伸缩自如的癞皮蛇、形象生动的小鲤鱼、体积超大的恐龙、设计精妙的大河马等都给观众留下了极其深刻的印象。

三、创新运作，合力打造"六一"新品牌

综观国际知名少儿频道的发展史不难看出，少儿节目明显有别于新闻咨询类节目"一次性消费"的特征，而富有"重复性消费"的特质。因此，少儿电视事业要保持可持续发展的良好态势，就必须从"粗放经营"转为"精耕细作"，集中人力、财力，精制一批高附加值的品牌节目，创建节目精品库，形成逐年提升积蓄量的新局面。与以往"六一"节目单纯以播出为目的传统模式相比，大型动画情景剧《梦想乐园》更着力于精品化，着力整合各方面资源，塑造"六一"节目的全新品牌。

一是联合八部委共同主办，扩大社会影响。中央电视台联手全国妇联、中央精神文明建设指导委员会办公室、国务院妇女儿童工作委员会办公室、共青团中央、教育部、文化部、解放军总政治部、全国少工委等共同推出这台大型动画情景剧《梦想乐园》，主办单位超过历年"六一"晚会，在社会上引起广泛关注。二是关注

弱势儿童群体，登门送欢乐。《梦想乐园》演出前夕，少儿频道主持人董浩叔叔和月亮姐姐代表《梦想乐园》剧组深入北京市海淀区行知实验小学，向这里的进城务工人员子女赠送《梦想乐园》的剧场门票。在"六一"当晚的残疾儿童、进城务工人员子女专场演出中，孩子们身穿整齐的校服，现场感受了这部剧带给他们的节日祝福和快乐。三是借助外力，尝试市场开发。为实现资源再利用，寻找节目的延长线，还首次与中国对外文化集团公司联手，探索全新的运作模式，合作开发演出市场，在北京和部分省市进行巡演。四是形成合力，占领宣传制高点。中央电视台作为主流媒体的强势平台，在宣传上占有优势。为扩大该剧的影响面，央视综合频道、国际频道、新闻频道、少儿频道等各频道反复播出该剧宣传片，同时在新闻和专题时段对排练、演出和屏前幕后都做了相关报道。"六一"当晚的《新闻联播》也播出了首演的盛况。《光明日报》刊出专版，以《大型动画情景剧〈梦想乐园〉走出梦想之路》为醒目标题，全面报道该剧台前幕后新闻、主创人员的心得体会、社会各界的反映及专家观点。《北京日报》等30余家主流报刊和十余家少儿专业报刊都对该剧做了相关报道。同时，央视国际网站以建官方网页的形式做了规模空前的报道。中央人民广播电台、北京人民广播电台等电台节目对该剧也给予了关注和播报。

四、创新传播效果，获得社会广泛好评

从剧场演出效果来看，《梦想乐园》有效营造了热烈火爆的互动氛围。孩子们簇拥到舞台下，伸手触摸他们喜爱的动画明星，欢呼鼓掌，手舞足蹈。成人观众也被深深吸引，似乎回到了童年时代，场内时时爆发出惊呼和欢笑。这与"六一"节期间几乎全部被进口大片占领的电影院形成鲜明对比。在短短三天的三场演出中，5000多名少年儿童和家长怀着兴奋和激动的心情观看了盛大的演出。党和国家领导人与流动人口子女、农村留守儿童代表和首都少年儿童一起观看《梦想乐园》演出，高度评价《梦想乐园》是"又一次成功，又一次创新，又一次辉煌"。广电总局《收听收看》评论说"该剧用孩子们喜爱的中国原创动画形象和生动的舞台表演形式，对少年儿童进行'八荣八耻'的社会主义荣辱观教育，奇妙的舞台设计、可爱的卡通造型、动人的音乐舞蹈，为小观众们呈现了一道精神与视觉盛宴。"

从电视播出效果来看，创造了"六一"晚会又一个收视奇迹。据央视索福瑞数据统计：6月1日当晚，《梦想乐园》大型动画情景剧在央视综合频道的收视份额高达12.34%，仅次于《新闻联播》。比上年"六一"晚会高出近1.5个百分点，收看人数比上

年增加1000万人以上。在少儿频道的收视份额2.68%，收看人数也比上年"六一"增加230多万人。

该剧上演和播出后，引起了广大少年儿童的强烈反响。央视国际网站日平均点击率突破700万页次，孩子们纷纷表示，这是他们过得最开心的一个"六一"节。广大网友说，《梦想乐园》让他们找到了内心久违的纯真感，也深切体味到了中国原创动画形象的丰满和可爱。一些小观众和家长纷纷来电和在网上留言，询问能否重播或在全国巡演，希望购买《梦想乐园》节目音像制品。

专家们也对《梦想乐园》给予高度评价。认为该剧真正站在了儿童的视角，充分体现了浓浓的人文精神，把关爱他人、团结互助的美好品德润物无声地融会在了好听、好看的情景当中。认为《梦想乐园》实现了新理念下的创新，体现在电视动画形式和舞台艺术、多门艺术和孩子们喜欢的情节故事、现场演员的表演与孩子们的互动、电视工作者和其他艺术工作者等四方面的有机结合，具有标志性的意义，是主流儿童媒体运作的一次重大突破。

应该说，《梦想乐园》的创新推出，是中央电视台少儿频道着力打造节目精品库的成功实践之一。"考察青少年对各种媒体的接触时间，电视无疑是接触时间最长的第一媒体"。[1] 少儿频道开播五年多来，始终坚持贴近少年儿童生活，贴近少年儿童情趣，贴近少年儿童市场，发展壮大为国内成长最快的电视频道，进入了全国上星频道的第一方阵，被社会誉为

"孩子开心、家长放心、学校称心"的绿色频道，成为全国3.67亿少年儿童的"绿色文化空间"。其绿色收视率、品牌竞争力与国际影响力持续提升，已成为亚洲地区收视规模最大、自制能力最强、最具影响力的本土少儿频道。中央电视台少儿频道不仅将继续彰显其未成年人思想道德教育重要阵地的作用，还将朝着国际一流儿童频道的目标稳步迈进，让更多更好的少儿电视文化产品走出去，传播中华优秀文化。

---

[1] 詹姆斯·U·麦克尼尔、张红霞：《儿童市场营销》，华夏出版社2003年版，第436页。

概 述: 选秀节目何以走红? 它对青少年产生怎样的影响? 本文为选秀节目的制作与探讨提供反思的路径。

《三星智力快车》制片人
李媛媛

浅析电视选秀对青少年的利与弊

一、电视选秀节目概述

电视作为大众传媒的一种重要手段,对人们社会生活的影响非常大,已经成为现代社会无处不在的信息源。电视节目为人们提供各种文化娱乐服务,发挥着传播社会主导价值观念、建设道德规范的功能[1]。选秀节目作为一种新的电视节目形式对青少年的成长产生了较大影响。

各种形式的选秀节目在评选形式、程序上虽略有不同,但其相同点都是以青少年为主要对象,力求内容和形式的市民化、平民化,表现出了较强的大众化、通俗化。其本质都是借助电视这种大众化的传播工具,打造"平民英雄"、"电视偶像",为草根阶层铺就一条迅速成名的道路,因此被冠之"草根娱乐"。这种具有广泛平民化、强大参与性和空前互动性等典型特征的选秀节目为电视综艺节目的发展作出了贡献。

[1]威尔佰·施拉姆、威廉·波特:《传播学概论》,新华出版社1984年版,第3页。

二、电视选秀节目走红的原因

1. 品牌效应

品牌代表的是与人们的情感和价值追求所相关的东西,它可以是人的某种意愿、倾向、心情、嗜好、象征等。与产品营销类似,媒体品牌是指电视(频道)名称、节目标识、节目风格和特色、节目声誉、节目包装、节目结构、观众认同等有形无形的总和[1]。品牌意味着观众与电视之间的关系,品牌代表观众对电视节目的感受和印象,品牌存在于观众的心中。

在所谓"注意力经济"的年代,用品牌交换注意力,用品牌来经营,用品牌来竞争,用品牌盈利,就是一种品牌营销。诸多选秀节目,之所以让收视率不断高温,让广告收入不断增加,追根溯源,就是牢牢把握住了品牌。

2. 受众心理把握

电视选秀节目在不同程度上满足了受众对电视娱乐节目的观赏需求,它实现了观众的心理期待。目前大多数选秀节目都以青少年为主要收视群体,其参与者也大多为青少年,他们希望从电视文化中找到自己的影子,从而找到一种文化归属感。选秀满足了绝大多数青少年这一心理诉求,所以它能够在深处触动青少年的神经,得到青睐与好评。因此,青少年群体的心理特点是电视选秀节目走红的动因。

(1) 融入社会的强烈欲望

青少年生活在由成人掌控的社会环境中,因此缺乏表达思想、表露自我的机会。强烈的成人欲、青少年时期必然出现的心理需求使青少年容易感觉压抑、彷徨。选秀节目的出现,使青少年获得了与成人平等表达、竞争的权利,青少年渴望参与成人社会事务、获取与成人平等权利的心理,在观看、参加、支持选秀节目中得到了满足,其体会到了被赋予权力、义务的责任感和使命感,从而得到有益的精神体验。

(2) 自我表现欲望

著名未来学家莫利托在《全球经济将出现五大浪潮》中睿智地指出:"娱乐经济的核心是创造内在体验。"在强调自我、标榜个性的时代,铺天盖地的美女秀在边际效用递减的经济学规律之下,不可避免地引致了"审美疲劳"。消费者个人效用最大化

[1]郭向民:《也谈电视传媒的品牌形象》,载《南方电视学刊》,http://www.gdtv.com.cn/southtv/article01-5-ci.htm。

左:《三星智力快车》 中/右: 2006年"五四"特别节目《青春制胜》

的方式不再是被动娱乐,而是主动娱乐,在娱乐中得到自我实现的快感。强烈的自我表现欲是青少年共同的心理特征,其中以女性青少年心态较为突出,在丰富多元化的社会,利用各种形式和渠道大胆地释放自己、展示自我已经成为今天青少年的普遍愿望,他们因自己的才华和形象能够展现在大众之前而获得了自信心和感到快乐,而电视选秀节目适时出现则为其提供了这样一个难得的机遇。

(3) 追逐新鲜和好奇心

在多元化社会中,青少年身边的环境丰富多彩,这使他们的眼界更开阔,思想更活跃,也敢于打破规范的约束。他们所展现出来的是喜欢求新、求奇、求异;喜欢拥有自己的观念,敢想敢做,热衷于追求新潮。电视选秀节目正是提供了一个满足其追新的平台。"客观地说,电视选秀节目的'主宰舞台、改变命运、肯定自我、价值体验'等节目思想与青少年的'善模仿、自我价值肯定、对新生事物的追逐、对成人社会的向往、盲目的从众性'等心理特点充分吻合"[1],因此,选秀节目备受青少年青睐。电视传媒的普及化、娱乐化以及大众对丰富生活的渴求、娱乐概念和形式的多样性也是电视选秀节目火爆的重要原因。

三、电视选秀节目对青少年成长的影响

1. 积极影响

电视选秀节目表现出了明显的颠覆性变化:普通大众从原来的被动接受方走向主动参与,从原来的崇拜英雄到参与制造平民偶像,从原来的距离欣赏到直接感受,

---

[1] 赵德江、夏守财:《论电视选秀节目对青少年的影响》,载《十堰职业技术学院学报》2007年 第1期。

从原来的引导性审美到互动、双向审美,从权威定夺到大众认可。首先,我们不应回避选秀活动的正面作用。当中国社会的经济、文化发展到一定阶段,民众必然需要这样一种填充心理空间的需求,这些活动的登场无可厚非。其次,抛开比赛过程中规则运用的透明与公平问题,对于中国大众而言,可以"平等而且自由"地参与这些展示自我的活动,这是一种社会的进步以及和谐安康的表征。另外,当一个参赛选手能够用真实的原生态的表现方式,去完成自己对梦想的追求,实际上也在完成着一次平民语态对精英话语权的颠覆,完成着地方媒体对强势媒体的颠覆,使大众文化的流行打破了以前由精英文化一统天下的局面。

(1) 加速社会化进程

介入社会生活,参与社会关系系统,对已有的社会经验和社会观念进行再生产和再创造——青少年社会化过程实际上是青少年被动性和主动性、个性和社会性相统一的过程。电视选秀节目所具有的公众性、形象性、开放性等特点,对青少年社会化的影响非常大。青少年们正是在轻松消遣中,自觉或不自觉地从中学习一些社会生活经验和确立社会价值态度,不断获得对社会人际关系及自我同一性的认识。

(2) 提供寻找自我扩展经验空间

娱乐减压功能是青少年文化的主要功用,可以创造一种公众参与的媒体互动。普通人有机会在电视里展示自己,也有机会通过投票等方式介入选择,影响比赛的结果。屏幕上是普通的年轻人大胆"秀"出自己,在屏幕下普通的年轻人也可以进行选择。屏幕上的选手通过节目展示自己,期望通过这样的方式追寻自己的梦想。而屏幕下的年轻人则通过对于他们的选择寄托自己的梦想。这当然也有某种"励志"的效应。电视选秀节目直接与间接地给青少年的自我扩展提供了另一条途径。在一定条件下会降低他们的紧张度,降低他们在挫折中的感受。

2. 消极影响

选秀显现出过度娱乐化的倾向,也使得一些青少年过度沉迷于这样的节目,让青少年文化过度地"肤浅化"。

(1) 使受众价值取向功利化

选秀节目展示的是"一夜成名"的语境,它对"一夜成功"的强调和渲染使得青少年片面理解"成功"的含义,滋生急功近利的投机心态和功利主义的思想,导致泡沫意识的产生。随着这类节目的泛滥和媒体的推波助澜,不少青少年误以为成功就是在选秀节目中取胜,就是被别人追捧、当明星。无形中加剧了对明星的崇拜和对明星之路的追求，助长了"不劳而获"的风气。自选秀节目出现以来，一些青少年荒废学业追星或参与比赛的新闻屡见不鲜，就足以说明学生中的这种"泡沫"心态。

(2) 容易滋生极端个人主义

"条条大路通罗马，行行都能出状元"正是电视选秀节目的价值观念。选秀节目几乎都宣扬突出自我个性、表达自我、勇于展现自我的精神。但由于选秀节目在运作过程中不可避免地和一些商业目的相结合，媒体过分渲染，导致部分青少年产生极端个人主义的苗头，价值观念向个人本位偏移。"想唱就唱"、"有型就要秀"等情绪化的、带有煽动性的口号，在青少年中产生了很大的影响。一方面一些人越来越趋向自我，另一方面有的青少年自我意识过度膨胀。

(3) 影响受众群体的审美观念

选秀这种快餐式的自娱自乐，有着很强的速朽性。选秀的遗憾正在于它的社会注意力是在短时间内强烈爆发的，这也就意味着它很快就临近峰值，然后再逐渐"失势"。一般来说，青少年对于时代"潮流"和"现象"的出现，一方面是盲从，另一方面渴求与众不同，表现为追求时尚、标新立异等个性化行为。电视选秀节目正是把青少年追求个性化的心理通过种种"个性行为"表达出来，而引发青少年共鸣。"个性行为"通常表现为"出位"，最直接的就是审美的出位。与社会普遍价值观相悖的审美出位行为在赢得群体确认后，往往会形成一种风气和时尚。

结 语

信息时代的社会环境不再闭塞，快捷的信息传递影响着整个社会环境和社会观念的变化。电视选秀节目作为青少年成长环境中的一种正在发生的重要现象，对青少年的认知能力、道德情操和审美水平产生的影响都是直接的。它关系到青少年的未来，甚至影响到整个社会文化的未来继承和发展。传播学家城庇·波特认为，所有的电视都是教育的电视，唯一的差别是它在教什么。这是电视选秀节目对青少年产生多种影响的根本原因和理论依据。因此，电视选秀节目作为新的社会环境组成与青少年成长心理有着密切关系，深入研究电视选秀节目对解读青少年心理具有现实意义。

概 述：如何用细腻的镜头语言呈现栏目风格，本文以扎实的基本功对此进行了探讨，值得借鉴。

《童心回放》导演
王 娣

《童心回放》镜头语言分析

　　《童心回放》是少儿频道一档回顾追忆老电影的节目，由嘉宾讲述自己童年的观影故事和一部经典老片组成。在少儿频道开播最初的五年中，该栏目作为频道收官节目在每周六22：20首播，时长110分钟。其中演播室访谈部分是重点打造环节。著名词曲作家乔羽、雷蕾，导演李前宽、郭宝昌，表演艺术家于蓝、祝希娟，歌唱家李谷一、杨洪基，艺术家吕胜中，建筑设计师张永和以及演员冯远征、王学圻等各界人士曾走进节目，真情讲述童年的观影故事并回顾电影对自己成长的影响。节目以观影文化为切入点，重温中国电影史上的经典作品，在孩子和家长之间建起了一座沟通的桥梁，是少儿频道颇具社会影响力的栏目。

一、节目定位决定节目风格

　　当今世界，信息发达。广播电视也由传统的"广播"向"窄播"发展。数据分析表明，观众手中的遥控器平均不到十秒就会转换一个频道，因此电视节目只有精确的定位才能吸引特定的受众群，达到传播目的。而在众多的电视栏目中准确定位，是一个栏目成功的关键。

央视资讯的数据说明，受播出时段影响，《童心回放》的核心观众群是25—54岁，高中和大学以上学历的观众。在晚间22：00以后，少儿频道观众量逐渐流出时，《童心回放》的播出在很大程度上拉动了频道的收视，给频道的晚间收视作出了贡献。因此，在明确了目标观众群之后，栏目组考虑到节目定位和受众层次，确立了面向成人观众，温馨、舒缓的叙事风格，这也暗合了一部分观众怀旧的心理情怀。

近年来，通过电视看电影已是许多观众的选择，几乎所有省市级以上的电视台都设有影视部，播放电影，制作电影栏目。如我台电影频道的《佳片有约》、北京电视台的《环球影视》等。央视索福瑞的数据表明，《童心回放》栏目中电影部分的平均收视明显好于访谈部分。但从观众和专家的认可度来看，访谈部分对打造品牌有重要作用，其立意和风格也是少儿频道区别其他频道电影栏目的重要标志。

中国的电视谈话节目已发展多年，制作出个性化的访谈节目，是栏目组的奋斗目标。《童心回放》镜头语言就倾注了导演的特别设计。

二、节目风格决定镜头语言风格

1. 镜头语言的风格类型

电视画面是构成电视最基本的语言元素。不同的节目，其镜头语言的表达方法会有不同。同样，摄影的镜头语言也有叙事、抒情、说理和寄意之分。

例如，新闻或法制类节目强调新闻的原貌和本真，大都采用说理类镜头语言；而对新闻事件深入报道的节目在拍摄过程中，突出镜头的写实性，即摄影语言的叙事性；而舞台文艺节目的镜头语言则强调角度、构图以及镜头运动的音乐性等。《童心回放》追求的是把叙事和抒情融为一体，情之所致，营造一种舞台化的写意镜头氛围。

2. 演播室录制中的机位设置及功用

《童心回放》的录制现场在400演播室，使用常规的四讯道设备。两个特写机位，一个小全机位都使用标准镜头。为营造访谈现场足够的视觉空间感受，在摇臂机位上使用了广角镜头。摇臂的灵活使用不仅使画面更加丰富，也基本树立了节目镜头语言的风格。

首先摇臂起着划分节目段落的作用。以开场镜头为例，常规的设计是片头后，和着音乐的节奏摇臂从前景LOGO纵移直至交代出主持人和现场环境。在主持人说完

"让孩子了解历史,让父母重温过去"的开场语后,切主持人近景。然后摇臂回到出场口,迎接嘉宾上场落座。虽然只有三个镜头,但在后期制作上是两个节奏点,将在此加入嘉宾档案环节。因此,导播在切换镜头时要有充分的剪辑意识,当然这是在深谙节目思想内涵和包装流程才能做到的。

除了开场和结尾的设计之外,大多数谈话节目在访谈过程中使用摇臂的次数会明显减少。尤其是新闻和经济类节目,它的说理内容使观众注意力更多集中在谈话内容上。如果画面过于花哨,势必分散观众注意力。但在《童心回放》中,导演就强调和突出了摇臂的使用。因为访谈内容是嘉宾的回忆和感悟。"纯真年代,电影是我的好伙伴;艰难岁月,电影是我的心灵支撑。"是栏目的宣传语。节目是伴随着嘉宾的回忆徐徐道来的一种讲述,运用艺术化的运动镜头不仅不会打扰观众的视听注意力,还会起到情绪的渲染和释放作用。

2009年《童心回放》国庆特别节目《银幕交响》

3. 彰显镜头语言风格需要舞美设计的配合

为更好地使用摇臂镜头,演播室的舞美设计特地在前景处,设计了悬空的LOGO和一个老式墨绿色邮筒。画面起幅的言之有物,使摇臂镜头的内容更加丰富,避免了空洞的为摇而摇。同时,演播现场的海报、剧照也给摇臂的使用提供了很好的信息源。每期一张老海报是节目着力打造的亮点,为此,节目组通过各种途径寻找,努力放大怀旧的真实符号以唤起观众的强烈共鸣,现场营造的露天电影院气氛每每使嘉宾陷入童年往事难以自拔。嘉宾的童年照片也是一个放大的怀旧元素。在舞美设计上,我们把它摆设在嘉宾的侧后方,无论是给嘉宾的特写机位,还是摇臂机位都可以用一个移动镜头带出关系画面,当嘉宾讲述童年趣事时,观众可以形象地和嘉宾的童年影像对位。童年照片中包含的信息量十分丰富,它让人回想起红宝书、绿军装、蝴蝶结,回想起青年时代的远大理想……

4. 移动镜头要有节奏感

在文艺节目中,为艺术化再现,使用最多的是动感强烈的推、拉、摇、移、跟、升、降等运动镜头,以使场面迸发出激情,产生强烈的艺术感染力。但在谈话节目中应慎用移动镜头,应根据节目内容的不同把控镜头语言的风格。使用时,要有镜头的起幅、落幅,就像一个完整的乐句。如不顾及起幅、落幅,无节制地运动,会给人没有章法的感觉。所以,摄像师带着剪辑意识尽量提供有章法的镜头,对导演顺畅的现场切换是有力的保障。

运动镜头的节奏和节目的主题音乐也应是琴瑟和谐的。《童心回放》选用的主题音乐是作曲家瞿希贤的作品《听妈妈讲那过去的事情》,由作曲家孟卫东重新编配。在每次访谈录制前,现场大屏幕播放出片头和音乐,使主持人、嘉宾和现场工作人员都进入到特定的怀旧气氛中。片头、节目内包装、片尾滚屏字幕所配音乐都是这首歌变奏后的旋律,整个节目的音乐风格非常统一。因此,导演也要求摄像在运动镜头的节奏处理上和主题音乐合拍,使观众在收看时,心理节奏和画面运动吻合一致。

5. 固定机位的风格特点

新闻性访谈节目的镜头一般会使用近景或者中近景,旨在突出嘉宾谈话内容的真实性和贴近性,让画面更有力度和冲击,从而使观众产生些许紧迫感。《童心回放》在主持人和嘉宾两个特写机位的镜头设计上,画面大多为中景,偶尔想突出嘉宾的情感表达时会推至中近景或近景。中景景别略松，画面中会带上一点访谈区的桌角和青花瓷茶杯，意在透露出一种宽松、淡雅、怀旧的氛围，也是整个节目的风格体现。

小全景的画面一般是包全主持人和嘉宾以及身后的大屏幕。大屏幕除播出相应片段之外，就是栏目LOGO。它随时向观众传达着栏目信息，当观众转换到少儿频道，很快就会知道自己收看的是哪个节目。

6. 后期剪辑中的镜头语言把握尤为重要

在完成前期录制后，后期剪辑的二度创作如能自然流畅，则令观众赏心悦目，否则支离破碎、节奏紊乱的镜头语言，会干扰观众欣赏节目。电视画面要靠蒙太奇语言组接，如果说前期的镜头表达分为不同文体的话，后期的画面编辑则要按照蒙太奇语法逻辑来完成了。因此，在后期的二度创作中，编导要具有较高的综合素质和蒙太奇基本功，熟练运用画面编辑原则和技巧。

《童心回放》前后期的矛盾点出现在摇臂镜头的使用上。摇臂镜头的大量使用虽然突出了访谈的文艺性，但给后期剪辑带来了麻烦。从技术指标看，前后期的片比大约为2∶1。后期剪辑中，除了尊重主持人的现场创作之外，谈话走势基本是按照前期文案设计思路进行。因此，与节目主题关联不大的话题、嘉宾逻辑不严密的语句都将被剪掉。在此过程中，编导经常遇到被删节的语句正好跨在一个运动镜头中。剪掉的话，运动镜头将面临没有落幅画面的尴尬。不剪的话，会影响节目的精致和节奏。因此，在前期演播室录制时，切换导演要做到尽可能熟悉节目内容，对有效内容心中有数，尽量把运动镜头用到话题转场和情绪点上。

《童心回放》很少使用叠化等技巧进行转场，大多使用无技巧转场。因此在后期剪辑时，如何保持画面的流畅，如何给画面"打补丁"而不留破绽，考验着编导基本功。一般遵循的原则是动接动，在景别、角度等画面参数符合剪辑逻辑时剪辑画面。比如说，嘉宾一段话上有两个切点，需要一个大全镜头插画面来打补丁，如果是固定的大全镜头相对好处理一些，让嘉宾在大全景里的动势接近谈话内容即可。如果是用移动镜头贴补，难度就大了一些。既要保证嘉宾的动态比较逼真，还要考虑到起幅落幅要自然。如果实在落幅画面不能保证，就尽可能在转回到嘉宾近景时让嘉宾的动势明显，这样在视觉上会有嘉宾带回现场的感觉。

以上从现场切换和后期剪辑两个方面分析了《童心回放》节目镜头语言的风格，只有在前后期严格按照镜头语言的语法逻辑切换，编辑画面，使镜头语言更加流畅，才能保证节目内容的准确传达。

央视少儿频道
特别节目组副组长
陈 晨

央视少儿频道
摄像组组长
李 斌

概 述： 电视导播是一门专业，更是一门艺术。作者的实践经验可为后晋者借鉴。

儿童综艺节目导播浅论

　　电视导播工作是一门艺术，它依靠一个能把艺术的潜能同电视技巧结合起来的艺术家来实现。电视导播的思维和眼光必须预先于摄制集体通过电子设备的操作呈现最终结果之前就形成。电视的本性要求导演通过监督一个制作群体，并且操纵复杂的机器来表达一个视像。导播必须把意图交代给摄制群体，同时，通过对镜头的选择，并运用声音来辅助视频完成节目。所有这一切首先产生于导播的思想之中，然后，由一系列的设备和制作技巧来把这些设想体现到荧屏上去。

　　儿童节目导播又区别于一般意义的导播，具有更多特殊性，不仅需要掌握常规导播技巧，还必须研究儿童心理学，充分尊重儿童，表达儿童，就是要表达儿童的情感和心声，抓住孩子视听需求，向不同年龄段的收视群体传播不同的视听讯息，秉承"传递正确和安全的讯息给儿童观众"的原则，完成每一场节目的切换。

一、准确传达思想内涵是导播的首要原则

画面是电视语言的基本单位，必然承载着创作者的思想和情感。电视画面正是通过具体的、现实的形象来传达深层思想的。电视导播对形象的选择和安排使他拥有更大的可能去概括、提炼、加工现实，并形成独特的画面风格。前苏联电影大师爱森斯坦曾经说过，"画面将我们引向感情，又从感情引向思想"，因此通过画面传递思想和情感便显得至关重要。一台晚会需要表达的内涵主要依托画面语言的传递，画面的质量首先表现在画面上的形象组合是否具有内在的逻辑力量，是否能承载更多的思想情感信息。因此在这一阶段，导播的工作主要有以下两项：

第一，导播不仅应该预先与晚会策划、总导演等主创人员针对其节目的思想内容、表现重点以及整体画面风格的把握，做最充分的沟通和协调，还需要仔细研究台本，观摩预演彩排现场。一方面要设计出整体的画面语言风格和局部的气氛、细节等的视觉表现，而且要根据常规的舞台表现设计出新颖的、更有创意的视觉表现。同时还要针对现场可能出现的情况，进行预案的准备，以防止现场发生特殊情况时难以应对，导致画面质量的减损。

第二，导播及摄像在对晚会的思想主题、情感情绪有了足够的理解之后，开始逐一场次进行分镜头工作，并制定出具体方案，作为现场制作节目的依据。这个方案既要包括具体镜头拍摄的景别大小、机位设计、角度选择，还要有具体的镜头运动方式，比如推拉摇移、升降等变化。有了事先的交流，导播和摄像在现场才能默契配合。摄像可以在现场根据晚会的主题和特定的情绪表达，进行拍摄机位角度和画面构图的选择与设计，准确捕捉到有视觉冲击力的画面。导播通过各讯道传递过来的画面，在晚会或者节目统一的思想构架下，快速进行判断，并精心选择和组合各种视觉元素，从而传递更为丰富的视觉信息，这样才能保证切出的画面精美准确。导播还要善于运用硬切与叠画相结合的手法，努力创造一种视觉意象以及内在的情感韵律。在符合晚会节目整体内容和风格的要求的基础上，使整个画面一气呵成，连贯流畅。既能有效传递信息，又能直接作用于观众的心灵，从而征服电视观众。

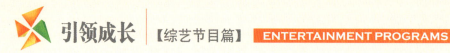
二、场面调度与镜头的语言节奏是导播的呈现手段

1. 调度

场面调度最初是用于舞台剧，后被借用到影视艺术中来，指导演对画框内事物的安排，即导演引导观众从不同角度不同距离去观察画面上的活动，它包含演员调度与镜头调度两个层次。

演员调度指导演通过对演员的运动方向，所处位置变动及演员之间发生交流的动态与静态的变化等，造成画面的不同造型，不同景别，揭示人物关系及情绪的变化，以获得画面效果。

镜头调度则指导演运用机位的变化，如推、拉、摇、移、升、降等运动方法，俯仰、平斜等不同角度，和不同视距的镜头画面，展示人物关系，环境气氛的变化及事物的进展。镜头调度可以是指镜头组接后构成的一个完整场面的调度，也可以是单个镜头内的调度。纵深场面调度就属于后一种情况，它指导演通过演员和机位的运动，利用一个镜头内景别、构图、光影、场面、环境气氛、人物动作等造型因素变化，来加强这

个镜头的完成质量。

在通常的晚会节目中，场面调度是导播与现场导演经常沟通的一项工作，电视晚会一定要利于电视表现，要方便摄像机的拍摄。只有场面调度有利于摄像机画面展现了，导播才可以以此来完成一台较为完美的晚会。

2. 镜头语言

有了便于拍摄的场面调度，镜头便可用其特有的语言"讲述"整台节目的内容。由摄影机所拍摄出来的画面看出拍摄者的意图，去感受拍摄者透过镜头所要表达的内容，这就是所谓"我的镜头会说话"，也就是一般所讲的"镜头语言"。镜头语言除了叙述性的画面外，还有描写性的，用来描绘某种情绪、气氛或形象。在需要导播参与的电视节目制作中，电视的现场直播和录播都是通过现场镜头切换、同步组接画面再现现场的真实情景，以真实的现场氛围感染电视观众。节目是否给观众带来了情感上的共鸣，情绪上的宣泄，与导播的镜头组接能力有着直接的关系。

镜头语言必须和节目内容保持一致，导播的职责不仅是抓住场上所有的精彩看点，同时还应该通过即时切换组接，利用蒙太奇镜头语言，让观众了解晚会的主旨，所以导播需要一心多用。在调机的同时，注意主持人或者嘉宾等的发言，谈话内容以及现场气氛。例如现场情绪静默，则需要大胆地使用长镜头。摄像机在不停机的较长时间运动后所拍摄的连续镜头，称之为长镜头，有些长镜头可以达到几分钟以上。长镜头的理论首先是由法国电影理论家安德烈·巴赞提出的，他在《摄影影像的本体论》中认为，镜头和镜深镜头的运动可以避免严格限定观众的知觉过程，注重事物的真实、常态和完整的动作，保证时间的进行受到尊重，让观众看到显示空间的全貌和事物的实际联系。其意义不但可以大大减少蒙太奇组接的次数，而且对于开拓、研究镜头内部蒙太奇的艺术潜力，也产生重大的作用。长镜头特别对于需要连续表现的情绪、动作，以及要展示辽阔空间，都有其特殊的艺术价值。使用长镜头是对导播敏感性以及摄像技术的考验。长镜头的表现技巧是与蒙太奇组接技巧互为补充的。不能滥用，尤其在情绪把控不确定的情况下，宁可放弃，不可强求。

3. 节奏

语言讲述的速度有快慢，讲述时的声调有高低。而镜头的语言也是有节奏的，其节奏分为内部节奏和外部节奏。内部节奏指的是被摄物体的运动，是画面节奏中最基本的节奏。以视觉心理学来讲，运动吸引着注意力，无论人或动物都对运动有着强

情景晚会《梦想80年》

烈的自发反应。外部节奏，主要是由镜头的运动和剪辑产生，镜头的运动使画面的空间产生了变化，也产生了节奏。镜头的运动可以消除长时间看同一空间范围引起的视觉疲劳。人们观察事物一般是一个由远至近，由概括到详细的过程。在镜头运动中，恰当的运动节奏可有效地支配人注意力的转移、指向和集中。处理好镜头运动的节奏，不但有利于表达画面内容，也有利于整个节目的节奏基调鲜明，增强全片的感染力，提高表达效果。在现场切换当中，镜头的内部节奏与外部节奏往往是组合运用的，以表达和增强节目的整体感染力。如拍摄独唱歌手，演员原地站着不动，此时就需要导播指令摄像通过镜头的运动，依据音乐的节奏与导播切换的手法相结合，使画面的空间方位变化，从而丰富整个演唱过程的画面空间。

节奏的关键是细节，细节的关键也在于节奏。节目制作过程中，节奏是一个不可忽视的艺术元素。电视是时间与空间的复合体，节奏自然既表现在时间的流程中，又表现在空间的运动形态上。另外，电视是视听综合艺术，节奏也就既依附于活动的影像中又依附于声音里，是视觉节奏与听觉节奏的有机结合。节奏与画面有着密切的关系。镜头的长短，镜头的内容，镜头的运动等都对电视节奏产生影响。特别是镜头的长短是编辑中最重要的一个问题。不同长短的镜头，形成不同的编辑关系。它对整个电视作品的声画风格、情绪的渲染及叙事的清晰明了产生直接的影响，从而决定了电视节目的节奏。具体到导播工作中，节奏更显得尤为重要，特别是儿童综艺节目，往往是由数十个节目组成的。每一个节目的切换要把握节奏，整台节目的节奏更需要控制。如何把握总体节奏和单元段落中的具体节奏的关系，如何运用段落节奏形成整体节奏都是需要导播深入思考的。当然，整场节目和单元节目的节奏与节目本身和整台晚会本体的内在节奏有很大的关系，导播所能控制的只是节目的外在节奏。在有限的可控制范围内，导播把节奏控制得游刃有余才能彰显功力。

三、细节处理是导播的点睛之笔

如果说大场面的全景镜头是渲染气氛、烘托主题的必要手段，那么反映细节的近景镜头就是刻画人物、阐释主题的有效法宝。导播捕捉细节的能力直接影响节目主题的传达和艺术效果。

细节的基础是情绪。对于情绪的控制，讲究"以人物的心理情绪为基础，根据人物情绪的喜怒哀乐等在表情的表达过程中选择编辑点"。切换点的选择应以人物情绪表现为重，在镜头长度的把握上一般要放长一些。把切换处选择在人物情绪的抒发基本完成之后，这样可以把人物的心理活动展示得淋漓尽致，从而调动观众的情绪，增强节目的感染力。动作切换点的选择，只要掌握动作的规律便容易把握，而感情切换点的确定，全凭导播对主题、情节、内容的理解。对人物内心活动的心理感觉，看不见、摸不着，无规律可循，很难以概念加以阐述。所以，情绪切换点的选择最能检验导播人员的专业素养。

细节需兼顾整体。歌伴舞，不能只顾歌手，要充分表现伴舞，但要突出歌手，注意歌手与伴舞间的切换。构图要注意伴舞对主体的陪衬，通过伴舞作为前景、背景陪衬，间奏部分可用舞蹈表现；舞蹈，要有场面的展示，同时要有细节的特写。有时为了造成一定的悬念，吸引观众的注意力，镜头可由看不清楚或看不到主体，逐渐接近主体。如：演员的出场通过远景—全景　近景—特写镜头，让观众逐渐看清楚演员的容貌。节目间的切换，可通过特写、空镜头、观众转场，避免演员的无效表情，避免节目间转场的混乱。主持人串接时，如果背景乱，镜头可给特写。切换过程中有时难免出错，出错以后，有时候不要急于改正，可在不知不觉中调整。如：镜头构图不好，平稳调整；镜头没有主体，慢慢移动到主体。导播过程中，如果出现计划外的场面，根据情况，不要一味地转移视线，可能这才是最精彩的一幕。这一点对于儿童节目导播尤为重要，有时意外抓拍到的孩子镜头，是事后摆拍不出来的。

应该说，导播在切换时就已经基本完成了编辑，此时就需要更加细心的工作，尽可能地将节目编辑完整，为进一步的后期编辑节省时间。在尽可能避免基础错误的同时，要细心镜头组接时的细节，如跳轴、同景别组接等；注意节奏：切换要随音乐的缓急变化而变换，并在音乐的段落处切换，如歌曲的切点往往放在一句话的开始和结尾。访谈时也应该在谈话者气口处切换；注意叠化和切的应用：叠化效果使观众不感到生硬、突然，更显流畅性。运动镜头之间的叠化如行云流水，过渡更自然。叠化的暂停形成叠画，屏幕上出现画面的重叠，合理安置好前后两个画面，使它们互为补充。如两个镜头作叠画，特写表现表情，全景表现环境。叠化一般用于抒情性慢节奏歌曲，"切"一般用于快节奏的歌曲。当然这些共性不排除个性，有些慢节奏歌曲也适合切，而快节奏的也适合叠化，应以具体节目内容为准；注意特技的运用：两个不同的场景或题材，可以用飞像等数字特技来转场。

四、稳定的心理素质是导播工作的保障

现场切换的特点是与节目同步进行制作。在导播的过程中，没有足够的时间对摄像、切换的细节精益求精，无论是画面的组合，还是节奏的控制都需要在切出的瞬间完成。这种即时性的特点是电视所特有的。因此，为了高标准地制作节目，节目的创作者应当尽量做到对节目或事件本身多些了解和周密的计划安排。

即兴创作的基础是默契的配合。导播的工作贵在"协调"二字，需要和摄像、灯光、音响、舞美以及现场导演等各工种充分地沟通。因此，导播必须具备多方面的专业知识，使沟通无障碍。尤其是与摄像的沟通，非常必要。导播应事先告知摄像自己的调机术语，镜头蒙太奇组接的特点，甚至于一些精细设计的镜头走位。这些工作都可在预演排练时分析研究。在胸有成竹的基础上临场发挥才能避免失败，也更有发挥激情的机会。试想一个没有看过预演，直接上切换台的导播会多么的被动，手忙脚乱是难免的。

导播虽然是一个专业性很强的工作，但灵感不可或缺，而稳定的心理素质是获得灵感的重要前提。当一台直播节目开始时，仿佛进入一场战斗，没有停息的时间，一气呵成是现场录制的特色。导播不要因为一个镜头切换的失误而慌了阵脚，必须立刻调整心态，投入下面的节目，很多经验不多的导播常常因为一个小错误而满盘皆输，一错再错影响到整场节目。把握好自身情绪是非常重要的。在稳定的情绪下，往往可以找到灵感。例如歌曲中有梦幻感觉，导播发现舞台深处的某个灯光可以造成朦胧的效果，便及时调机，和摄像默契配合营造幻境效果。

导播是技术，更是艺术。需要电视专业知识，更需要人文艺术修养，需要丰富的电视工作经验。多读多看，勤学苦练，是任何一个职业获得成功的秘笈。

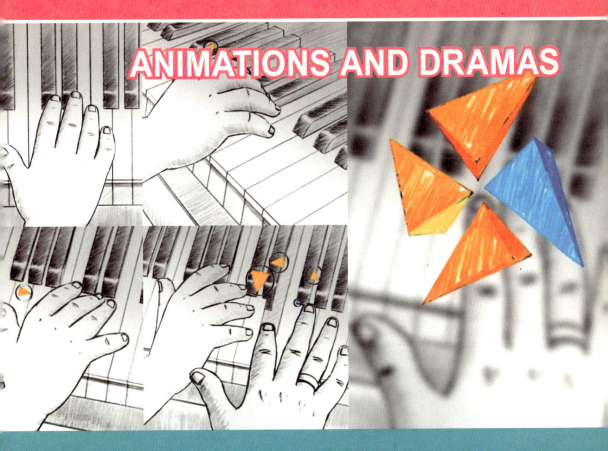

动画与儿童剧篇

ANIMATIONS AND DRAMAS

央视少儿频道副总监
赵文江

概 述: 动画片制作投入较大,前期创作尤为重要。本文对此做了探讨。

电视动画片前期创作的管理

一部电视动画片的生产通常需经历三个阶段,即:前期创作阶段、中期制作阶段和后期创(制)作阶段。一部影视作品的成败多取决于前期工作的质量。作品的样式、叙事结构、叙事风格、镜头语言特点等大都成形于这个时期。尤其是动画片的创作,由于其自身生产流程上的特点,决定了只要其样片制作完成并通过审查,风格和品质样式即已决定。项目正式进入中期制作后,更多的是严格按管理流程行事,创作的成分相对较少。由于动画片这一片种几乎没有片比,故中期制作完成后,可供后期制作时进行再创作的余地很小。如此看来,如何加强前期创作管理工作,充分调动各工种的积极性,有效地把好前期创作的每一道工序,缩短创作周期,节约成本,是每一个动画制片单位的首要任务。下面结合工作中的一些经历,就电视动画片的前期创作管理问题谈些自己的认识,供大家探讨。

一、健全的电视动画片剧组运作状态

动画制片单位的业务工作主要由各个剧组具体承担。一个理想工作状态下的电视动画片剧组,其前期创作的工种、工序理论上应包括有:

①专业工种：策划、文学编剧、导演、美术编辑、文学分镜头剧本创作、画面分镜头剧本创作、文学编辑、副导演、导演助理、动画统筹等。这些人员的工作内容包括故事梗概、文学剧本、文字分镜头剧本、造型设计、场景设计、画面分镜头剧本、样片制作、摄影表、设计稿等。

②行政工种：监制、制片人、制片主任、市场策划、制片、剧务等，这些人员的工作内容包括根据策划人的意见进行题材论证、资金筹措、项目立项、组建剧组、制订制片周期计划、草拟合同、撰写后产品开发评估报告等。

一个健全的剧组是确保生产正常进行的组织保证。在现有的资源状况下，根据不同的项目、不同的主创人员的创作能力（或称人力资源可调配状态）、不同的生产周期等不尽相同的生产条件，需要对每一个剧组的工作状况做细致的研究，根据每个项目的不同特点，健全剧组，规范运作机制，实现创作目标。

除了剧组建制问题，我们还期待着上述每个工种能够科学地行使自己的职权，圆满地完成每道工序，这需要剧组每位工作人员具备良好的专业素质，时刻把投资方的利益放在首位。这是剧组健康有序运作的思想保证。

二、目前剧组工作存在的问题

受体制、工作理念、人才资源不足、经验欠缺等因素的影响，当前我们的剧组运作尚存需改进之处，主要表现在：

①导演的创作潜能没有得到充分发挥。参照目前剧组创作上导演中心负责制的工作方法，我们在实际工作中，尚需积极探讨切实可行的措施，以最大限度地在前期创作中彰显导演的创作意图。事实上，由于局部存在职责不清的问题，我们经常有这样一种困惑，即导演是片子的"简单的组织者"还是"创作的发包者"？如何才能体现动画导演控制创作走向的灵魂作用？解决好这类问题将有助于激励动画导演更好发挥其创作能力，提高片子的艺术质量及制作质量。

②职责不清工种配备不全，人员兼职较多，影响主创人员的正常工作和剧组工作

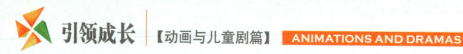

进度。导演应是剧组的创作灵魂，其更多的精力应该放在如何提高片子的艺术质量上，创作中大量的事务性工作应由其他工种承担。但事实是，有些非创造性的工作是由导演负责落实，缺少诸如副导演一类专业人员的支持。再则，制片人力不足，导致一位制片同时身兼数个项目的管理工作，忙乱之中出现差错在所难免。剧务和动画统筹的工作也存在职责不清的问题。这类问题会造成剧组各工种之间工作循环的堵塞，影响质量和周期。

③有专业岗位但缺乏专业人才，无法设置本应配备的岗位；有岗位也有人但人才专业化程度不够，造成某些工种的工作不利。

目前的实际工作中，相当一部分制片性质的工作人员缺乏法律知识，不具备草拟、审读合同条款的能力。如"避免双重征税"这类条款是视国与国之间的双边协定而定的，一旦出现对外合作就有可能面临这类问题，处理不当就会造成资金的浪费，甚至造成纠纷。

另外，一个好的动画制片人员，要懂得如何用智慧降低成本，如何在制定投资数额的同时，在熟读剧本的前提下，向导演、编剧提出既可确保质量又能降低成本的创作、制作要求，这将牵涉中期制作成本乃至后期衍生产品开发的问题。

上述简单事例说明，一个制片人才需具备多层次的、立体的知识结构；其工作是要有责任心的、勤奋的、细致的。否则，将有碍于建立完善的剧组管理机制。

虽然目前人力资源状况不尽如人意，但如何在现有管理条件下做好前期创作工作，依旧是我们必须面对和解决的问题。

三、现有条件下改进工作的初步设想

逐步建立完善的剧组管理机制，首先要解决两点问题：一是建章立制问题；二是人才问题。

凡事预则立，不预则废。每一年度的题材规划、生产计划、资金使用、后产品开发等工作既关涉眼下如何完成动画片生产任务，同时亦涉及一个影视制片单位的发展规划问题。如何脚踏实地地通过做好目前的工作，干今天的事，预想明天的果，逐步实现未来发展的既定目标，确是需要我们细心加以注意的问题。

1. 健全运作机制，做好项目策划工作

一个影视制片单位应该有一个负责前期策划创作的部门。这是一个行政管理的

概念。这个部门有一套完整的操作规范，操作中要有品牌意识。既要考虑创作本身，还要预测市场开发。

从工作内容上讲，它应该拥有影视市场调研、策划、文学剧本创作、美术设计、分镜头剧本等工作项目。

从工作岗位上讲，它应该拥有从事影视市场调研、文学编辑、美术编辑、分镜头台本创作（组织工作）等专业人才。

设置这个部门将使动画片的生产机制更加合理。

2. 明确岗位职责，完善工作制度

根据实际状况，我们首先要通过建章立制，明确岗位职责，进一步强化导演制片双重负责制，避免不合理的交叉，避免不规范操作。

如：影视市场调研人员，他们的工作不仅是对影视项目的立项提供必要的资讯，还要对后产品开发做必要的市场预测。同时节目播出后的市场反映亦要有信息反馈，完成了这类工作方为一个较为完整的工作流程。再则，文学编辑、美术编辑、影视市场调研人员等岗位首先应是创作工作的组织者，协助节目组织者或导演实现创作意图，其工作业绩起初要体现在一份完整的工作报告（paper work）中。它要详细叙述创作意图、美术风格阐述、包括播出计划在内的产品推广计划、宣传企划等。

在现有人事管理体制下，我们可以利用临时聘用的方法解决部分专业人员的岗位空缺问题。同时，进一步完善导演制片双重负责制，逐

步完善剧组管理工作流程，达到不断提高节目制作质量、加快制作周期的管理目的。

3. 明确工作要求，强化管理工作

提高节目质量、合理设定周期、有效控制成本对投资方来说是最重要的事情。如何节约成本同时确保质量，如何保证质量同时确保周期是摆在每一位主创人员面前

的重要任务。

要想顺利完成一个动画片制作项目，根本说来还是人才问题。

①我们可以要求导演进一步做好导演阐述、文字分镜头剧本，甚至摄影表的填写工作，用以全面改进前期创作的工作状态，确保质量。但要想全面实施这样的工作程序，还需要更多业务过硬的导演。

②一个健全的剧组建制，应该有制片人、制片主任一职。制片人才应具备良好的组织协调能力，具有良好的艺术鉴赏力，了解并能较为娴熟地运用国内国际相关法律法规，了解国内外同业的发展潮流，掌握市场信息和一到两门外语等。

③让"前期创作的后产品开发意识"和"用智慧降低成本"这样的工作理念体现在创作过程中，这需要剧组的工作人员不断更新观念，勇于创新。

在一些动画系列剧的文学剧本创作阶段，导演、文学编剧是否可以归纳一些场景，要求编剧在这些场景中把戏做足，再设计新的场景，这样可以有效地节约中期加工成本。另外，如何要求担当美术设计的人员在创作时，考虑到后产品开发的模具制作问题，让人物造型更具工业意义上的实用性，从而大大缩短后产品开发周期，节约用于产品开发的资金投入。

解决人员不足和从业水平问题应分步进行：

一是要从现有动画专业人员中找寻，采用定向培养、专业进修的方式，提高工作人员的专业水平。

二是从学习经济等学科的人员中挑选，培养符合工作要求的人才，缩短适应期限，节省人才资源管理成本。

4. 积累创作资源，有的放矢地工作

"没有成熟的剧本，怎么办？""美术设计找谁做？""分镜找谁绘制？"如何解决好这类创作问题呢？应当说，找编剧是要根据不同的创作要求，找寻擅长创作同类风格的人员进行剧本创作，避免发生"有病乱投医"现象。避免出现不管实际水平如何，先写几集剧本看看，不好退稿费的操作方法。否则，既拖延周期也浪费资金。

参照国内外的工作操作经验，我们应当考虑建立剧本库、编剧资源库、美术资源库、分镜头资源库等工作程序。这里应该特别说明的是，所谓"库"不是传统意义上库房的意思，它只是一个工作流程、工作方法的代名词。如，我们要统计积累所有编剧、美术设计及分镜头创作人员的档案，制订表格，上面要写清楚每位人员的艺术创作特点等个人资讯，甚至还要把他们分成若干等级，按不同的稿酬标准发放酬劳。这

将使我们的工作做到有的放矢，有效地缩短工作周期。

5. 规范前期操作，提高节目质量

什么是动画片前期创作的完整流程？或是说，进入中期之前我们应该完成哪些工作？是我们一直在根据现有人力资源状况找寻和实现的工作理想。

我认为，前期创作的最后一道工序是设计稿，此前还应有摄影表、分镜头一类的工作。但按照当前我们人员结构的状况，做到这一步对于一部分人说来或许有一定困难。但是，作为一项工作、事业，我们应该从现在做起，努力学习专业知识，再不能把更多的应该在前期创作完成的工作留给中期加工单位进行。

理论上讲，中期加工公司基本类似于一个建筑工程队，只负责盖房子，无权修改设计图纸。因此，如何完善工作流程，明确

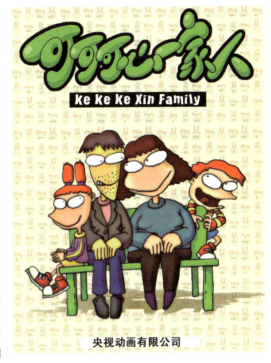

央视动画有限公司

工作要求，是摆在我们面前的重要任务。工作流程、工作任务明晰了，前期创作的质量就有了保障。这是今后相当一段时间内需要花大力气去做的工作。

目前，应该通过增加文学剧本审读、导演阐述审看、美术设计论证等工作程序，逐步理顺、强化一些前期创作的工作环节，为今后理想地操作前期创作积累必要的经验。

综上所述，动画片生产不是一个单纯的艺术创作活动，它同市场的联系越来越紧密；今天动画片的电视播出也已经不再是单纯的播放动画节目，播放本身既是产品的销售过程，也是其后续产品的开发推销活动的一部分。因此，应该做好前期创作工作，使其符合专业操作规范的同时，也能够适应市场开发、推广的需要，与时俱进，更新工作观念，视前期创作每一道工序为一个独立的产品，而对后边的一系列工作的承付者——客户负责。有了这样的观念和科学的工作流程，国产动画片的创作质量将会得到提高。前期创作作为动画产业链条上的第一"链"才可以真正起到它应有的作用，实现创意之初，立体策划，始于创作，归于市场的生产目的。如此看来，我们强化电视动画片的前期创作的管理是必要的，是要花大力气的，是要有很长一段路程要走的。

《动画梦工场》制片人
许蓓蓓

概　述： 打造电视品牌的论述多如牛毛，而针对儿童的身心特点，运用想象力打造品牌则因其罕见而可贵。想象、诗意、梦幻、美好应该成为儿童节目永恒的追求。

《动画梦工场》的品牌战略

　　少年儿童痴迷于动画，究其原因，是因为他们充满幻想，需要创造，渴望奇迹。而动画片充满想象、无拘无束正满足了他们的内心愿望。如今，在世界各国电视网的儿童节目中，动画片都占据着绝对比例。在中国，动画片不仅成为儿童节目最为重要的类型，更成为少儿频道的"收视支柱"。

　　近年来，随着我国少儿频道"遍地开花"，各台的动画栏目也相继上马。一方面，通过在固定时段播出动画片吸引稳定的收视群；另一方面，通过"栏目化"手段对动画片进行包装和再加工，以期达到更好的收视效果。

　　《动画梦工场》是央视少儿频道播出国产动画片的日播栏目，时长30分钟。栏目定位为"推介和播放国产精品动画片的窗口，致力于打造国产动画的品牌形象"。栏目开播以来，平均收视率连续五年稳居频道榜首。

　　目前，北京卡酷、湖南金鹰、上海炫动、广东嘉佳四个卡通频道纷纷上星。而在央视少儿频道内部，还有《动画城》、《动画乐翻天》、《银河剧场》等多个播出国产动画片的窗口。动画片作为支撑动画栏目乃至频道收视的核心资源，节目使用效率最高。因此，它也成为竞争中最为抢手的资源，对于优秀国产动画片首播权的竞争逐渐上升到白热化阶段。尽管作为央视的国产动画播出平台，在购买价格以及播出覆盖上都有着地方少儿频道和动画频道无可比拟的优势，但毕竟资源不再独占。面对内外竞争的新挑战，《动画梦工场》如何在激烈的竞争中保持活力、持续领跑？如何为推动国产动画的发展发挥积极的作用？全力塑造栏目品牌成为重要的突破口。

动画栏目的品牌塑造，仅依靠动画片是不够的。从一个拥有高收视率的栏目向具有相当社会影响力以及观众情感认同的品牌栏目转变，不仅需要高品质的动画节目，更需要独具创意的互动包装模式。

一、推介国产动画，播出主旨健康、题材新颖的原创精品

《动画梦工场》始终致力于给孩子们带来欢乐，同时寓教于乐，让孩子们在生动的动画故事中学到知识，懂得更多做人的道理。在动画片的选择上，《动画梦工场》强化精品意识，实施精品战略，坚持播出主题积极向上的，能带给孩子们有益启示的优秀原创动画精品；坚持播出具有中国特色的、思想性、艺术性、观赏性、趣味性俱佳的国产动画片，在业内树立自己的品牌形象，为广大少年儿童营造积极向上的文化氛围，引导少年儿童健康成长。根据受众的不同需求，栏目有针对性地选择适合不同年龄观众收看的优秀国产动画片，本着"推陈出新、弘扬民族文化"的原则打造《动画梦工场》这个播出平台，不断满足少年儿童的精神文化需求。栏目先后播出了《哪吒传奇》、《大耳朵图图》、《三毛流浪记》、《小鲤鱼历险记》、《中华小子》、《美猴王》等百余部优秀国产动画片，深受小观众喜爱。作为国产优秀动画片的播出窗口，《动画梦工场》已经形成了鲜明的品牌特色。

二、发展创新的互动模式，打造与小观众零距离的互动品牌

与国外动画片相比，国产动画片从整体制作到宣传推广尚有距离。《动画梦工场》作为主推国产动画片的栏目，具备了推介国产动画片的功能。

在以往的动画栏目中，通常采用两种包装方式：一是用简单的串联引出动画片；另一种是过于强调栏目的视觉包装，忽略了动画片的内容。前一种简单苍白，后一种

过于"炫技"。《动画梦工场》要形成自己的特色和品牌,从众多的动画栏目中脱颖而出,就必须以全新的角度审视动画栏目的功能,从而达到"栏目推动动画,动画成就栏目"。

有人说,动画是成年人的童话,是孩子们的真实。动画片如此,动画栏目的包装同样如此。对于孩子来说,他们需要的不仅仅是一个快乐的节目,更重要的是,他们希望能够成为这个快乐节目中的一员。

1. 来自虚拟世界的"好朋友"——"跳跳龙"品牌的建立与延伸

《动画梦工场》精心设计了三维主持人"跳跳龙"和小鹿姐姐一起主持节目,力求通过虚拟人物与真人的完美结合,让孩子们有耳目一新的感觉。"跳跳龙"天真、活泼、好动、调皮,甚至有些贪玩。它喜欢用一只脚跳来跳去,最喜欢看动画片。它和所有的小朋友一样,有自己的优点,也有总也改不掉的小毛病。这样的性格设置,拉近了"跳跳龙"与孩子们的距离,让孩子们觉得这个朋友真实可信,愿意与之亲近。

经过五年多的打造,"跳跳龙"在孩子中享有极高的知名度。为了加强"跳跳龙"的号召力,保持"跳跳龙"的新鲜感,栏目还定期为"跳跳龙"设计全新的造型。2007年,栏目为"跳跳龙"设计了12款造型,分为春、夏、秋、冬等不同的季节。从"高空飞翔"到"海底探秘",从"冬日雪场"到"沙滩假日",从"唐装拜年"到"圣诞老人","跳跳龙"的每一款新造型都受到了孩子们的追捧。2008年,为迎接北京奥运会的召开,"跳跳龙"又变身为"运动健将"。栏目针对北京奥运会的28个运动项目,专门为"跳跳龙"设计了28款运动造型,和小朋友们一起为奥运会加油。

一个卡通形象要保持新鲜感,并长久地植根于孩子心中并非易事。它要求栏目采用多样的手段去丰富其内涵,用创新的精神去经营这个卡通品牌。"跳跳龙"已经成为深受孩子们喜爱的卡通形象,且具有良好的开发前景,如何保持"跳跳龙"旺盛的生命力和持久的竞争力是栏目下一阶段发展的重要课题。

2. 用动画思维包装动画栏目——"卡通欢乐岛"的设计与开发

动画片色彩艳丽的画面、充满想象力的场景和引人入胜的情节，始终都是吸引孩子的重要元素。因此，《动画梦工场》在整体包装上也借鉴了这些方式。力图用动画的思维来包装动画栏目，用动画的形式开发孩子们的想象力，为少年儿童创造一个梦境般但却可以真实走进的世界。

栏目运用三维动画技术，建造了一座梦幻般的"卡通欢乐岛"，小鹿姐姐和"跳跳龙"就生活在其中。这里既有精彩的动画片，更是一座邀请孩子们共同建设的动画乐园。"跳跳龙"会适时将自己的建设计划告诉小观众，比如盖房、搭桥等想法，号召大家用自己的画笔设计方案，参与建岛。而"跳跳龙"也会从中选择最具创意的方案，通过电脑技术把它真的"建设"在"卡通欢乐岛"上，真正实现孩子们的设计梦想。《动画梦工场》创造了一个虚拟的世界，却可以实现孩子们的现实梦想。

强化节目的参与性和互动性是提升节目收视率和影响力的重要手段。为打造栏目的互动品牌，《动画梦工场》还设计了全方位的参与途径，孩子们可以选择自己喜欢的方式参与到节目中来。节目中的每一个互动环节都坐落在"卡通欢乐岛"的不同区域内，每一个小小的建筑都有着自己独特的设计风格。经过不断拓展，"卡通欢乐岛"上已经逐步建造了"神奇飞船舱"、"欢乐信箱室"、"欢乐语音留言室"、"图画动一动"、"小小岛民俱乐部"等多个虚拟互动场景。每一个场景都经过一段时间的检验，被孩子们证明是好看的、好玩的。

"欢乐信箱"是为写信的孩子开创的互动板块，比如没有电脑的农村儿童。在这个板块中，小鹿姐姐和"跳跳龙"会阅读小朋友们的来信，并回答孩子们提出的与动画有关的各种问题，场景中跳跃的拟人邮箱童趣十足。

在"欢乐语音留言"板块中，孩子们被引入一个奇特的耳机状房屋，小鹿姐姐和"跳跳龙"在里面认真倾听小朋友的电话留言。孩子们畅所欲言，或表达自己对国产动画片的喜爱，或倾诉自己的快乐与烦恼，真正做到了倾听和表达儿童的心声。

作为一档动画栏目，《动画梦工场》不仅用动画的思维包装栏目，同时，也在包装

串联中借助了动画的手段。在"图画动一动"中，孩子们寄来的儿童画会通过动画技术，神奇地变成动画短片进行展示。此时，孩子们不仅获得了小小的成就感，更得到一份鼓励和肯定。

栏目还不定期地推出"动画人物模仿秀"板块，充分发挥孩子们喜欢模仿的天性，以更加灵活的参与性有效推动国产动画的宣传。在节目中，喜欢手工的孩子和父母将自己装扮成国产动画人物在节目中展示，以目前最流行的COSPLAY的形式表达对动画片的热爱。对动画片的再度创作，激发了孩子们的想象力、表现力与创造力，既提高了小观众的收视兴趣，又提升了动画的魅力。"动画片播放——孩子们收看——孩子们再度创作——动画片再度被传播"的过程形成了"大动画"的传播模式。

以上所设计的互动包装方式，与栏目中播出的动画片构成了相互依存、相互促进的关系。从而强化了国产动画片的宣传力度，形成了独具特色的栏目品牌。同时，也奠定了动画栏目与国产动画片"双赢"的经营模式。

3. 栏目与受众的情感关联——"小小岛民俱乐部"的建立

经常收看《动画梦工场》的孩子们都知道，在"卡通欢乐岛"上有一个特别的地方——"小小岛民俱乐部"。能够获得栏目颁发的"小小岛民卡"，成为一名"小小岛民"，已经成为孩子们在收看动画片之余最大的乐趣和梦想。如今，栏目已经发展了上万名"小小岛民"。每一个"岛民"都有自己唯一的编号，并且拥有个人资料库，栏目组可以在任何时刻准确地联络到他们。一张"小小岛民卡"犹如一张卡通世界的身份证，伴随着栏目的发展，逐渐成为栏目与小观众之间的互动纽带。很多孩子自豪地寄来了自己佩戴"小小岛民卡"的照片。

作为对"小小岛民"的回馈，栏目每一季会推出以"跳跳龙"形象为依托的衍生礼物：比如"卡通欢乐贴"、"跳跳龙小水杯"、"跳跳龙四季造型明信片"、"跳跳龙奥运迎新小台历"、"跳跳龙奥运T恤衫"以及"跳跳龙徽章"等等。这些具有栏目特色的小礼物不仅有效地推广了"跳跳龙"的品牌形象，还增强了小观众参与节目互动的积极性。目前，栏目正在筹划一系列"电子礼品"。届时"卡通欢乐岛"的"小小岛民"们将会在生日收到小鹿姐姐和"跳跳龙"的电子贺卡，并能够通过网络下载与小鹿姐姐和"跳跳龙"的合影模板，亲手制作一张"快乐合影"。与此同时，"小小岛民"也会将自己的快乐体验与身边的朋友分享，从而带动更多的孩子参与节目。

"小小岛民俱乐部"的建立赋予小观众强烈的归属感，使得栏目与小观众的互动

从"内容互动"上升为更高层面的"情感互动"。让孩子们能在成长的过程中，时刻感受到来自栏目的人文关怀。作为回报，栏目收获了孩子们最高的忠诚度，《动画梦工场》品牌也深深地植入了孩子们心中。

今后，《动画梦工场》将继续扩展与小观众的情感空间。一方面，在俱乐部建制、岛民管理以及活动组织上进一步完善；另一方面，充分发挥"小小岛民卡"的作用，让每一个"小小岛民"都能够真正享受到"岛民"的"特权"。栏目将尝试走出演播室，在不同地区，特别是偏远山区举办专属于"卡通欢乐岛小小岛民"的特别活动。让主持人和"小小岛民"们面对面交流，将动画片、动画歌曲、动画知识等孩子们感兴趣的内容，通过游戏的方式带到孩子们身边，让孩子们和卡通人物一起快乐地成长。这将使《动画梦工场》在互动上实现跨越式成长，为栏目品牌更具竞争力和可持续发展奠定坚实的基础。

如今，《动画梦工场》已经积累了丰富的资源：近百部中国最优秀的国产动画片资源；虚拟主持人"跳跳龙"与"卡通欢乐岛"共同构成的栏目独家资源；以及由众多"小小岛民"构成的栏目最忠实的观众资源，这些资源为栏目的品牌化发展提供了源源不断的动力，也使得栏目具备了向深层领域拓展的条件。《动画梦工场》将继续为国产动画的发展推波助澜，在品牌经营、市场拓展等方面寻求新突破。

《银河剧场》制片人
杨 超

概 述：以播出动画片、儿童剧为主的栏目如何以儿童为本位，本文做了阐述。

《银河剧场》的受众本位

受众本位，指大众传播媒介在信息的传播活动中，以最大限度地维护受众的根本利益为出发点，以满足受众获取多方面信息需要为己任，以提高受众的思想素质、政治素质、道德素质和科学文化素质为目标，全心全意为受众服务[1]。受众本位强调了受众在新闻传播活动中的主动性、创造性和参与性，科学地界定了受众在传播领域里的主体地位。它是以人为本的思想在新闻传播领域中的具体体现，新闻传播业要想科学地发展，必须以受众为本位。

电视作为传播领域的强势媒体，对未成年人的影响十分巨大。由此，以儿童为受众对象的少儿节目更要研究少儿心理，了解少儿受众的兴趣和需求，以满足少儿的需要为己任。央视少儿频道的《银河剧场》栏目，自开办以来，秉承以少儿受众为本位的理念，切切实实地为小观众服务，受到观众好评。

一、《银河剧场》受众定位分析

《银河剧场》是在央视少儿频道黄金时段播出的一档日播栏

---

[1]陈崇山：《受众本位论》，社会科学文献出版社 2008年版。

目,它针对7—18岁的青少年及他们的家长,播出反映少年儿童生活和成长故事的校园情景剧、家庭幽默剧、卡通连续剧(动画、人偶)等。从总体上看,央视少儿频道的栏目设计是小众化和分众化。小众是相对于传统媒体的大众而言的,是指特定兴趣人群的小范围组合。既然是小范围人群,是要对大众进行分类的,然后把传播内容直击兴趣相同的那一类目标受众,当前,这种分众化已经成为一种潮流。看看少儿频道的受众细分类别,通过央视少儿频道的受众细分类别(表1)[1]及栏目设置与内容编排(表2)[2]便清楚地看到《银河剧场》的受众定位。

表1

时间	6:00-8:00	8:00-12:00	12:00-14:00	14:00-17:00	17:00-19:00	19:00-21:00	21:00-24:00
受众类别	中小学生	学龄前儿童	中小学生	学龄前儿童	中小学生	中小学生	青年与家教
播出时段	早间时段	上午时段	午间时段	下午时段	傍晚时段	黄金时段	晚间时段

《银河剧场》很显然以中小学生为主,并且有部分青年和家长为附带受众。这样清晰的受众定位,使节目内容制作,节目素材选择有很强的针对性。孩子们一般在16:30放学,所以从17点开始进入少年儿童收视的黄金时期。下面以2009年4月22日(17:00-21:00)为例,看看少儿频道具体栏目内容编排:

表2

时间	17:00	17:30	18:00	18:45	19:00	19:30	20:00	21:00
节目	智慧树	芝麻开门:飞去来猫寻宝记	动画乐翻天:动画片《极限狂飙》	新闻袋袋裤	动画梦工场:动画片《蓝猫三千问》	智慧树:水果蔬菜变变变	银河剧场:动画片《家有儿女》;儿童情景剧《快乐的同桌》	动漫世界:动画片《少年莫扎特》、《潜水的奥力》

《智慧树》是3—6岁学龄前儿童的教育娱乐节目;《芝麻开门》是7—14岁学生的科普节目;《动画乐翻天》是以小学低年级和学龄前儿童为主要收视对象的动画栏目;《新闻袋袋裤》是以少年儿童的视角解读新闻、分析时事、提供全方位信息服务的新闻栏目;《动画梦工场》是以小学生为收视主体,推介和播放国产精品动画片的

[1]徐琰:《快乐成长 专业素质 绿色品牌——少儿频道的"深谋远虑"》,中央电视台总编室:《节目第一线》2008年3月17日,第12期。

[2]央视网:http://tv.cctv.com/donghua/《栏目公告版》。

窗口,着力打造国产动画的品牌形象;《动漫世界》主要播放以"名著名篇"和"科普科幻"为内容的世界经典动画作品。

从播出内容上看,整个黄金时段以播出动画片为主,期间穿插着教育娱乐、资讯节目。而且同是动画栏目,分工和受众定位又有不同,有国内外动画之分,也有因受众年龄不同的动画片之分。而《银河剧场》的节目内容与这些纯动画栏目有所不同。它是一个综合性的栏目,与其他栏目比,播出节目内容更丰富、节目种类更广泛。

二、《银河剧场》受众本位的体现与效果

1. 优质的节目内容,引导受众观念

一般说来,儿童的价值观、世界观是在不断接触社会、认识社会的过程中逐渐确立的。如今,儿童除了在学校里接受教育以外,接触最多的就是大众传媒,而电视媒体尤其是少儿频道的节目内容又是少年儿童接触最多的。由此看来,儿童很大部分处在"拟态环境"中。拟态环境就是媒介环境,虽然它以现实环境为原始蓝本,但它不是"真"的客观环境,或多或少与现实环境存在偏离。媒介帮着少年儿童构建了他们认为的世界,这在最大程度上肯定了媒介的能力,但也在最大程度上提出了担忧。因为少年儿童的世界观都未完全成形,要依靠媒介的影响去构建他们对于世界的印象。这给媒介的工作者提出了一个重要任务:你们不是在简单地做一个节目,而是在影响一代人的成长。

由此,《银河剧场》虽然播出节目种类很宽泛,但在选材上却非常谨慎,并制定了严格的制作审查流程。栏目组始终在探索:如何通过节目来指导少年儿童正确理解,合理、积极地运用大众传播媒介及其信息文化资源,更好地了解社会、了解世界,完善知识结构,参与社会活动等。

2. 丰富的节目资源,满足受众需求

一般来说,受众对媒介接触和选择是基于自己的需求,根据需求来对媒介内容

进行取舍，这种选择具有某种"能动性"，青少年选择电视节目也是如此。少年儿童对动画片的喜爱是不容置疑的，而在央视少儿频道所有节目中，动画节目占到50%的比重，占据了频道傍晚和晚间时段的大部分，这对于喜欢其他类型剧种的观众来说是无法满足需求的。而《银河剧场》正为弥补这个缺憾而设立，凡是孩子们喜欢的剧种，在这都可以播放。《银河剧场》的高收视率也证明了其播出内容的精彩。

2009年寒假，《银河剧场》联合中国传媒大学、北京师范大学部分新闻传播学专业研究生做了受众调查。

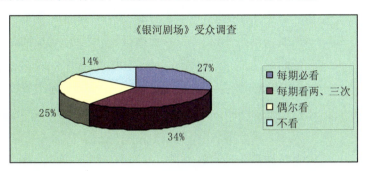

在北京、河北对一些中、小学生发放问卷200份，其中，有27%人每期必看，每周看两三次的比例是34%，不看的是14%，偶尔看的是25%。[1] 其饼状图如上图。

而在61%（每周看两三期以上的）受众中，又有80%的观众选择喜欢看《银河剧场》的原因是：这个栏目播出的动画片和儿童剧很精彩。所以说精心选择播出内容，是满足受众需求的另一个原因。

3. 多种互动方式，符合受众心愿

长期以来，人们都直觉地认为看电视是一个消极接受的过程。随着社会进步和信息化发展，受众知晓权、传播权、对媒介的接近权和使用权在传播实务中也逐渐得到体现。另一方面，观众的主体意识和参与感不断增强，他们希望充分表达自己的意愿和看法，希望参与到节目当中。尤其是互联网上的交互式传播方式对人们的认知活动趋向主动性方面也起到了一定的推动作用。

《银河剧场》涉及了多种互动环节，满足了小观众参与到节目中的愿望和要求。《银河剧场》曾设立多种互动环节：如向全国观众招募"特约编剧"，只要投稿被采用，观众就有机会获得"银河剧场特约编剧"称号，并得到栏目组送出的精美奖品。

栏目组还通过央视网等新媒体做了大量的调查活动。比如："你最喜欢的动画片""你觉得姐姐系列最吸引你的是什么？"还有"你希望看到什么形式的《银河剧场》？"等。

一系列互动突破了观众对电视消极地接受现状，满足了受众参与节目的需要，缩

---

[1]《银河剧场》联合中国传媒大学、北京师范大学部分研究生《银河剧场》受众调查课题结果。

短了电视传播者与观众之间的距离，使观众对节目本身产生某种亲近感，提高了收视兴趣，起到了非常好的传播效果。

4. "银河之星"活动的策划和实施，挖掘潜在的受众

"银河之星"评选，是《银河剧场》目前最大的一个互动参与活动。2008年6月，《银河剧场》推出"寻找银河之星"互动大行动，每天推出一位"银河之星"。它的理念是贴近儿童，让主持人真正走进孩子们的生活，鼓励少年儿童发现和学习同伴的优点。推荐人可以是父母、老师也可以是同学或朋友甚至自己。节目播出时，还同步在央视网站展开网络投票，请观众为自己所欣赏的"银河之星"投上一票。

随着媒介的发展，观众已经从通过大众媒介获取信息、接收知识、了解社会等基本需求跨越到通过媒介可以找到归属感、信任、尊重、审美、娱乐、自我实现的价值等高层次的需求，并且随着媒体竞争的加剧，对这部分内容和服务的经营，成为培养媒体忠诚和确立品牌优势的关键。"银河之星"的评选，就可以帮助观众获得归属感、信任、自我实现等价值。到2009年4月为止，已经有近两百组"银河之星"产生，而直接参与节目的小朋友则达到几千人。如果以摄制组到达的学校来记，则有上万人参与到这个每天五分钟的互动节目中。可以说，"银河之星"的评选，不仅拉近了栏目与观众的距离，还把栏目的受众群扩大了，挖掘出众多潜在受众。

传播学家施拉姆曾经有个"自助餐厅"的比喻：受众参与传播就好像在自助餐厅就餐，媒介在这种传播环境中的作用只是为受众服务，提供尽可能让受众满意的饭菜（信息）。至于受众吃什么、吃多少，吃与不吃，全在于自身的喜好和意愿，媒介是无能为力的[1]。有人说：这个比喻确实令人耳目一新。但有一点是不能忽视的：在餐厅中，所有菜的种类都是餐厅老板定的，所有的饭菜都是餐厅厨师做的。某些顾客可能有意见，但是否改变及如何改变，都不是顾客所能决定的。

但是《银河剧场》恰恰相反，他们在订制"菜单"时，始终通过各种渠道倾听"顾客"的声音，根据"顾客"的喜好和需要来完成节目制作。分析和调查显示：以受众需求为本，围绕受众打造栏目是《银河剧场》成功的主要原因。

目前，96%的少年儿童还是通过电视来接收信息、看动画片及各种节目[2]。电视是少年儿童接触最多的媒介形式之一。由此，儿童电视栏目一定要以观众为本，大力播出娱乐性强，对儿童的社会学习与生活具有积极价值的动画片和儿童剧。

---

[1] 李彬：《传播学引论》，新华出版社 2003年版，第233—234页。
[2]《银河剧场》联合中国传媒大学、北京师范大学部分研究生《银河剧场》受众调查课题结果。

概 述: 儿童对动画片认知度、收视偏好, 家长的陪伴收视习惯等, 均在本调研报告中得以体现。

《动画城》制片人
巴 丹

《动画城》收视意向调查分析

一、调查对象、内容及方法

《动画城》作为央视综合频道唯一一档日播国产动画栏目, 受到广大少年儿童喜爱, 播出的许多动画片都有较高美誉度。为使栏目更贴近孩子, 《动画城》于2008年5月至7月间针对4—6岁儿童及家长进行了抽样调查。

调查选取了四个幼儿园作为抽样对象, 共发放问卷500份, 其中孩子部分250份, 家长部分250份, 回收有效孩子部分问卷205份, 平均年龄为5岁, 回收家长部分问卷184份, 回收率分别为82%和74%。

二、儿童问卷及分析

1. 你最喜欢以下哪个动画栏目？（可选2个）

你最喜欢以下哪个动画栏目	男孩	女孩	总计
A.《动漫世界》	37	47	84
B.《动画城》	37	29	66
C.《动画梦工厂》	28	21	49
D.《银河剧场》	24	33	57
E.《动画乐翻天》	28	36	64

总体上孩子最喜欢的两个动画栏目是《动漫世界》和《动画城》。

其中，男孩最喜欢的是《动漫世界》和《动画城》，女孩最喜欢的是《动漫世界》和《动画乐翻天》。

由此显示，《动画城》在国产动画栏目中尚处于优势。但同质动画栏目也造成对栏目的挤压。由于《动画城》是我台综合频道唯一一档日播动画栏目，且为央视动画片的主要播出平台，在栏目品牌的塑造上，应凸显自己的特色。

2. 请问你喜欢以下哪种动画人物造型？

喜欢以下哪种动画人物造型	男孩	女孩	总计
A. 三维动画（3D）	15	17	32
B. 二维动画（2D）	55	64	119
C. Flash 动画	28	22	50

总体上孩子最喜欢的动画人物造型是"二维动画(2D)"。

对动画人物造型喜爱程度，男孩、女孩及总体排序均是：

"二维动画(2D)"——"Flash动画"——"三维动画(3D)"。

可见，儿童对动画节目制作的技术形态并不敏感，投资较大的三维动画也未获青睐。

3. 请问以下三组动画人物中, 你最喜欢的是哪个?

最喜欢哪组动画人物	男孩	女孩	总计
A.	31	23	54
B.	45	60	105
C.	22	20	42

总体上孩子最喜欢的一组动画人物是:

男孩、女孩及总体对动画人物造型喜爱程度的顺序均是:

4. 请问你认为以下哪张图片能代表《动画城》?

哪张图片能代表《动画城》	男孩	女孩	总计
A.	70	85	155
B.	10	4	14
C.	8	8	16
D.	8	6	14

总体上孩子认为最能代表《动画城》的图片是:

5. 请问你一般什么时间看动画片？（可选2个）

一般什么时间看动画片	男孩	女孩	总计
A. 06：00-10：00	6	5	11
B. 10：00-14：00	4	8	12
C. 17：00-18：00	29	26	55
D. 18：00-19：00	36	32	68
E. 19：00-20：00	41	47	88
F. 20：00-21：00	7	14	21
G. 21：00-22：00	2	5	7
H. 22：00-24：00	2	5	7

总体上孩子收看动画片的时段大都为"19：00-20：00"。

男孩、女孩及总体收看动画片时段前三位的排序均是：

"19：00-20：00"——"18：00-19：00"——"17：00-18：00"。

由此可见，《动画城》的播出时间处于孩子们喜爱的第三位时段。

6. 请问你对《动画城》的看法是？

对《动画城》的喜欢程度	男孩	女孩	总计
A. 喜欢	65	83	148
B. 感觉一般	24	12	36
C. 不喜欢	9	8	17

总体上孩子对《动画城》的喜爱程度是"喜欢"占74%，"感觉一般"占18%，"不喜欢"占8%。在《动画城》收视群体中，女孩对《动画城》的喜爱程度要高一些。

从一定意义上说，这是动画片题材造成的。一般认为男孩子喜欢的题材同样容易引发女孩子的喜爱。以后我们将进一步研究，男孩子和女孩子喜爱动画片的原因有哪些性别差异，以平衡选题。

7. 你会经常收看《动画城》的节目吗?

是否经常收看《动画城》节目	男孩	女孩	总计
A. 每天都看	21	14	35
B. 每周两三次	24	26	50
C. 偶尔看一次	53	63	116

大部分孩子偶尔看一次《动画城》。每天都看《动画城》的孩子占17%,每周两三次占25%,偶尔看一次的孩子占58%。

可见,忠实观众的流失应引起高度重视。我们将研究相应提高观众忠实度的方法。目前采用的抽奖、回答问题、成长相册征集等互动方式尚不足以吸引观众。

8. 视频调查: 下列短片中, 你最喜欢哪一个?

最喜欢哪一个短片	男孩	女孩	总计
A. 魔幻串联	42	41	83
B. 动画短片《崽子兔爱运动》	50	49	99
C. 快乐儿童征集活动	6	13	19

总体上孩子最喜欢的短片是"动画短片《崽子兔爱运动》系列"。

在三段视频中,喜欢"崽子兔爱运动"动画系列短片的孩子较多,"魔幻串联"稍微落后,但两者差距不大。

9. 视频调查: 你觉得星期五的周末版节目好看吗?

是否喜欢星期五的周末版节目	男孩	女孩	总计
A. 特别好看	66	74	140
B. 比较好看	16	19	35
C. 一般	13	6	19
D. 不好看	3	4	7

总体上孩子表示喜欢周末版节目。大部分孩子认为周末版视频"特别好看",极少孩子认为"不好看"。孩子们对周末版的满意度超过了日常版。

10. 请问你喜欢小鹿姐姐吗？

是否喜欢小鹿姐姐	男孩	女孩	总计
A.特别喜欢	70	97	167
B.比较喜欢	19	6	25
C.没感觉	9	0	9

　　"特别喜欢"小鹿姐姐的孩子占83%，"一般喜欢"占12%，"没感觉"占5%。相对而言，小鹿姐姐在女孩中更受欢迎。

11. 请问你喜欢哆来咪吗？

是否喜欢哆来咪	男孩	女孩	总计
A.特别喜欢	45	48	93
B.比较喜欢	32	30	62
C.没感觉	21	25	46

　　"特别喜欢"哆来咪的孩子占46%，"一般喜欢"占31%，"没感觉"占23%。哆来咪在男孩、女孩中受欢迎程度相当。

12. 以下15部动画片中，你最喜欢的是（可选8个）

比较喜欢的动画片	男孩	女孩	总计
A.《西游记》	66	43	109
B.《魔幻仙踪》	16	24	40
C.《福娃》	48	60	108
D.《中华小子》	49	55	104
E.《天上掉下个猪八戒》	29	22	51
F.《小鲤鱼历险记》	53	79	132
G.《哪吒传奇》	26	44	70
H.《围棋少年》	35	30	65

比较喜欢的动画片	男孩	女孩	总计
I.《神兵小将》	53	33	86
J.《大头儿子小头爸爸》	32	32	64
K.《可可可心一家人》	16	40	56
L.《精卫填海》	23	45	68
M.《寓言新一族》	7	12	19
N.《少年狄仁杰》	31	25	56
O.《乒乓旋风》	29	20	49

动画片受欢迎程度整体排名结果如下：

前8名：《小鲤鱼历险记》——《西游记》——《福娃》——《中华小子》——《神兵小将》——《哪吒传奇》——《精卫填海》——《围棋少年》

后3名：《寓言新一族》——《魔幻仙踪》——《乒乓旋风》

可见，经典大片、宣传力度较大的动画片受欢迎程度较高。

三、家长问卷及分析

参与调查家长年龄分布情况：

家 长 年 龄	人 数
A. 25—29	10
B. 30—34	67
C. 35—40	90
D. 40 以上	13

参与此次动画城调查的家长共180名，家长年龄主要在35—40岁之间，占总人数的50%，其次是30—34岁的家长，占受调查总人数的37%。

1. 国产动画片和国外动画片对比，您更倾向于孩子看哪个？

A．国产动画片　B．国外动画片　C．视动画片具体内容而定

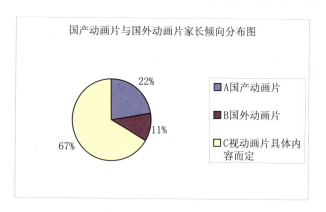

大部分家长会根据动画片具体内容为孩子选择动画片，家长对国产和国外的动画片的选择上，倾向于国产动画片的家长占22%，倾向于国外动画片的家长占11%，国产动画片人气稍高。

67%"视动画片具体内容而定"的选择说明家长比较注重动画片的积极意义。

2. 请问您会和孩子一起看动画片吗？

A．经常　B．偶尔　C．从不

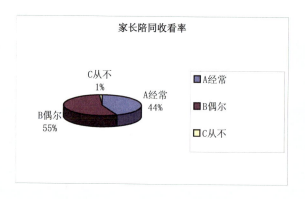

大部分家长会陪同孩子一起看动画片，其中偶尔陪同观看的占55%，有陪同观看的习惯的家长占44%。由此可以认为，陪伴人群是我们不可忽视的重要因素。

3. 一般情况下，家中会陪同孩子一起看动画片的家长是？

A. 妈妈　B. 爸爸　C. 老人　D. 其他人

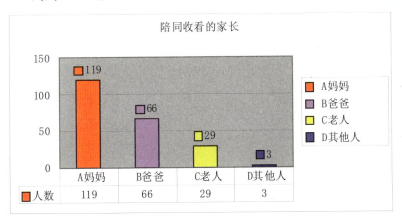

在受调查的180个家庭中，一半以上家庭是由妈妈陪同孩子看节目。

4. 请问您希望孩子看什么题材的动画片？

A. 喜剧　B. 动作　C. 情感　D. 侦探　E. 科幻　F. 体育　G. 冒险　H. 美少女　I. 历史　J. 哲理　K. 生活　　L.经典改编　M.神话类　N.其他（请注明）

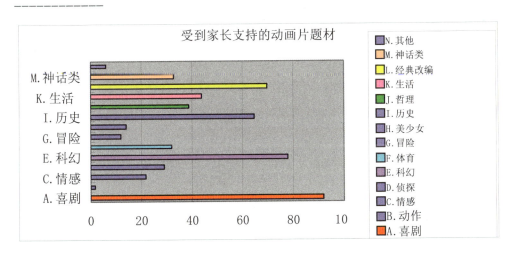

受家长广泛支持的依次是喜剧、科幻、经典改编和历史题材，其中喜剧元素是受欢迎；其次是生活、哲理和神话类。喜剧类的动画片《米老鼠和唐老鸭》《鼹鼠的故事》等都非常成功，但从国产动画片的题材看，纯喜剧、幽默类动画片还非常少。

5. 家长认为合适孩子收看动画片的时间段

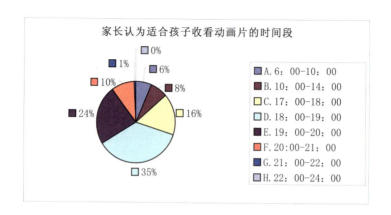

家长认为合适孩子收看节目的时间集中在17：00—20：00之间，其中18：00—19：00为第一黄金时间，所占比例为35%；17：00—18：00为次黄金时间，所占比例为24%。

家长认为18：00—19：00为孩子收视的最佳时段，而孩子选择在19：00—20：00，这里产生了一个时间上的错位。

6. 在一部好的动画片中，您认为应该具备哪些元素？

A．趣味性　B．教育意义　C．知识性　D．想象力　E．魔幻色彩

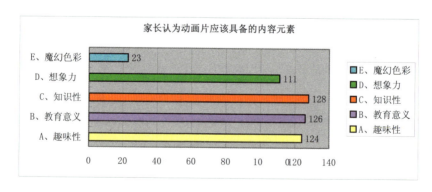

知识性、教育意义、趣味性和想象力因素受到家长普遍重视。家长尤其关注节目的寓教于乐功能。他们希望孩子在看节目的同时收获知识，同时他们也认为节目应该具有趣味性和想象力。

以下是对《动画城》栏目的关注度和熟悉程度进行的采样调查。

7. 动画城标志辨识度

动画城标志	选择人数
A.	82
B.	40
C.	32
D.	32

虽然"小太阳"标志并没有在字面上直观表现"动画城"栏目,但还是44%的家长认为它是"动画城"的符号;另外有22%的家长认为小城堡代表动画城;其他两个新设计的标志各有17%的家长选择。

8. 节目互动方式家长认可度排名

名次	互动方式	所占百分比	人数
2	A. 趣味问答题;	23%	76
3	B. 动画图片找不同游戏;	22%	71
4	C. 把孩子照片放在节目互动板块;	14%	45
6	D. 得到主持人签名卡片;	4%	13
5	E. 抽中幸运奖品;	9%	29
1	F. 来演播室录制节目,展示才艺	28%	92

列前三位的分别是"来演播室录制节目,展示才艺"、"趣味问答"和"动画图片找不同"。其中,认可度最高的是"来演播室录制节目,展示才艺",在所有互动方式中占28%。

9. 家长对主持人的了解程度

了解程度	A. 非常熟悉	B. 大概知道	C. 从没听说过
小鹿	60 人	101 人	19 人
哆来咪	32 人	99 人	49 人

选择"大概知道"两位主持人的家长占55%。对两位主持人非常熟悉的占26%，其中非常熟悉小鹿姐姐的家长比例要高一些，为33%。

四、调查结论分析

1.《动画城》认知度与喜好：孩子对央视几个同类动画栏目的喜好程度之间没有明显差距，《动画城》的核心竞争力需要继续加强。

2.动画片认知度与喜好：家长和孩子对动画片的喜好上略存偏差。孩子们对国内外动画人物都较为熟悉，并略偏向于国内新片动画人物和国外经典动画人物。并且，孩子在动画类型上偏向于二维动画。孩子对动画类型并没有太大的偏好，只要动画片好看，他们就喜欢；在题材上喜欢具有冒险、功夫、奇幻元素的动画片；家长则是更熟悉一些经典动画片，在动画片内容题材上更注重寓教于乐功能。

3.串联节目喜好及评价：在《动画城》现有的几类互动节目中，最受孩子喜欢的是"动画短片"，"魔幻串联"略微落后，但两者相差不大；周末版现在的形式和内容比较受孩子欢迎。家长最喜欢的互动形式是让孩子到现场参与节目，展示才艺。

4.节目收看习惯：陪同收看群主要是30—40岁之间的妈妈，他们认为最适合孩子收看节目的时间是18：00—19：00，而这一年龄段孩子的选择是19：00-20：00，不过17：00-18：00这一时段在家长和孩子的选择中都是排在第三位。《动画城》在一套首播的时间正好处在第三黄金时间向第一、第二黄金时间段过渡时间段上。

5.《动画城》logo认知度与喜好："小太阳"标志经久不衰，无论是对于家长还是孩子，都还没有新的形象可以超越和取代。

6.主持人关注度：两位主持人的家长认知度为81%，其中有55%的家长大概知道

两人，有26%的家长对他们非常熟悉和关注；在孩子中100%的孩子都喜欢小鹿姐姐，77%的孩子喜欢哆来咪，主持人在孩子中的受欢迎程度较高。

通过以上调查分析，栏目自2008年9月做了微调。根据片目类型、制作水平以及播出季主题，安排各片目适宜播出的时间。并注重动画片导向性、知识性、娱乐性，确保播出内容让孩子开心、家长放心；其次，栏目加大互动强度，不仅制作"魔幻串联"、"周末版节目"等互动节目，并增加"快乐儿童"、"成长相册"等互动小板块，让孩子有更多的机会参与到节目中来，并在互动中照顾到陪同收看的群体，达到与整个家庭互动。

栏目改进后，收视效果显著，2008年第四季度在央视综合频道的综合排名为第5名，季度平均收视率为1.54%；观众不仅积极参与节目，对栏目认知度也有所提升。

概　述: 近年来包括动画片在内的儿童剧作品大量涌现, 专业理论研究却相对缺乏。本文作者运用多年实践经验, 对儿童剧剧本创作进行了探讨, 相信对业界有所启发。

《玉米人》导演
王达菲

儿童剧的语言特色

近年来, 我国的电视动画片创作呈现可喜局面。但精品佳作的数量与日益攀升的产量还不成比例。要出精品, 剧本是关键。剧本质量涉及到故事创意、整体结构、人物性格、情节、语言等各个方面。对于以儿童为收视对象的作品来说, 剧本的语言显得尤为重要。因为语言直接作用于儿童的听觉, 也最易为儿童模仿。而语言问题也是目前国产动画片遭到专家和观众诟病较多的方面之一。

曾有一部讲述13岁阳光少年故事的动画片, 孩子之间经常出现这样不雅的语言:

猪头! 臭屁! 哦, 晕! 小样, 我要杀了你!

在一部以蔬菜形象为主角的动画片里, 西红柿、白菜、西葫芦有一段闲聊:

甲说: 我长大了当银行家, 每天数很多的钱。所有人都欠我债。见了我都笑脸相迎!

乙说: 我长大了要成为皇帝的大宰相, 要一人之下万人之上。谁得罪了我就抓他进大牢。

某动画频道曾播出名为《××忘情水》的两个动画小段, 第一段内容是一个女子要给鱼换水:

鱼说： NO！

女子说： 什么世道，鱼都会说英语了！

第二段内容，家里停水了，一家三口去超市买水，迎面过来一辆洒水车：

孩子问： 都停水了，它怎么还洒水呀？

爸爸答： 这就叫敬业精神！

这两段的人物语言很不严谨。第一段里，女子的话有讥讽社会之意。即便鱼会说话了，应该也不关世道的事吧。第二段里面，父亲应该以科学精神对待孩子的提问，认真解释洒水车洒水为何与停水不相关。目前的回答，既不幽默，也无内在关联，很不准确。像这样信口开河在生活中也许可以，但在电视媒体上，针对儿童播出就应该严谨。

在动画片《少年狄仁杰》中，有这样的对话：

狄仁杰： 这种金块是为了某种目的专门熔化的，平常的金块分量相等，上面有印记。

"平常的"不准确，应为"常规的"。在第30集中：

狄仁杰： 我们得在上岸的地方留下标记，否则后来的人无法上岸呀！

"无法上岸"不准确，应为：这样后来的人就容易找到我们了。

上述种种现象说明，语言的质量和导向性应该引起创作者高度重视。在此以《玉米人》为例，重点探讨儿童剧的语言特色。

52集人偶系列童话剧《玉米人》于1998年在无锡影视基地历时40天完成前期录制，并于1999年"六一"在《大风车》栏目首播，是中央电视台独家投资、采用国际先进的人偶剧制作理念拍摄的大型人偶童话剧，每集10分钟，受众对象为学龄前儿童。

生活在美丽农庄的森林爷爷最会看天气，可他偏偏爱睡觉。常常晕头晕脑地报错天气，搞得大家手忙脚乱。玉米人总是刚刚把农具借出去就催着人家归还。因为他固执地相信：有借有还，再借不难！丢丢最会种西瓜，可他偏偏是个馋嘴的家伙。啾啾妹最大的愿望是外出旅行，可她天生胆小，致使愿望屡屡无法实现。渡渡狼是个幻想家，常常突发奇想并满怀热情地去实现它，结果总是把事情搞砸。当当熊是农庄的铁匠，最喜欢吃蜂蜜。为了采蜜，他不知受了多少伤。不同的性格、不同的爱好使玉米人农庄每天都上演着充满趣味的故事。

《玉米人》播出后，孩子们非常喜欢。我曾接触到一些孩子，他们总是抢着表达自己的观感。有的喜欢渡渡狼，因为他特别爱"折腾"。有的喜欢啾啾妹，有的喜欢笨笨的当当熊。还有的特别爱模仿小猪丢丢说"我向西瓜保证……"。孩子们无法对《玉米人》作出更专业更理论化的评论，但他们对人物异常活跃、鲜明、直观的印象，恰

玉米人农庄全家福

恰表明《玉米人》对他们的吸引。10余年过去了，儿童观众一代代长大成人，而这部剧依然常播常新，每次都创下较高的收视纪录。

吸引孩子，是编导者的首要任务。编导者的最终目的，是要将《玉米人》潜在的人文主义内涵：善良、正直、勤奋、宽容等在孩子们的笑声与钟情中，悄悄地渗入他们的心田。

要达到这个目的是需要技巧的。首先、也是最重要的一点是：无论故事、人物、舞美、服装、道具、对白、音乐等构成戏剧的基本元素都应该是美的。这种美不是简单的色彩花哨，也不是肤浅地以阿猫阿狗作为主角来说事，它应该是一种高尚的、从生活中提炼而又完全过滤了庸俗的、具有感人力量，或愉悦孩子身心的精神内涵的高级美感。这应该是包括人偶、木偶、动画、舞台剧、电视剧等所有以儿童为收视对象的剧作追求的目标。

语言是戏剧表演的支柱之一，是揭示剧作主题思想、展现矛盾冲突、刻画人物性格的重要手段。即使在无声电影时期、主要依靠演员的表演，但也常常借助字幕来提示对话、推进剧情的发展。纵观《玉米人》全剧，语言特色鲜明统一。主要体现在以下四个方面。

一、动作化的语言

戏剧语言来源于生活，但又不同于生活。它是对生活语言的提炼和升华。如果剧作者不加选择、不做修剪地把充满随意而缺乏逻辑性的生活语言搬上荧屏，结果必将是无助于人物刻画、无法推动情节发展、观众不知所云、浪费荧屏资源。

也有这样的情况：一部戏的的语言也有逻辑性，也津津有味地在描述一件事，但观众感觉没有接收到有效信息，剧情也停滞不前。

如《少年狄仁杰》第29集中，有这样一段对话：

卫士：先把奶奶抬进屋里再说吧！

狄仁杰：二位叔叔，把奶奶抬进屋里。（此话多余）

【奶奶睁开眼睛

卫士：醒了、醒了，老人家醒了！（此话多余，画面已经表现清楚了）

法国电影理论家马赛尔·马尔丹指出:"语言避免起着单纯解说画面的作用。"[1]
我在组织创作《玉米人》剧本时,特别强调在生活语言的基础上捕捉或编织充满动作性的语言,借助它来展现矛盾冲突,推进情节发展。这一点对于每集只有十分钟长度的《玉米人》来说尤为重要。

在第31集《表哥的来信》中有这样一段:

【渡渡狼坐下看狼表哥的来信,众人悄悄地走到他身后——

表哥:(画外音,声音沙哑、语气粗野)渡渡狼,你还没有饿死吗?(大笑)哈……我是你最勇敢的表哥大灰狼。听说你有许多小动物朋友,你为什么不吃了他们?……

How could Dudu

【渡渡狼吃惊地站起来,众人吓得急忙趴在他身后。狼绕着大树边走边看,众人悄悄尾随偷看——

表哥:……你这笨蛋!你知道吗?我们狼就该吃掉其他动物。你看看你那一张大嘴、尖利的牙齿和有力的爪子,不要让它们闲着!鼓起勇气,吃掉小动物!哈、哈、哈、哈……

啾啾妹:(脱口而出)太可怕了!

渡渡狼:(转过身,众人吓得退后)你们偷看我的信?

啾啾妹:(发抖地)丢丢,扶、扶住我!

小猪丢丢:(也发抖)我不能扶你了……

【两人同时倒在小熊身上。当当熊一个胳膊架一个逃下,玉米人手拿耙子掩护,下。

Which?

这段戏从外部行动上看并不激烈,调度也不大。但这段对话具有强烈的动作性。通过表哥信中的语言,小动物们简短的语言反应,已经刻画出狼表哥的凶恶性情和大家的畏惧态度,更预示着一场危机的出现。

语言在此制造了一个小高潮。剧情被推动,矛盾被呈现出来。小动物们平静的生活被打破,是凶是吉?小观众想知道结果,期待着往下看。

二、性格化的语言

"性格"是历代剧作家最热门的话题。俄国的契可夫、美国的尤金·奥尼尔、德国

---

[1] 马赛尔·马尔丹:《电影语言》,第152页。

的布莱希特、挪威的易卜生等都在自己的剧作和理论中强调着性格。英国小说家、剧作家高尔斯华绥在《写戏常谈》一文中说："真正的戏剧的行动是性格的行动……""对话！好的对话仍然是性格，要安排得能引起持续的兴味和激动。"易卜生在《性格的重要性》一文中说："我的剧本通常写三遍，每遍都不一样，不同之处不在动作，而在性格"[1]。

没有性格的戏剧语言放在哪里都可以。常看见一些影视作品里的人物说着假大空的套话，没有性格、似曾相识。一些儿童影视作品、童话剧中也有成人化、概念化现象。

如动画片《××梦幻曲》中，里面的童话人物鸡小哥唱歌，唱的歌词是：

走在乡间的小路上，牧童的歌声在荡漾……

当动物们得知狼要吃鸡时，举牌在门外抗议，牌子上写着：

强烈谴责！反对！

嘴里高喊：

反对吃鸡！强烈抗议……

上述直接移植现实生活中的流行歌曲和抗议的言辞，因为混淆了童话和现实的区隔，伤及了童话人物的塑造。如果编剧不赋予人物童话色彩的、性格化的言谈举止，那么人物形象就无法获得血肉，对儿童也难以产生吸引力。

在《玉米人》创作伊始，就确立了不同性格的人物，并为每个人物选择了符合他们性格的事件、或者说是人物的性格引导编剧去发现故事。并通过动作、对话来展现性格。

渡渡狼是个不安分的聪明人物，思路活跃、手脚好动。在《失败的考古行动》一集中，有这样一段语言：

【小桥。渡渡狼拿着一只形状怪异的铁锚水淋淋地露出头——

狼：啊喊！（兴奋地）哈！一只锈迹斑斑的古老的小铁锚！呵呵……（打喷嚏）啊喊——啊喊——！

【渡渡狼家。狼拿放大镜研究小铁锚——

狼：（自语）……显然，这不是一个标准的铁锚呀，它不可能用在这样的大船上……（他突然明白，兴奋地）啊！难道这里以前曾经有一个小人国。（越想越激动）这些小人们驾驶着微型小船来往于这条（走到小河边）宽阔的大河上。哎呀，（疑问地）他们喜欢吃鱼？（肯定地）对，他们喜欢吃鱼！……哎呀，很多很多年过去了，小人国没

---

[1]《外国现代剧作家论剧作》，中国社会科学出版社1982年版，第54、175页。

有了，只留下了这只锈迹斑斑的小铁锚……啊，这真是一个伟大的发现哪！

渡渡狼的这段自语不仅传达了他对新发现的喜悦，更显现出他那永不安分、跃跃欲试、求新求奇的性格。

当当熊憨厚、宽容。他极喜欢吃蜂蜜，辛苦采回来的蜜总被他一次吃光。在《最后一勺蜂蜜》中，玉米人教给他一种能让蜂蜜吃得长久的方法：

【熊家。熊按玉米人说的，把一大罐蜂蜜分成了七小罐，他欣赏地数着小罐子：

熊：啊哈，星期一、星期二、星期三、星期四、星期五、星期六、星期天……哈哈……咦？

【他然后转身看日历——

熊：今天正好是星期一（抓起一个小罐，谐趣自问）吃掉这罐？（对自己肯定地）别犹豫，吃掉它！

【他把罐子口对准自己的嘴，一扬脖子倒进嘴里。咂摸几下嘴，显然没过瘾。他盯住日历自语——

熊：哎呀……哎呀，星期二呀星期二，你别躲躲藏藏的了，你就快点出来吧！

【熊掀起星期一，撕开一点又撕开一点，终于露出星期二——

熊：啊哈，星期二终于来到了！（他抓起小罐子，一仰而尽）啊，呀！（跑到日历处）哎呀，星期二呀星期二，你为什么不像星期一那样快点走呢？我可不喜欢磨磨蹭蹭的……（他一扬手，撕掉了星期二。）啊哈，星期三……

【日历被一页页撕下，小罐子被一个个扔出画面。玉米人推门进来——

玉：啊！你、你把一个星期提前过完了？

熊：（心虚地把小罐子给玉米人看）不是、不是，你看，还剩一个星期天没过呢……

剧中的语言把当当熊在蜂蜜面前无法自制、馋嘴又设法替自己开脱的可爱形象生动地反映出来。这样的语言只适合于馋嘴的当当熊而不能移植在其他人身上。在《玉米人》中，类似这样的性格化的语言在小猪丢丢、啾啾妹、玉米人、森林爷爷身上都能找到。

三、情趣化的语言

"情趣"和"乏味"对立存在。一部戏如果没有情趣，那肯定就归于乏味。而生动的、有个性的、有趣味的形象、事件、对话都可称为富有情趣；相反，那种呆板的、概念化的、平庸的、缺乏血肉的东西自然被指为乏味。情趣对于一部影视作品非常重要，因为它是吸引人们观看下去的重要因素，特别是对于形象思维发达的儿童来说。高尔斯华绥说："布局、行动、性格、对话！可是还有一个老生常谈。情趣！一种摸不着的东西，不如花的香味那么容易闻到，是任何一件艺术品突出的也是最重要的特性。"[1]

"情趣"对于一部童话剧来说更是不能缺少。童话中那些想象、夸张的内容哪一个可以把"情趣"抽走而独立存在呢？《玉米人》之所以被孩子喜爱，正是因为它极富情趣。而对话正是表现情趣的一个重要手段。

在《大诗人渡渡狼》中，渡渡狼分别为小动物们写了诗，但都没有得到大家的认可。他又兴冲冲地去找森林爷爷：

【 爷爷家。爷躺在椅子上，狼走近——

爷：渡渡狼，爷爷必须要听第二首吗？

狼：必须要听。因为第二首才和您有关系！

爷：好，我听听你是怎么写爷爷的…

狼：（兴奋）您听啊——

爷爷爷爷，

胡子长长。

天天睡觉，

呼噜响亮！

怎么样，森林爷爷？

爷：（不开心）哎、哎，渡渡狼，我的呼噜真那么响吗？再说，爷爷也不是天天睡

---

[1]《外国现代剧作家论剧作》，中国社会科学出版社1982年版，第55页。

觉。（恳求地）渡渡狼，这首诗别再念给别人听了！

狼：　当然啦，这是我专门给您写的！

爷：　也别再念给我听了！（欲睡）

狼：　为什么？它哪儿不好？

爷：　……（昏沉）它不符合实际情况……我从不打……呼噜……（呼噜声起）

狼：（白）咦！难道是我在打呼噜吗？

这一段通过渡渡狼写的打油诗和生动、幽默的对话，加之戏剧性的巧合，准确地勾勒出爷爷老顽童的性格，生动鲜活地呈现出爷爷与渡渡狼之间类似"爷孙"般的亲融关系，一种情趣跃然而出。

在《做一天渡渡狼》中，也有类似的对话——

【河边。渡渡狼、当当熊并排坐着钓鱼——

熊：　渡渡狼，钓一条鱼需要很久吗？

狼：　不太久！

熊：　一眨眼的工夫？

狼：　还要长一些！

熊：　打一把小花锄的工夫？

狼：　还要长一些！

熊：　做一个铁娃娃的工夫？

狼：（不耐烦了）哎呀，当当熊，钓鱼需要安静！你这样嚷嚷哪条鱼敢过来呀！

熊：　哼，渡渡狼也有安静的时候吗？

狼：　那当然！你以为当一个渡渡狼就那么简单？一个渡渡狼每天都要经历忙乱和平静。忙乱起来上蹿下跳像一只耗子！平静下来屏住呼吸像一个……一个……

熊：　像一个渡渡狼！

狼：　对，平静的就像一个渡渡狼！

熊：　渡渡狼，你这里有没有一点甜食。比如说蜂蜜饼之类的甜食。我、我突然有点那个……

狼：（没好气地）我这里只有咸鱼！

熊：（自怜地）一个小熊、一个远离蜂蜜的小熊多可怜呀！

狼：（看看熊）好吧，我给你找找看！（狼离开）

熊：（向往地）想起我打铁的时候、想起我去森林采蜜的时候……多么幸福呀！

【 狼拿着大饼从家里出来——

狼：当当熊……

【 他愣住了，只见当当熊坐的地方空无一人，只有一根钓竿在晃悠。

这段对话中，无论是当当熊对时间概念形象化的想象，还是渡渡狼那一番自我欣赏的表白，以及结尾处促使当当熊离开的自怜的话语，都准确体现了人物性格。而字里行间流露出的诙谐和幽默更使这场戏富有情趣。

四、诗化的语言

无论悲剧、喜剧，诗化对于戏剧来说都非常重要。因为诗是人们心灵的产物。戏剧借助于诗化的语言可以更淋漓尽致地表达人物内心，同时那抑扬顿挫的音律节奏，亦使观众得到美的享受。世界戏剧史上著名的剧作几乎都蕴涵着浓浓的诗意，体现着戏剧的高尚使命以及人的高贵尊严。古希腊及莎士比亚的戏剧本身就是诗剧。梅特林克的《青鸟》、易卜生的《培尔·金特》、尤金·奥尼尔的《大海》、《天边外》等都洋溢着浓厚的诗意。

《天边外》是奥尼尔早期的剧作，主人公罗伯特是个农民的儿子，向往着山外的世界。他向爱他的女孩露斯倾诉时有这样一段话：

罗伯特：（沉思地）所以我常常越过田野，眺望那边的小山——（他指着天边）过了些时，我就忘记了我身上的痛苦，开始做梦。我知道那些小山后面是海，——许多人告诉过我——我就常常奇怪，海是个什么样儿，并且想在头脑里形成一幅海的图画。（微微一笑）那时，在我看来，那个遥远的海，无奇不有，现在也还是那样！它当时召唤我，正像它现在召唤我一样。（稍停以后）有时我的眼光随着大路弯弯曲曲转到远处，转向小山，好像那条路也在寻找海似的。于是我就许愿，等我长大了，身强力壮了，我就随着那路，跟它一道去找海。（微笑）你瞧，我这次出门只不过是履行以前的诺言。[1]

这段台词充满诗意，是人物内心深处情感的流露，准确地表达出一个理想主义者的幻想与憧憬。正是这种充满诗意的、热烈的情感深深地撼动了观众，不仅引起观众的共鸣，而且使观众对这个理想者的命运牵肠挂肚。

[1]见《尤金·奥尼尔戏剧全集》。

L·西蒙孙在他那本《舞台已装置就绪》的书中，曾对当代戏剧的缺乏诗意表示不满。他说，剧作家不能使他的人物"在他们的高潮时刻变得热情洋溢和光彩焕发，其原因在于他不能或不愿使用热情的诗的语言"。[1]

《环球时报》曾刊登，意大利一家专门接待日本、韩国、中国游客的宾馆只用中文在电梯口写了一个提示：请勿随地吐痰。这说明我们在物质文明提高的同时，国民的精神文明却没有相应的提高。行为的文明、语言的文明有待于教育、有待于文学修养的普及提高。也许最快的输送方式就是电视，最有希望的就是儿童。儿童电视工作者应该明确认识到自己的责任，必须通过自己的努力，历练出最真诚、最美、最诗化的语言付诸于孩子的听觉，而不是将生活中挂着毛边的街巷俚语、缺乏语法修辞规范的大白话麻木地带进儿童节目、特别是童话剧。

在这一点上，《玉米人》的创作者非常敏感和慎重。为了加强《玉米人》童话的意韵，营造一个和谐恬静的农庄气氛，他们把语言的诗化作为创作要恪守的一个原则。反复推敲，希望充满诗意的语言既能表达小动物善良美好的心灵，也能让孩子们在观看中聆听到诗化的语言，得到美的陶冶。

比如，在《大诗人渡渡狼》中，渡渡狼给当当熊写了一首诗，可当当熊并不喜欢。原作是这样的——

【熊家。当当熊正在打铁，渡渡狼把诗念给他听——

狼：（充满感情地念诗）小熊当当，

打铁咣咣。

挥动铁锤，

咣咣咣咣！

熊：（听罢，故作惊讶）哎呀，渡渡狼……

狼：（兴奋地期待）怎么样？

熊：不怎么样！

在第二稿中，结尾改为：

熊：（听罢渡渡狼的诗，傻傻地笑起来）嘿嘿，我应该改名叫咣咣熊……

狼：　对呀！好主意！

熊：（不好意思地）渡渡狼，你别生气，我更喜欢当当熊这个名字！

这两段都表达了当当熊不喜欢这首诗的态度，但第一段采取的是直接的否定，是一种成人化的、不太宽容的语气。而第二段语言处理的更温和、善良，以机智幽默的口

---

[1]约翰·霍华德·劳逊：《戏剧与电影的剧作理论与技巧》，中国电影出版社，第358页。

吻，婉转地表达了当当熊不认可的态度。诗化的语言首先要是善良的。

在《最后一勺蜂蜜》中，当当熊和玉米人有这样一段对话：

熊：对我们小熊来说，最最困难的是采蜜之后、怎么使蜂蜜能够长时间的保存？

玉：（不了解熊的真意）温度，最重要的是温度。把它放在地窖里……

熊：哎呀，前两天，气温很低很低了，可是蜂蜜还是一下子就没了！

玉：（吃惊）啊，一下子就没了？（狐疑地比划）难道蜂蜜长翅膀飞了……

熊：（不好意思地）嘿嘿嘿，它们都飞进我的肚子里了！

玉：真馋，和丢丢一样！哎，原来你想让这一罐蜂蜜能吃很长的时间呀？

熊：对呀！

玉：（拿农具欲走）这件事我帮不了你啦。

熊：（拦住他）哎哎哎，你别走哇！你听我说。我和丢丢可不一样。丢丢是见什么馋什么。我呢，只馋蜂蜜！（坐到蜜罐旁，深情地）不了解蜂蜜就不了解小熊……多香呀、多甜呀……（打开蜜罐）每次，我打开蜜罐，闻着那一股股盘旋上升的香味，看着那黄灿灿透明的蜜，我就激动、我就幸福……（他挖起一勺蜜就要往嘴里放）……

玉：（拦住他）哎，我有一个办法！

在《表哥的来信》中，大家误以为渡渡狼会吃掉他们、都躲着狼不敢理他。渡渡狼只好去找爷爷——

【爷爷家门口。爷爷睡得正香，狼入画——

狼：爷爷、爷爷，你醒醒！我需要你的帮助哇！……

【广场大树，熊、玉、丢、啾闪身藏在树后——

狼：（低沉地）……你要是不醒，我只有离开玉米人农庄了！可是，我不想离开，我真的不想离开！我喜欢小猪丢丢，他种的西瓜多甜呀！（丢丢反应）我也喜欢当当熊，他憨憨的、傻傻的，总是让蜜蜂叮得头破血流！（自己不禁笑了。熊也笑了）……还有玉米人，我喜欢听他催我还工具！还有啾啾妹，她种的花漂亮极了，谁也比不了！还有爷爷您，每天来到广场，只要看见您躺在这里，我的心里就暖烘烘的……可是这一切、这一切都不再属于我了！

【狼转身要走，看见大家站在面前——

啾：渡渡狼，别走！

狼：啾啾妹，再见啦！

玉：渡渡狼，我们离不开你！

狼：不，我是多余的！

熊：渡渡狼，你走了我跟谁玩呢？

狼：（悲痛地）你、你可以采蜜……

熊：（真诚地）可是憨憨的、傻傻的小熊需要聪明的渡渡狼做伴呀！

狼：（愣住了，拉起熊的手）……

丢：渡渡狼，没有你，玉米人农庄还能叫玉米人农庄吗？

众：留下吧！

狼：（展开双臂）谢谢你们！

众：（拥抱他）渡渡狼！（爷爷仍在熟睡）

在《玉米人》中，像这样充满感情、充满诗意、富于节奏感的语言还很多。它们不仅准确地表达了小动物之间深厚的情谊，以及由于疑虑消释带给双方的温暖惬意，而且语言节奏明快，富于音乐性。相信孩子们看到这里，一定会由衷地笑起来。约翰·霍华德 劳逊说："对话离开了诗意便只具有一半的生命。一个不是诗人的剧作家，只是半个剧作家"。[1]

现在很多的儿童节目及儿童影视作品忽略了语言（解说词、对白）的美、语言的诗化。尤其是童话剧，如果不讲究语言的美、语言的诗化，就无法培养儿童高尚的审美情趣。

在央视动画大片《小鲤鱼历险记》第四集中，有这样的对话：

泡泡：奶奶，我把龙王带来了。

奶奶：别拿奶奶开心！

泡泡：谁骗你谁烂舌头！

主人公泡泡实在不该说出这般与其年龄、身份不符的"刺耳"语言。建议改为：

---

[1]约翰·霍华德·劳逊：《戏剧与电影的剧作理论与技巧》，中国电影出版社1989年版，第373页。

泡泡：我泡泡从来不骗人！

或者借用童话《皮诺曹》的典故：

泡泡：谁骗人谁长长鼻子！

在第23集中，有这样的话：

泡泡说：不用担心，赖皮蛇一时半会儿不会追过来的。

"一时半会儿"过于口语化，不是标准而音韵美的汉语。可以改为：

赖皮蛇不会很快（或：马上）追过来的。

"那种充满诗意、富有美感和音乐节奏感的语言应是儿童节目首要提倡的。在现代的匆忙中，孩子们能有多少机会在我们的儿童节目中体味到中华民族的语言美呢？有一些东西我们正在失去但我们并没有意识到"[1]。10年过去了，这种状况并没有明显好转。

希望儿童电视工作者都能或多或少地具有诗人的气质。在表现生活的同时要刻意地提炼生活，把生活中稀松庸俗的成分过滤出来，让儿童影视作品多少沐浴一些诗意的光芒，将人性与生活中应具有的美和高尚展现给正在人格形成阶段的儿童。

以上粗略地论述了《玉米人》语言的四个特点。其实，无论从理论还是实际操作，抑或是本文所举例的段落都证明了一点：在一部成功的影视作品中，行动、性格与情趣、诗意是无法断然分开的。《玉米人》的创作者很好地运用了这个"秘诀"，以自己丰富的想象力成功地编织了《玉米人》的语言，并结合其他艺术手段，人物造型、舞美设计、灯光、配音、音乐等，为孩子营造了一个充满诗意美感和趣味想象的幻想家园，使人文主义的思想内涵细雨无声地浸润了孩子们幼小纯洁的心灵。

希望儿童剧的语言问题能被编剧们真正重视起来，使儿童剧的剧本创作更富有道德的力量、科学的严谨和文学的诗意，为儿童的成长提供高品质的精神文化产品。

---

[1]李蕾：《神奇山谷为什么好看》，载《儿童与未来》，长江文艺出版社1999年版，第8页。

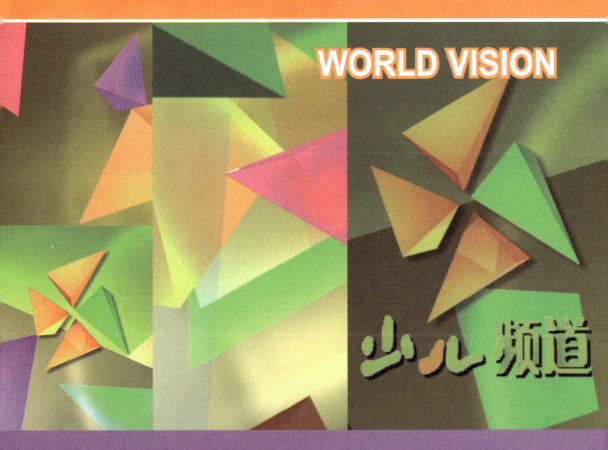

国际视野篇

WORLD VISION

少儿频道

央视少儿频道
策划研发组组长
李 蕾

概　述：对国际儿童节目的四大类型逐一分析；优秀儿童节目的DNA详尽提取；本土儿童节目的差距准确点评；跳出苑囿，体味国际视野，展现职业思考。

国际交流中的儿童电视节目

亚太广播联盟儿童电视节目交换会议及研讨会（ABU CHILDREN'S TV PROGRAMME EXCHANGE MEETING & WORKSHOP）是亚广联为促进亚洲各国儿童电视的发展和交流召开的，每年一次，会期3—4天。会议内容包括各国儿童节目展播、研讨、交换播出，举办地点大都在亚广联本部马来西亚的吉隆坡。我作为中央电视台的代表曾参加过几次会议。下面以2004年的交换会议上所观摩的儿童节目为例，分析国际优秀儿童节目的特点。

2004年参加会议的有中国、日本、韩国、蒙古、马来西亚等24个国家。阿富汗和帝汶在摆脱战乱后首次参加会议，开幕时与会代表热烈鼓掌，对他们表示欢迎。

欧广联（EBU）代表和德国慕尼黑青少年基金会代表也参加了会议。他们带来了欧广联成员机构制作的优秀节目。

要取得参加节目交换会议的资格，每个亚广联成员组织必须向会议提供不少于四个的本国儿童节目。节目针对四类内容遴选：(1) 儿童故事类（CS）；(2) 东西是怎么来的(HT)；(3) 自然/动物类(NA)；(4) 特别创意或实验性节目(IE)；四个节目可以分别属于以上四类，也可以仅属于以上某一、二类；所选节目的年龄段要求为：7岁以下或7—12岁。每个节目长度不超过7分钟，四个节目总长不超过25分钟。对节目的其他要求为：

所提供节目要适合在杂志型栏目中播出，每个节目应有完整的逻辑性，即使它是某个完整节目的片断；最好是与会者亲自参与制作的节目（因为观摩之后就是针对此片的讨论）。所提供节目将由亚广联（ABU）保存，并用于亚洲各国之间的交换，以及同欧广联(EBU) 间的国际节目交换。所以，节目要尽量避免语言障碍：不得有对白；不得有主持人面对镜头的主持、人物采访、嘉宾侃谈。除非是不需要翻译、观众就能明白的简单对话。允许有少量已经配成英语的画外音、英文字幕（说白了就是要让不同国家的观众凭借镜头、音乐、动效就能明白其中内容）。

会议开幕很简单，时任亚广联节目部主任佐橘晴男先生致开幕词后，与会代表奇怪地被带到了旁边一间空旷的大屋子里，围成一圈做游戏。首先是每位代表依次做一个别出心裁的动作，其他代表模仿他。许多很搞笑的动作使气氛顿时活泼起来。然后大家跟随口令闭上眼睛做深呼吸、仰卧、起立等类似瑜伽的动作。这时，无论年纪长幼、无论职位高低、无论国力强盛、无论东方西方，大家都像孩子那样认真、听话。一时间，代表间的陌生感和隔阂消除了，气氛轻松融洽。

这真是一个非常实用的"热身"招数。在进行有儿童演员或观众参与的节目录像前，如果导演能带领孩子们做一套类似的游戏，能让儿童消除置身陌生环境和陌生人之中的紧张感，从而表现出儿童最真实自然的状态。

儿童节目交换会由亚广联下设的儿童电视工作组组长担任主席。该小组成立于2000年11月，其功能就是为每年举办的儿童节目交换会议制订计划和筹办会务。

一、儿童故事类节目（Children's Stories）

会议第一天，观看与会代表选送的"儿童故事类"节目。比较有特色的是日本NHK的动画片《小女孩和胡子叔叔》。画面是优美的冬天，一个邮筒旁，一群调皮的小黑猫随着音乐嬉戏。一个可爱的小女孩手拿包装精美的礼物来到邮筒旁，她在等待什么，小猫好奇地看着她。一个高个子胡子叔叔也来到邮筒旁，他的手里也拿着一份精美的礼物在等待着什么。小猫们被那鲜艳的礼品丝带吸引，跃跃欲试。这时，优美的音乐突然变得奇幻起来，晶莹的雪花悄悄飘落在小女孩脸上。小女孩惊奇地仰望天空，只见漫天大雪，纷纷扬扬。小猫一边追逐着雪花，一边偷窥着那精美的礼品丝

带。按照约定，小女孩和胡子叔叔在飘飞的雪花中交换礼物，小女孩得到了一副厚厚的红色毛线手套，胡子叔叔得到了一条温暖的红色围巾。小猫们则得到了那鲜艳的礼品丝带，把它做成蝴蝶结扎在了尾巴上。

这是一部胶泥动画，画面充满日本式的淡雅和纯美。片中没有对白、画外音。唯有剔透的、略含戏剧性的音乐贯穿始终。片长5分钟。观众群为7岁以下儿童。该片制作成本3万美元，制作周期一个半月。

这个片子具备了学龄前儿童节目的几个要素：充满人文情怀的故事；优美的画面、优美的音乐；强烈的形象感（用画面讲故事）；几分幽默的成分。

柬埔寨节目《油膏》拍摄了一个传统新年游戏：一群孩子争相轮流攀爬一根涂满油膏的木杆，木杆顶上挂满了大大的礼品盒。谁爬上去够到了礼品，礼品就归谁。有的孩子奋力爬上去够到了礼品，欢天喜地。失败的孩子则沮丧万分。5分钟的片子几乎就是一个大全景包着一群孩子和那根木杆，鲜有孩子奋力爬杆的脸、手、脚特写，以及高处的孩子够礼物和下面围观孩子群情激动的中近景。

播放后，代表们对该片的质疑是：这是儿童故事类节目吗？礼品盒里装的是什么？镜头太单调，等等。

这个片子的问题在于：作为儿童故事类节目，它缺乏情节、人物、矛盾等基本要素，镜头表现也不到位。但这是一个很好的题材，有着浓郁的当地儿童生活特色。只需稍作加工，就是一个很好的儿童故事类节目。

我的建议是：选择其中的一个孩子为主角，他第一次攀爬未果，很气馁。当别的孩子打开够到的礼物时，他被盒子里精美的礼物吸引，暗下决心，一定要爬上去。最后他终于战胜困难得到了礼物，孩子们为他的毅力和勇气鼓掌。

2005年北京亚太青少年电视节最佳故事类节目《梅香的承诺》、《哪吒传奇》

修改之后，虽然还是一个简单的故事，但突出了主角、表现了孩子内心成长经历。故事完整、悬念感也强。在镜头表现时，注意多用特写和中近景反映孩子细微的感情变化、矛盾心理。而艰难的攀爬动作是孩子坚强性格的最形象呈现，镜头要及时捕捉。特写和中近景的恰当使用是反映人物性格、表现细节、叙述故事、增强感染力的必要手段。

会议还播放了阿富汗电视台带来的唯一一个节目《阿富汗儿童》。片子拍得像伊朗导演阿巴斯的风格——简洁、自然、淳朴。在阿富汗一个贫瘠的山村里，一个12岁男孩推着破手推车在巷子里收废品。因为战乱导致民众生活窘迫，哪有更多的废品可卖？所以，男孩的生意很差且情绪低落。这时，村外的空地上，一群衣衫褴褛的孩子正在踢足球。男孩被吸引并且加入了他们。正当男孩沉浸在快乐的玩耍中时，他的父亲跑过来对他拳打脚踢并斥责他贪玩不干活。最后，父亲拽着男孩的耳朵远去。就在观众被深深吸引的时候，一个穿着庄重的女主持人入画，长篇大论、提醒人们思考阿富汗儿童的现状。中间不断穿插着儿童乞丐、伤残儿童、孤儿等纪实镜头。

会议代表们一致认为，片子的前半部是一个非常好的儿童故事。后面女主持人的出现很生硬。丹麦代表说：片子拍得很好、很真实。能让欧洲儿童看到阿富汗除战乱和难民营以外的另一种生活。阿富汗导演介绍说，这个片子拍了两天，制作费60美元。所有演员都是第一次上镜头。他还特别向在座的铃木勇先生表示感谢，因为老先生以70多岁高龄作为志愿者亲赴阿富汗，帮助培训那里的电视工作者。这个节目就是在他的帮助下完成的。大家以掌声向沉默谦逊的老先生表示了敬意。

针对片子的不足，我建议将女主持人部分剪掉，在父亲责打男孩之后，把片头中男孩在小巷子里吆喝收废品的部分接在这里、作为结尾再用一遍。这样不仅故事完整了，而且表达了男孩生活中的无望和周而复始。大家认为这个建议很好，大会主席特别要求阿富汗代表回去后照这个方案修改一下。

特别说明，这个片子虽然谈不上什么技巧，画面、录音、音乐质量难以达到专业要求，但是它是在用镜头讲故事。观众听不懂男孩的叫卖和父亲的训斥，但却理解了故事，并为男孩的喜乐和忧愁感动，牵挂着他的命运。

CCTV选送的动画片《中华古代勤学故事》讲述了陈平克服凶悍嫂子的阻挠，发奋勤学、最终功成名就的故事。原片15分钟剪成了7分钟，年龄段为7—12岁。

欧广联代表认为这是一部制作很好的动画片，也有教育意义。他本人很喜欢。但大会主席表示该片对话较多，不太适合其他国家儿童观看。韩国国家电视台 (KBS) 的制片人会后与我交流说，这个片子韩国的孩子看可能会觉得太说教了。

第二天，会议播放了几部欧广联儿童故事类节目。欧洲因为经济文化发达、人民生活稳定富足，加之有着悠久的保障儿童权利、注重儿童教育的传统，它的儿童节目制作水平一直很高。当然，在高质量的背后是政府高额投资的保障，因为欧洲的儿童节目是不允许有广告及商业宣传的。

英国BBC制作的系列动画片《**超级宝宝**》(Superbaby) 每集片长3分半，收视对象7岁以下儿童。每集开场总有一段画外音：看哪，那从天空中飞过的是谁？无论天气怎样，她都幸福地飞呀飞呀！她是那样勇敢、她是那样真实，她每时每刻都在你身边飞翔！她就是——超级宝宝！

超级宝宝是一个长着可爱翅膀的小娃娃。她天生好奇，对自然界的一切都要弄个明白。她非常善良，常常要迫不急待地献出自己的爱心。

在《**蛋里藏的是什么**》一集中，超级宝宝在晴朗的日子里穿过沼泽，她听见了蟋蟀的歌唱，听见了青蛙的鸣叫。然后，她在厚厚的草丛里发现一枚蛋。蛋里藏的是什么呢？超级宝宝陷入遐想：是一条龙？她仿佛看见小龙躺在蛋壳里，它已经长出了薄薄的翅膀，她甚至听见了小龙咚咚的心跳。也许是一只恐龙？超级宝宝马上判断出小恐龙已经长出了尖牙和利爪。也许是一只蜥蜴？……超级宝宝猜累了，她决定等待它孵化出来看个究竟。但是接下来，细心的超级宝宝发现了问题，没有暖和的温度，蛋无法孵化。超级宝宝决心帮助它。她飞来飞去拿来一条毛毯，看着蛋陶醉在毛毯里的样子，超级宝宝放心了。时间过得真快，毛毯也在一点点发热。突然，守候一旁的超级宝宝听见了敲打蛋壳的声音和吱吱的叫声。超级宝宝掀开毛毯：一只黄灿灿的小鸭子站在她面前！它要找妈妈。妈妈闻声而来，她十分感谢超级宝宝的帮助。她要给超级宝宝一个热烈的拥抱。多开心呀，因为超级宝宝最喜欢的，就是紧紧的、热烈的拥抱！

BBC的另一个系列动画片《**蓝牛**》(Blue Cow) 受到与会代表的一致喜爱。它讲的是一只生活在牧场的蓝牛对每天放牧、吃草感到厌倦，她时时憧憬着外面的世界，渴望着冒险的生活。为此，她一次次搭乘经过牧场的公共汽车，去见识外面的世界。她曾经和金鱼一起畅游水中，和牛俱乐部的乐手们一起演奏疯狂的音乐……每当她在外面游历一番返回牧场，并讲述她的经历时，牛群中总会发出一阵嘲笑。没有谁会相信蓝牛的话，因为本分踏实的奶牛是绝对不可能做那些事情的。但是，蓝牛将再一次出发，因为外面的世界更精彩。

　　这也是学龄前节目，每集一个故事。有趣的是它的制作过程。制作人员编出故事以后把它讲给幼儿园孩子听，让孩子把故事画出来。制作人员按照孩子的图画风格和想象，进行动画人物、场景的创作。其中主要人物蓝牛可爱、稚拙。整部片子用色大胆鲜艳，笔触咿呀，完全是儿童绘画的风格。

　　欧洲的儿童节目浸渗着浓郁的人文主义精神，注重对儿童进行爱、平等、尊重等人性美德的熏陶。鼓励探索和与众不同，培养勇气和自信，激发潜能和创造力，帮助儿童形成自尊、智慧、高尚的完美人格。为儿童未来进入社会、实现自我价值打下基础。在表现形式上，富于想象力，色彩斑斓，构图、拍摄很精到，画面美感。音乐制作精良，重视同期声、音效的录制和保留。尽量采用儿童的声音。如果是成年人的画外音，也非常注重儿童的接受力，注意调动儿童的观看情绪，声情并茂、或有幽默感。

　　对比欧洲的动画片，应该说中国的制作水平并不低，故事也足够吸引人。但我们确实有直扑主题的"毛病"。如果在故事中增加一些幽默的成分：幽默的情节、人物、语言，将主题处理得隐性一些，收视效果会更好。同时，应考虑减少对话、加强画面的视觉表现力和美感。当然，更重要的是注重人文精神的融入。

　　《一个秘密的地方》(A secret place) 是丹麦电视台拍摄的，片长5分钟。

　　讲述的是小男孩阿列克斯在街上捡到一枚金币，这是一枚他从未见过的漂亮的金币。他决定在家里找一个秘密的地方把它藏起来。他想到床底下、座钟下、仓库里……但都觉得不够安全。最后，他终于想出绝妙的主意，他把金币放进一个小小的藏宝箱，然后把藏宝箱沉入玻璃鱼缸。他认为，有鱼儿的看护，他的金币十分安全。

　　《柯娜菲叶》是2004年第21届德国慕尼黑国际青少年电视节获奖作品，荷兰摄制。一个喜爱幻想的小女孩向父母宣布自己是小公主，忙碌的父母随口敷衍：没错，你是

《柯娜菲叶》

小公主。女孩说，是公主就应该穿公主服呀。父母扔给她一些窗纱之类的东西，小女孩认真地裹来裹去，一个十足的公主出现在父母面前。面对父母的肯定，小女孩进一步要求到，公主都是住在城堡里的……这下父亲傻眼了。看着女儿认真的样子，父亲不得不放下手里的活计。镜头一转，一个用床单搭起的帐篷矗立在阁楼上。帐篷里，父女俩已经睡着了，小女孩还紧紧抱着她的布娃娃。母亲慈爱地望着他们，也钻进了"城堡"，躺在父女俩身边。

　　我们在制作儿童节目时经常会问：到底什么是儿童节目？也经常会在儿童视角和成人化之间感到错乱。以上两个节目中，无论是藏金币的一系列活动、还是想象扮演公主的过程，都是儿童真实的感受。呈现方式也是儿童的视角。长镜头客观跟踪着儿童的行动，特写镜头清晰地传达出儿童的心理感受。而后一个片子还体现着强烈的尊重儿童的意识。

二、东西是怎么来的（How Things Are Made ）

　　认知类节目是儿童节目中一个主要类型。因为儿童期是个体认知能力发展的关键期，儿童从婴儿的懵懂发展到2—3岁会问"这是什么？"，继而到5—6岁开始问"这是为什么？"，这时的儿童需要大量的认知以满足好奇心，发展具体形象思维和抽象逻辑思维。而电视是传递信息、开阔儿童视野、刺激儿童感知觉发展的有效方式之一。所以，无论是欧广联还是亚广联，认知类节目一直作为一个重要的儿童节目类型被强调。

　　对这一类节目，我们有时会认为它很浅白、甚至常常不屑于制作这类节目。这说明成人化的思维定式仍在主导着我们，没有以儿童为本、考虑儿童的感受和需求。

　　NHK的《铅笔工厂》(The Pencil Factory)是系列片《百科全书》中的一集，片长4分钟，年龄段为7—12岁儿童。它拍摄了铅笔制作的全过程：纸袋里的铅粉被倒进搅拌机——与各种添加剂被和成铅团——铅团被切割成铅柱——铅柱被抽压成长长的铅丝——铅丝被切割烘烤成坚硬的铅芯——铅芯被包裹上松木外壳——喷漆上色——漂亮的铅笔被包装成盒。

　　片中，摄像师的功力突显。他总能找到最佳角度清晰地展示每一个生产步骤。而且构图精良，长长铅丝的曲线美，坚硬铅芯从机器里推出的放射美都被捕捉呈现。加之音乐、效果、节奏的渲染，整部片子不仅有知识，更呈现出强烈的律动美感，是一部有长久生命力的精品节目。据介绍，《百科全书》将持续不断地拍摄下去。

德国的《CD制作》(CD Production)介绍的是CD的制作过程。所不同的是，为了说明CD的发声原理，片中有一些对比和科学小实验。比如CD的原材料无色透明，塑料碟片放进CD机，没有声音传出。而经过镀铝、激光束加工的过程，碟片再放进CD机中，音乐起。这是为什么？原因在碟片上的密纹。这种密纹肉眼看不到，将它放大若干倍后观众方可见到。为形象地了解这个放大倍数，画面一角是被放大相同倍数后的一根头发。而为了让观众看到灌制音乐的激光束，拍摄时释放了烟雾，红色激光束在烟雾中清晰地跳跃着。最后，一位穿着笔挺的指挥大师随着CD的播放做着幽默的指挥动作。

欧广联的《煎蛋卷》(Making an Omelette with Granddad)讲述的是如何把鸡蛋煎成蛋卷的过程。但它采用的是一个家庭的亲情故事结构，由老顽童祖父来教小孙女制作煎蛋卷、当祖母走进厨房准备做饭时，爷孙俩的劳动成果让她惊喜万分。在认知的同时不忘情感教育，这是欧洲儿童电视人的自觉行动。

《CD制作》显然是针对学龄儿童的。《铅笔工厂》和《煎蛋卷》都适合学龄前儿童收看。这类节目有一个共性，就是画面精美，构图、用光考究。叙述逻辑清晰，用近景、特写、对比手法甚至烟雾准确交待事物的关键部位和步骤。同期声、画外音、音乐很好地担负了另一种语言叙述的任务，所有这些手段都在促进儿童有效认知，并获得美的感受。国内针对学龄前儿童的认知节目零敲碎打，尚没有形成有系统、有影响力的系列作品。儿童非常需要符合其身心发展的认知节目，做成精品，将有持续的生命力。

三、自然/动物类节目（Nature/ Animals）

无论成人还是儿童都喜欢看自然/动物类节目，但是儿童在观看时会投入更多的情感。因为儿童期是泛神化的，儿童还弄不清自己和自然、动物界的相对关系。在他们看来，无论自然还是动物，都是鲜活有灵并能与之对话的。所以，童话是儿童最喜欢的读本，而拟人化又是最经常使用、最易于儿童接受的表达方式。

自然/动物类节目是帮助儿童认识自然科学的一部分，同时，动物界特有的与人类相仿的亲缘组织关系也在或多或少地帮助儿童认识自我、认识社会。而自然/动物类节目也能帮助被泛神化牵引着的儿童宣泄情感、获得想象力的满足。事实证明，在童年期与自然界、动物有过密切接触的儿童，往往感情丰富、富于想象力和创造力。所以,自然/动物类节目是儿童节目重要的组成部分。

韩国教育电视台(EBS)的《下雨了》(When It Rains)片长2分30秒,年龄段为七岁以下儿童。它用镜头细致地展现了下雨的情形。大全景:绿荫掩映中,一座韩式民宅静立雨中。近景和特写:雨在屋檐下如珠串般滴落,雨点在空中密布,雨点在池塘水面上跳跃。一个男孩穿着黄雨衣、举着黄雨伞跑进雨中。大全景:空中闪动的银色雨丝,伫立雨中的黄色孩子,雾雨朦胧中的沉静屋宇和绿荫环抱的背景。画面空灵,大量慢镜头描写雨点晶莹坠落的美妙瞬间。音乐细腻准确的烘托。这一切构成了一幅充满东方韵味的大写意画作。

唯一遗憾的是,全片音乐贯穿始终。如果混录进一些雨声,则儿童对下雨的感受就更丰富了。

CCTV选送的《小燕子》(The Swallow Family)评价也较高。该片长7分30秒,年龄段七岁以下儿童。它跟踪拍摄了一对燕子爱侣衔泥筑巢、精心哺育小燕子长大继而展翅飞翔的过程。其中燕子在河滩衔泥,燕子吐泥筑巢,小燕子嗷嗷待哺,燕妈妈伺喂小燕子等特写镜头真实感人。挪威的专家说:这个片子没有更多语言,却表现了一个有进程的故事。日本制片人说,这个片子的摄像师很好,因为拍鸟很难。大会主席说,因为有一个鸟的成长故事在里面,所以孩子们对小燕子有认同感。

应该说这个片子有不足:配乐是歌曲《小燕子》的变奏,音乐语言比较陈旧,与镜头语言不能相得益彰。二是片中缺少了燕子夫妇产蛋孵蛋及小燕子破壳而出的重要过程,片子不够完整。三是画外音不够风趣,而且配音者是成人而非儿童。如果将这些不足加以弥补,这将是一个优秀的动物节目。

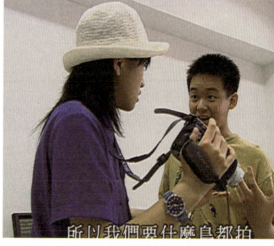

2005年北京亚太青少年电视节最佳纪实类节目:《我看见》、《鸟人》

欧广联提供的自然类节目《向日葵的转动》(Sunflowers turning)是由德国拍摄的，是自然类系列片中的一集。片长4分20秒，年龄段为七岁以下儿童。它记录了一个摄影师来到向日葵地里拍摄的过程。他架起摄影机，每30秒拍一格，连续若干个昼夜跟踪拍摄向日葵的转动。当这些镜头剪辑之后被连续播放时，人们惊奇地发现，向日葵不仅白天追逐着太阳转动，在黑夜里，它仍在继续转动。而且向日葵是开花前转动，开花后就不再转动了。

片中，画外音一边提示着人们去观察，一边描述着种种意外的发现。有趣的是，当画面进入夜晚时，配音都压低了声音，好像生怕惊扰了自然一般。这样细腻的处理使观众产生身临其境之感。

《家鼠》(The house mouse)是德国拍摄的动物类节目，片长6分47秒，年龄段为七岁以下儿童。在一户人家的大房子里，老鼠妈妈在仓库一角生下一窝小老鼠。小老鼠嗷嗷待哺躁动着，主人饲养的猫听见了动静，它循声而来。老鼠妈妈敏锐地感觉到猫的脚步声，它开始紧急转移孩子。这时，院子里的看家狗嗅到了猫的气味，它恨死这个和自己争宠、并躲在主人屋里不敢出来的猫。现在，教训猫的机会来了。这边，还剩最后一只小老鼠没来得及转移，可猫已经逼近，鼠妈妈绝望之极。就在这时，猫的脚步声停止了。猫发现了跟踪而来的狗，它思忖片刻，一转身跑回客厅。狗的进攻没有得逞，而老鼠一家的危机却得以解除。小老鼠们平安长大。

这个节目以老鼠为主角，讲述了老鼠妈妈的母爱以及动物界相互牵制的共生关系。为了吸引观众，它采用了一个充满危机的故事形式来讲述，表现手法绝妙。拍得如同一部动物故事大片。其实这三种动物从没在一个画面中出现，但导演通过巧妙的剪辑、生动的画外音等手法，营造出一个紧张的戏剧情境。情节、冲突甚至人物性格都得以呈现。

对比之下，马来西亚电视台拍摄的《兔子与孔雀》就相形见绌。它分别拍摄了一只兔子和一只孔雀，然后通过两者的对话向观众介绍两种动物之间的差异。应该说这种第一人称拟人化的手法是儿童所喜欢的，问题在于，无论是孔雀还是兔子，在夸耀自己长处的同时却在鄙薄对方的短处。说白了就是互相"挤兑"。

这种缺乏善意的表现手法是儿童节目应该坚决摒弃的。因为儿童节目的是非倾向性关系到儿童最终的道德选择，儿童节目的导演不能不"警戒"。这个节目只需换一种对话方式，以相互欣赏的态度来介绍双方的差异，就可成为很好

的儿童节目。因为它不仅具有了充满趣味的表现手法，更具备宽怀、包容异己和平等的思想内涵。

儿童节目要有明确而健康的思想内涵和道德倾向，这一点比任何成人节目都显得重要。

自然/动物类节目、东西是怎么来的都提倡用近镜头、特写镜头来清晰交代。音乐要好。必要时采用画外音，最好是儿童的声音。自然/动物类节目最好有一个故事，这样更便于儿童接受。注意保留自然同期声。

这类节目与前面提及的"东西是怎么来的"节目因为其精致的拍摄、细腻的纪录以及科学实证的内容而成为儿童节目中的经典作品。价值弥久，可反复重播与出售。它与动画片、儿童剧共同构成了儿童节目精品库的典藏之作。在这一点上，欧广联国家和亚广联的日本、韩国做得很成功。而我国尚需集中优势资源，沉下心来，精心地打造之。

四、创新/实验性的节目（Innovative/Experimental ）

亚广联节目交换的第四类是创新/实验性节目。这一类别对节目内容、形式不做统一要求，只要你认为自己的节目在内容或形式上有亮点、创意特别，就可以归于这一类参加交换。

CCTV选送的《异想天开》受到一致好评。这是一个表现孩子们创造性思维、展示其发明成果的周末版栏目。每期25分钟，全部外景拍摄，年龄段为9—15岁少年。这次在交换会上播放的是一个7分钟精编版，其中展示了"防臭运动鞋"、"防漏牙刷"、"会走路的行李箱"等5个来自全国不同地区中小学生的巧思发明。

这个节目充满着幽默气息。比如"防臭运动鞋"一节，节目开始，男主持人在同孩子们踢足球。片刻，气喘吁吁的主持人与一个男同学坐下休息并松开鞋带，主持人灵敏的鼻子嗅到了一股脚臭。不幸的是这股难闻的味道竟然来自自己的脚。再看旁边的男孩，正微闭双眼怡然自得地休息。主持人偷偷地朝他脚的方向嗅嗅，没味! 奇怪! 男孩得意地笑了，他脱下鞋来，主持人大惊。原来，他的运动鞋里竟然装着一个迷你电风扇! 镜头一转，主持人也穿上了防臭运动鞋，打开鞋底的电风扇开关，哇! 一股股清风送爽，脚真的好舒服呀。当然，怡然自得的神情是少不了的!

看完节目后，欧广联代表首先发言说，这个节目非常有趣，镜头、主持人都很幽默，很适合国际交换。韩国教育台代表说，这个节目很好地表现了孩子们的创造性。哈萨克斯坦电视台制片人说，这个节目做得很专业，创意很好，我们也有类似的成人节目，但缺乏幽默。回去后我们也要学做这样的儿童节目。

这个节目的亮点有三个，一是表现了孩子们的奇思妙想。无论在表现儿童还是在引导鼓励儿童方面，它都做到了不折不扣的"以儿童为主体"，是标准的（青少年）儿童节目。二是这个节目鲜明的幽默风格。首先，它的主持人摒弃了惯常的开场结束、承上启下和自作聪明的点评，而是变成了一个滑稽幽默的体验者。利用体验、对比、演示等手法，表现了发明者的巧思和小发明的实用性。其次，它的镜头打破常规，镜头角度、机位高度、构图、镜头的运动都不拘一格，充满人性化和戏剧性，有力加强了幽默效果。节目轻松明快，令人耳目一新。第三，它的解释性话语非常少，小发明的缘起、制作原理、实用性等全部通过细腻的镜头和主持人幽默夸张的演示表现清楚，观众不懂中文也能理解。

在随后的研讨会上，挪威专家播放了一个名为《一根棍子》的节目，非常独特。

节目开始，在一条小街道上，一个大约七八岁的男孩在玩一根树棍，他不停地将树棍抛上天空，然后接住。再抛、再接……突然，树棍变成了一杆枪，男孩子举枪瞄准，扣动扳机，正好击中从银行仓皇跑出的抢劫犯，抢劫犯朝男孩追来，男孩子吓得撒腿就跑。这时，木棍又变成了照相机，男孩拿着它到处拍照，正好拍到了一个乱刷油漆的和一个随地小便的。两个被拍者不依不饶地向男孩追去，这时抢劫犯也赶到，三人一齐追，但是他们跑进了死胡同。棍子恰如其当地变成了一根粗绳，把三人牢牢地捆在一起。男孩出现，他手握木棍轻轻一抬，三人在他的指挥下开始合唱。唱着唱着，绳子松开，三人趁机跑掉。镜头回到开始的小街道，男孩依然在玩着上抛树棍的游戏，棍子一次次被抛上、落下……

看完这个片子，大家都觉得很震动。这个片子完全是孩子在游戏时，其脑海中丰富想象的展示。想象内容出乎成人意料，却又极富男孩子特点。导演观察敏锐、表现准确，让人钦佩导演对儿童心理的熟练驾驭能力和电视的表现功力。全片没有一句台词，音乐贯穿始终。这是真正的贴近儿童、表现儿童的节目。据介绍，欧洲很多国家的儿童节目导演，每个月都会到学校、幼儿园去，观察儿童，和孩子们交朋友，很多节目的创作灵感都是这样获得的。这一点，我们做得很不够，所以成人化的影子会经常尾随着我们。

五、节目交换会总结

节目交换会最后一个内容是与会代表在亚广联和欧广联提供的节目单中挑选自己喜欢的节目。选中的节目仅用于在本国播出而不能做他用。最后的统计结果显示，《**小女孩和胡子叔叔**》、《**蓝牛**》、《**铅笔工厂**》、《**CD制作**》、《**下雨了**》、《**家鼠**》、《**找蘑菇的狗**》等是入选率最高的节目。CCTV的《**小燕子**》和《**异想天开**》也有不少国家要求复制。无论是节目的制作者还是节目的选择者，这个结果都显示出目前国际上普遍通行的对儿童节目种类和内容的界定，或者说各国儿童对电视节目共通的要求和喜好。

同时，通过对亚欧各类节目的观摩和研讨，使各位代表对儿童节目的定义、内涵也有了更深入准确的认识。大家普遍认为，成人化是亚洲儿童节目应着力革除的问题。虽然中国、日本、韩国的儿童节目制作水平较高，但亚洲儿童节目的整体水平还需进一步提高。

总结会议观感和我自己多年的导演实践，我认为优秀的儿童节目必须具备几个要素：

1. 人文主义的内涵： 以真善美为内涵，关注儿童身心成长，发掘儿童自身潜力，培养儿童形成富有尊严的、具有公民意识的、积极进取的高尚品格。

2. 儿童的视角： 贴近儿童：取材于儿童世界、满足儿童需求；反映儿童：表现儿童生活、展现儿童内心；引导儿童：认知自然世界、认识自我；提升儿童：培养人格、发掘潜能。

3. 故事性： 这是儿童节目技巧性问题。虽然儿童和成人都喜欢听故事，但因为儿

左：2005北京亚太青少年电视节观摩现场 右：国际评委们在激烈讨论

童有注意力短暂、坚持性不够等心理特点，所以用带有悬念的故事来吸引他就变得尤为重要。不仅动画片、儿童剧要求有好的故事，就是专题片等其他形式节目，为了产生生动的吸引力，也应考虑赋予它故事性。成功的范例就是《家鼠》。

4. 想象力： 想象力使儿童节目富于灵性。这种灵性一旦与儿童自身丰沛的想象碰撞，便能赋予儿童飞翔的翅膀，对儿童的创造力产生极大的推动。没有想象力的人是无趣的，缺乏想象力的节目也是乏味的。

5. 幽默感： 幽默是传达信息最好的方式，它符合人们追求快乐的天性。对于肩负家族望子成龙期望、学业压力繁重的亚洲儿童来说，幽默更是儿童节目中不能或缺的快乐良药。但幽默不仅是让观众哈哈一笑，它更深层的意义是：幽默可以培养儿童积极开朗的人生观，幽默是一种化解烦恼的人生态度。

6. 视觉化： 电视就要用镜头说话。要尽量运用形象的镜头语言来传情达意，避免喋喋不休的话语解释。对儿童节目来说，特别强调用特写镜头、中近镜头来展示事物，呈现细节，满足儿童的好奇心和求知欲。特写和近镜头还是描写儿童内心，反映儿童世界的最有力语言。而运动镜头、低角度镜头、近机位镜头和巧妙的构图都是儿童所乐于接受的。

7. 重视声音： 亚洲的儿童节目普遍不重视音乐和自然声。所用音乐与节目没有内在联系且粗制滥造，美妙丰富的自然声往往不被采用，画外音也多是成人的声音。挪威专家总结说，在电视节目中，镜头第一位，声音第二位，解说（对白）才是第三位。我们应把声音（特别是音乐）当成重要的叙述语言。在需要解说时，尽可能使用儿童的声音。

8. 节奏感： 儿童好动，对节奏非常敏感。欢快的节奏可较长时间吸引儿童的注意，调动儿童参与。节奏可通过镜头切换、运动、音乐、效果等外部因素来达到，也可通过结构、情节发展、悬念设置等内在因素来完成。总之，儿童喜欢动感的、变化的、节奏性显著的节目。

目前我国有34个少儿频道和4个动画频道，屏幕上亟须大量优秀的少儿节目。了解借鉴国际优秀儿童节目的制作经验，提升我国儿童节目制作水准已刻不容缓。但是，首先需要培养一批专业的儿童节目制作者，他们应该具有扎实的文学功底和艺术素养，并了解儿童心理、儿童教育的相关知识，善于学习和观察，富有创造性。在这些基本素质之上，还要经过严格、专业的实践锻炼，掌握电视艺术的表达方式，丰富节目制作经验。当然，儿童节目编导首先需要有意识地葆有纯净的心灵。所有这些高标准的要求并不是虚张声势，而是因为儿童节目是培养人的大工程。

中国传媒大学
影视艺术学院讲师
张 菁

概 述: 本文结合央视少儿频道制作的国际获奖节目,从三个角度分析儿童节目的跨文化魅力,对中国故事的国际化表述进行了探讨。

儿童节目 跨文化的魅力
——国际获奖儿童节目评析与启示

儿童题材的电视作品和其他节目的区别,在于题材和对象的特殊性与普适性。儿童的纯真具有跨越国家、种族、意识形态的力量,是成人世界渴望却已经不再拥有的。可以说,儿童题材的节目天生具备超越地域界限的表现力。遗憾的是,不是所有的儿童节目都能真正具备这种感动能力和成功地实现这种感动。

同时,儿童世界有自己的逻辑、自己的语言,儿童节目的制作难度在于成人要为自己不能完全理解的人群制作他们喜爱的节目。从这个意义上讲,儿童节目是充满神秘感和高难度的节目类型。

儿童节目除了内容的普适性,在制作技巧上有一定的特殊性,必须考虑到儿童的心理特点,接收视听信息的特点。在创作中,创作者意图的传达、故事情节信息的交代都应该比成人节目更加明确和直接。在电影叙事学中,有个"告知性"(informative)概念,即电影在展开故事情节中有些信息是必须让观众知道,观众对情节的介入是基于他们对关键情节的了解基础上的。

如:伊朗电影《小鞋子》中,哥哥阿里为了得到第三名奖励的一

双鞋子而参加长跑比赛, 以解决他和妹妹面临的"鞋子危机"。他奋力地跑到了最前面, 画外音响起:

妹妹: 你一定能跑到第三名吗?

阿里: 一定能的。

于是他开始放慢脚步, 让过了两个选手, 让自己处于第三的位置。

在这个段落中, 画外音的作用就是强化观众对情节的认知, 在此基础上观众才会理解阿里的行动并且为他接下来摔倒而揪心不已。

情节的告知性对于以儿童为观众的作品尤其重要。他们对于情节信息的接受力、记忆力与成人不同, 他们会选择性地接受最好玩的、自己最感兴趣的、最与众不同的信息。所以, 对创作者来说, 应该掌握儿童心理, 在拍摄和编辑中, 有意识地给予充分的"告知性"镜头、场景或直接的画外音提示。本文要分析的三部作品, 在充分考虑儿童观众的特点, 实现"告知性"的直接与明确上, 是比较成功的。

央视少儿频道的儿童纪录片《我家的房子》(制片人: 李蕾; 导演: 王达菲)、儿童专题片《在路上》(制片人: 曹宁; 导演: 马力、彭毅忆、钟靓、陈婕)、儿童电视剧《送信》(制片人: 李蕾; 导演: 王达菲)都在一定程度上成功地表现出对儿童世界的尊重和理解。本文将结合这些作品, 探讨哪些因素能让成人制作的儿童节目能够被孩子们喜爱, 并具有跨文化的魅力。

一、了解儿童的愿望

孩子是愿望的"小动物"。他们被好奇心驱动, 渴望自我确认和实现自我控制。孩子的愿望经常不按成人的逻辑发生, 并且往往与成人世界的价值观大相径庭。按照瑞士心理学家皮亚杰的观点, 2—4岁为概念阶段, 4—7岁为直觉思维阶段, 在直觉思维阶段的思维是直觉的、自我中心的和感知的。"自我中心并不是贬义词, 仅仅指出伴随不能做出客观反应的能力出现的过分依赖思考者个人观点的思维特点。"[1] 即是说, 儿童在对外界事物的判断和把握上并不完全靠理性思维, 即使他们已经具有了理性思考的能力, 但是仍然用强烈的个人意愿强加在对事物的判断上, 这就是儿童愿望的特点。进入儿童中期 (6—12岁), 儿童的自我价值、自尊感开始建立, 对社会关系 (朋友、

---

[1] [加]Guy R. Lefrancois:《孩子们——儿童心理发展》(第九版), 王全志、孟祥芝等译, 北京大学出版社2004年版, 第328页。

父母、教师)开始有意识,此阶段儿童的愿望世界比前一阶段理性程度略高,但"自我中心"的方式会更为社会化、认知化。儿童这时期的愿望按照自我中心的逻辑和经验认知建立起来。

因此,了解和关怀儿童的愿望世界,是成人进入儿童世界的通道。成人要尽可能理解儿童在生命特定阶段的"自我中心"特点,即使不理解也必须尊重儿童的逻辑,这样拍摄的作品才能具有真正的儿童主体视角。

真正的人文关怀就是以平等的视点看待对方,不判断评价,也不施舍同情。成人以这样的姿态拍摄儿童的愿望,才能获得清新、诚恳的视角,镜头才具有打动人心的力量。

纪录片《我家的房子》(23分钟)感人之处在于以儿童的视角,把主人公婷婷"拥有一个岸上的家"的愿望表现得真切、纯粹。其成功之处在于能将摄像机视点内在化为儿童的视点,而不是以成人的眼光去陌生化地猎奇、评判儿童的愿望。婷婷属于心理学家德维克所说的"主动控制取向"的儿童,即"可能把自己的成功归于自己的能力和努力因素,或者至少能够控制的因素"。与此相反的是"习惯性无助"儿童,容易把成功或失败归于运气和任务的难度。"主动控制取向"的儿童,努力学习,寻求挑战、始终如一。[1] 婷婷对于"通过全家努力拥有岸边房子"这一愿望的实现深信不疑。她因此主动、有活力地去做任何有可能实现这个目标的事情。作品中准确地呈现了婷婷的这个特质,并以"愿望"作为结构全片的线索和结构镜头场景信息的依据,由此引出人物旺盛的生命力,懂事、聪明顽皮的个性特点。通过镜头展示,塑造出一个非常有魅力的小主人公。

以儿童为受众的作品,必须线索清晰单纯,场景信息集中明确,尽量避免暧昧的表现。所以《我家的房子》采用了"纪录剧情片"(docudrama)的视听语言形态,除了线索单纯以外,它镜头间的剪辑逻辑性强,所有的镜头、语言信息都指向同一个故事线索。既具有剧情片的故事结构,有开头、发展、结尾,但又是个人真实生活状态的记录。《我家的房子》一开始就告诉观众——黄婷婷住在船上,她想拥有一座岸上的房子,以此为线索结构所有场景信息。人物的学校生活部分因为与"岸上的房子"关系不大被略去不表。在观众认同了她的愿望以后,故事又集中在何时、怎样才能实现这个愿望。她和父亲打鱼、和母亲卖鱼,一点点攒钱,这是家庭的生存现实,没有自怜,只是平静面对,黄婷婷小小年纪便获得了这样的淡定。片子着力表现了婷婷坚持

---

[1] [加]Guy R. Lefrancois:《孩子们——儿童心理发展》(第九版),王全志、孟祥芝等译,北京大学出版社2004年版,第439页。

纪录片《我家的房子》

愿望并勇敢承担家庭责任，坚韧与乐观的美好品质。

本片的镜头语言自然生动，拍摄了很多散发生活气息，呈现人物魅力的镜头。导演为了真实展现黄婷婷的内心世界，与她和她的父母做了很多有效的沟通，比如喝酒聊天，获得了信任，使得镜头前一家人的状态非常放松。在此基础上，本片的摄像师敏锐地捕捉到种种细节，不仅信息量丰富、构图优美，而且颇有意趣。如婷婷拿毛巾给妈妈擦脸，父亲有点吃醋；三口人坐在船上讨论盖房子和存钱的事情时，婷婷总是个积极的发言者和反应者；婷婷在船篷上吃方便面时仰天大笑，奋力擦船板、撑竹筏等充满生命力、活泼开朗的状态，盖房子无望时婷婷脸上的失落等。

本片采用从生活素材中提取故事的创作方法，不追求情节的离奇跌宕，而是以儿童的愿望为故事核心，呈现出人物既单纯又丰富的内心世界。在画面上，婷婷那率性、天真的状态，与背景中阳朔山水的秀美风景共同营造出自然清新的整体风格，使本片在故事之上更具了一定的美学格调。该片先后入围2006年德国慕尼黑国际青少年电视节，2007年德国奥伯豪森第30届青少年电影节和四川国际电视节也就不足为奇了。

二、理解儿童的处境

　　儿童的生活并非无忧无虑，即使成年人认为他们正处在无忧无虑的年龄。每个儿童都要面对属于个体的烦恼：成长的压力、父母的不理解、挫折感等。很多时候，由于儿童的纯真和不通世故，他们所承受的烦恼甚至多于成人。作为儿童题材电视剧或纪录片导演，应当体察到儿童面对现实世界所承担的慌张、烦恼和无奈，并将它们真实地表现出来。专题片《在路上》(24分)，就让人看到了成人对儿童在上学路上的困境和愿望的关注，体现出成人向儿童——特别是不同地区，不同处境的儿童——投射出的温暖的人性光辉。该片也因此获得第45届亚广联广播电视节中获儿童节目类大奖。

专题片《在路上》

　　专题片选取了10个不同地区的十岁左右的孩子，他们每天上学，都有各自的处境和愿望：

　　1.家住牛头山的任志伟每天早上要打着火把、走两个半小时上学。他希望有一天学校和家之间能通校车。

　　2.北京小学生翟兆君坐着妈妈开的宝马车上学，一路上妈妈都强迫他听英语。他的愿望是不在上学路上学英语了。

　　3.家住草原的奥成挥泪告别母亲和他的好朋友小马与小鹿，去离家很远的县城读书，每6个月才能回家一次。他希望他家附近能有所学校。

　　4.怒江边上的于凤谦兄弟俩，每天要溜索过江上学，他们的愿望是怒江上能早日盖起一座桥。

　　5.北京的赵南茜身患肌无力，要靠奶奶抱上校车，她的梦想是能像正常孩子一样自己走路上学。

　　6.北京的陈子浩父母离异，每天自己上学，最大的希望能像别的同学一样，爸爸妈妈牵着手送他上学。

......

专题片以细致、精准的镜头呈现出山路的崎岖，溜索的险峻，病体的无助，远离亲人的孤独……真实记录了不同地区、不同境遇的孩子们在上学路上的经历和愿望。虽然每个孩子的篇幅并不长，但是寥寥几笔也表现出孩子作为独立的个体所具有的丰富内心世界。引起了成人对他们处境的关注，激发了成人帮助孩子们实现愿望的情感冲动。从制作技巧上，对于目标受众儿童观众来说，它的镜头讲述清晰，意义明确，情感动人，容易理解。本片的编导在拍摄中克服了很多困难，特别是对贫困山区孩子的拍摄，没有强烈的人文关怀意识是无法走近他们并耐心记录的。

本片的另一个启示是，对于叙事类影视作品，制作技巧最重要的原则是服从故事和人物的表现需要。因为作品是关于人的，特别是表现对象和观众为儿童时，创作者一定要尊重儿童的欣赏理解能力，并用镜头对儿童的愿望和现实处境投去温暖的目光。这部专题片的很多镜头、声画关系的运用都带有理解和关怀的意味。如表现陈子浩时，声音是陈子浩希望父母有一天能送自己上学的画外音，画面是陈子浩独自走在路上的小小身影，镜头准确地表达出子浩对父母亲情的渴望。

三、表现儿童纯真的力量

成人在拍摄儿童的故事时，应跳出自己的生活逻辑，用纯真的眼睛发现纯真。对儿童的体察，不应仅限于关怀儿童的处境，还包括关注人类社会残酷的生存法则对童真的泯灭，对儿童强制社会化的过程。儿童剧以儿童为主人公，表现他们纯真的品质，以及面对各种处境时的心理成长。优秀的儿童剧在反映儿童生活时，还能以儿童的纯真净化甚至救赎人性的丑陋之处。儿童剧的拍摄难度在于，要准确把握儿童的心理特点，并以各种工业化的专业技术手法，准确呈现儿童独有的人性光辉，这需要编导的赤子之心和一份感受童真童趣的敏感。

《送信》是少儿频道拍摄的较为出色的儿童剧，它先后入围2008年德国慕尼黑国际青少年电视节、荷兰阿姆斯特丹儿童电影节。并被欧广联选中，在欧洲主流媒体播出。还获得2008意大利电视电影展特别提名奖。

《送信》是为亚广联的合作项目拍摄，亚广联对作品的要求是："以各国儿童真实生活经历，反映儿童在不同环境下的心理成长。目标观众为7—9岁儿童。片长15分钟。"故事讲述了10岁男孩忠翔对父亲的邮递员工作充满好奇并撕坏了一封信，随后他巧遇了信的主人小女孩幺妹。在自责中，忠翔想尽办法修复了破损的信件，并把它送到幺妹手中。在努力弥补错误的过程中，忠翔领悟到责任感的重要，获得了心理成长。该剧弥漫着儿童剧应有的质朴与单纯，儿童演员的原始自然状态，山村美好真诚的人情，邮递员父亲善良温和的形象都使得本剧清新脱俗。

虽然是15分钟的短剧，但《送信》以清晰的结构表现了事件的完整过程，开场即提出了危机，这个危机是忠翔自己造成的。而他的善良、自责和承担又决定了解决危机的必然性，促使他在困境中解决问题，当他连夜制作了信封并亲自把信交给幺妹时，问题得到解决，使命完成。他自己也获得了可贵的心理成长——能为自己的错误负责，这就是责任感在儿童心中的萌生。

《送信》

童真的可贵之处就是不知回避生活中的真实，不会以世故的方式处理问题。因此，一些在成人看来简单的问题对他们却是天大的困境。短剧中捕捉到了儿童的这种心理特点，整个过程真实动人。该剧的全部演员都是拍摄地土生土长的农民，举手投足真实质朴。简单的构图、自然光的运用和采自当地山歌的主题音乐都呈现出中国山村的优美，人与人关系的和谐与温暖。意大利电视电影展评委会主席Michele Serra先生评价说：这个儿童短剧描述了中国农村简单生活中的和谐。故事展现了父与子，以及孩子不断增强的责任感之间的关系。

总之，了解儿童的愿望、关怀儿童的处境和表现儿童的纯真，对于儿童节目制作者来说并不陌生。但实践上绝非易事。拍摄儿童节目不仅需要爱，更需要以理性、科学的态度研究儿童。一部感人的儿童作品必然在某一点上契合了儿童心理，体现出成人世界对儿童的尊重。儿童节目编导不仅要长期和大量地接触儿童，还要研究和运用儿童心理学，才能制作出高水准的儿童节目，并具有超越年龄、地域、文化的感染力。

概 述：麦克卢汉说，对媒体而言，重要的不是内容，而是媒体本身，是媒体的形式规定着媒体的内容。该节目的创新充分印证了这一点。

央视少儿频道
编辑部副主任
徐 彬

电视与新媒体的全面对接

——《2007国际大学群英辩论会》分析

自新媒体一词进入公众视阈的那一天开始，它的影响力就不曾间断地渗入到社会生活的各个领域，人们在享受着新媒体所带来的"新生活"时，关于它的话题也一直被学术界热议。

新媒体到底是什么？关于它的定义似乎众说纷纭，莫衷一是。

美国著名的《连线》杂志(Wired)把新媒体定义为"所有人对所有人的传播"。清华大学新闻与传播学院熊澄宇教授的观点是，在计算机信息处理技术基础之上出现的媒体形态都可以称为新媒体，并强调了新媒体所具有的不断变化的特点。还有资深的业内人士把目光聚焦于新旧媒体的区别进行阐释，认为它最大的特异之处在于消解了电视、广播、报纸、通信之间的边界，消解国家与国家之间、社群之间、产业之间边界，消解信息发送者与接收者之间的边界。也有的专家提出，构成新媒体的基本要素有别于传统媒体，否则，新媒体也不过就是在传统媒体基础上的变形或改进提高。此外，还有一些学者把新媒体定义为"互动式数字化复合媒体"。

但是，如果我们仔细辨认就会发现，这些看似芜杂的定义之间并没

有本质上的差异，因为它们之中有的偏重于社会学表述，有的关注于传播的途径和效果，有的立足于技术的演进和发展。

作为电视从业者，我们无法否认的一个事实就是电视是一种技术媒体。如果没有录像设备的出现，电视节目将变得不可重复，无法编排；如果没有ENG技术，制作的成本会大大提高，周期会大大延长；如果没有通信卫星和微波、光缆等技术，我们也不可能安坐地球村的一隅，见证无数个"第一时间"。电视形式与内容的每一次重大突破背后，我们都能够看到技术的决定性推动作用。因此，与其说是电视拉近了观众之间的距离，还不如说是现代技术改变了世界。新媒体的兴起，同样是建立在科学技术发展完善的基础之上，所以我们认为，目前的新媒体应该定义为基于计算机、通信、数字广播等技术，通过互联网、无线通信网、数字广播电视网和卫星等渠道，以电脑、电视、手机、PDA、MP4等设备为终端的媒体。

目前活跃在传播领域的主要新媒体有以下几种：

1. IPTV

IPTV即交互网络电视，一般是指通过互联网络，特别是宽带互联网络传播视频节目的服务形式。互动性是IPTV的重要特征之一。IPTV用户不再是被动的信息接受者，可以根据需要有选择地收视节目内容。

2. 移动电视

作为一种新兴媒体，移动电视的发展迅速是人们所始料未及的，它具有覆盖广、反映迅速、移动性强的特点，除了传统媒体的宣传和欣赏功能外，还具备城市应急信息发布的功能。

2007国际大学群英辩论会

3. 手机媒体

随着我国手机用户普及率的逐渐提高，手机作为一种新型媒体的应用价值也日益凸现。手机媒体拥有其他媒体无法比拟的优势，例如覆盖人群最广、传播成本相对低廉、可以最方便地整合人们的零碎时间，并且能够极为快捷地传播信息。

4. 博客

从2002年正式在中国兴起以来，博客已经实现了多重的传播效果，即横跨人内传播、人际传播和大众传播三种类型。有学者认为，博客突破传统的网络传播，实现了个人性和公共性的结合。

5. 播客

与博客的慢热相比，播客似乎一问世就受到了人们的特别关注。通常指把那些自我录制音频或视频节目并通过网络发布的人称为播客。有学者认为，播客实现了从文字传播向音频、视频传播转化，增加了娱乐成分。播客还满足了人们自我表达、张扬个性的需求，同时加强了媒介汇流与互动。

电视作为当代居于主导地位的媒体，其播出框架固定，接受方式被动。而新媒体所能够实现的个性化、互动化、细分化、精准化的确造成了大众注意力的分流。新之于旧，总会使人联想想到取代、扬弃这些语词，但媒介领域过往的经验一再证明，新媒体与传统媒体之间的关系往往是相互影响，相互渗透，并行不悖的。每一种媒体都有其不可替代的特性。人们在接受信息的时候，总是希望快速、准确、生动、有效、全面、深入，但这样的愿望依靠单一的介质是很难实现的。作为电视内容的提供者，我们必须时刻站在受众的角度审视我们的作为，尽最大可能为他们服务。这种责任和义务就决定了新旧媒体之间的对接，已经成为电视媒体面临的重大课题。中央电视台青少中心特别节目《2007国际大学群英辩论会》对这一课题进行了开拓性的尝试，并取得了令人瞩目的成果。

两年一度的《国际大专辩论会》由中国中央电视台和新加坡新传媒集团轮流主办。自1993年至今，已成功举办了8届。2007年，这一在观众心目中具有相当知名度的电视品牌以《国际大学群英辩论会》的名称全新亮相。如果站在电视本体角度关照，本届辩论会在传统播出窗口中的最终体现形式与以往并没有什么不同，但是在其背后蕴涵的却是诸多的变革，而这些变革所带来的结果，或许在很久之后才会显露其全部的意义。

从《2007国际大学群英辩论会》立项伊始，就启动了与新浪网的全面战略合作。而这种合作的前提是，《2007国际大学群英辩论会》作为电视媒体的项目组，必须超

越单纯的新闻素材内容提供者的角色，充分利用新浪丰富的网络资源和渠道，主动根据其特点与定位设计相关的内容，使其最大限度地为包括常规赛事、新闻发布、活动推广、受众互动、线下活动、衍生产品开发等一系列整体运营服务，最终达到《2007国际大学群英辩论会》在传播利益上的最大化。

根据项目自身的创新要求，并结合对新浪网为代表的新媒体的深入挖掘，剧组确定了整个项目的三个阶段，即网络辩论赛、海外选拔和北京总决赛。首先，全国32支高校辩论队通过网络进行辩论，通过5轮31场比赛争夺A组中国代表队的参赛资格。随后，海外选拔分为东西两线同时进行，由事先经海选产生的清华大学和浙江大学两支特约代表队实地检验海外大学的华语辩论水平，全方位呈现全球化背景下国际青年学生文化的碰撞与智慧的交锋。两队的各三名特约辩手飞赴美国、英国、俄罗斯、埃及、澳大利亚和韩国，与21所世界著名大学辩论队过招，并选拔出各国最优秀的华语辩论大学代表队参加B组总决赛。总决赛分为A、B两组进行，以大学为单位参赛，共进行3轮12场比赛。

辩论会的评委和各大学的辩手们

2007年7月，"中国之队"网络选拔赛正式开赛，迅即引起社会的广泛关注。其所依靠的核心技术是新浪自主开发的UC系统。它是集传统即时通信软件功能于一体，融合P2P理念的开放式网络即时通信娱乐工具，将图文并茂的场景聊天模式、视频电话、可断点续传的文件传输、多人通讯的网络环境、消息群发功能等进行了有机的整合。如果按照传统的电视节目操作方式，仅集中起32所国内高校辩论队阵容就已经是一项庞大的组织工作，即便是每天录制3场比赛，也需要11天的时间才能够完成全部赛事，如果再计入后期制作因素，项目的制作成本会大大提升。而通过UC系统，所有参赛学校则完全不必集中一地，只要按照规定时间登录软件进行简单的调试，即可进行跨地域的实时视频辩论。在节约成本的同时，还降低了辩论会的门槛，让更多的学校能够参与到比赛中来，使节目的影响力和号召力获得了极大的提升。参赛的大学代表队各自开通自己的官方网页作为人气阵地，使场上场下、网内网外的交流更为便捷畅通；比赛的主创人员、评委、优秀辩手定期通过视频聊天室与受众即时沟通；实时的投票窗口可以让观众用键盘传达意见，用鼠标表明立场，无论是最佳辩手的评选，还是对辩题的继续探讨，观众的深度参与都可以在UC平台上实现。此外观众还可以在专题页面发布自己的观点和文章，其中的精华部分又会在周播的电视特别节目"网辩天下"中得到体现，实现电视与新媒体的深度互动。

2007年8月，海外选拔团队远赴异域，开始了时间跨度近2个月的拍摄。本次选拔是《2007国际大学群英辩论会》的又一大创新，在中央电视台的历史上，为单一项目而走遍世界五大洲的举措也是不多见的。它的核心价值在于变邀请为遴选，变被动为主动，对世界范围内莘莘学子们的华语水平作一次大检阅，以彰显《国际大学群英辩论会》在全球范围内推广华语的根本诉求。所有在海外采集的素材，最终将形成21期专题节目在电视中播出。对于受众而言，海外选拔对观众的吸引力无疑是多角度、多层次的。六个国家的风土人情，著名学府，还有那些披着神秘面纱的海外辩手，都会勾起受众一探究竟的欲望。但是在拍摄与播出之间的时间跨度无疑会使海外选拔的时效性和受众的关注度大幅削弱。新媒体在这个时候又发挥了其重要作用。通过网络上的文字、图片和视频，观众可以在第一时间了解比赛的详细进程，更可以全方位了解参赛学校、选手等相关资料。特约辩手、摄制组人员、嘉宾等通过博客、播客、宽频的集束使用，建构起与观众互动的通道。可以说，点对点的传播把人与人之间的距离无限的拉近。

而2007年11月击鼓的北京总决赛除了常态播出外，更是实现了网络点播、IPTV、手机媒体等新媒体的全程交互，使得辩论会得到最大限度的传播，可以说，新媒体助推此次《2007 国际大学群英辩论会》全线占领了观众视野。

纵观此次辩论赛与新媒体的深度对接，有如下几个特点：

1. 受众获取全面信息

比赛与新浪即时通讯工具UC进行捆绑，随时随地向UC用户发布赛事预告、精彩回顾等多项内容。所有赛程均可进行视频点播，观众不会错过任何一场精彩赛事，随时随地了解大赛进程。对此，中国人民大学新闻学院教授匡文波指出，网络直播概念在2001年一度火热，但由于种种限制，没能够得到推广。现在随着硬件升级和流媒体技术的不断成熟，网络直播将成为新媒体文化的主流形式。他表示本届辩论会的

形式和内容都走在了学术和实践前沿, 掀起了Web2.0时代的辩论革命。

2. 受众决定比赛内容

本次辩论赛自筹备之初就开通辩题网络、电信等提供渠道, 受众不仅可以从已有辩题中投票选择自己喜欢的辩题, 更能提供自己心中的理想辩题。所有辩题都经受众与专家共同推荐和评定, 前所未有地贴近民生。改变以往"务虚辩题"为"务实辩题"。"政府应不应该控制私家车数量", "公共场所应该全面禁烟还是部分禁烟", "是否赞成送老人进养老院"……辩论会的现实意义得以凸现。

3. 受众拥有交流平台

所有参赛大学、选手、评委、主创人员均开通博客, 与受众进行点对点交流。辩手和受众还可以通过新媒体打造的强大即时互动平台对赛事各项内容进行深入探讨。

获取了全面信息, 决定了比赛内容, 拥有了交流平台, 受众成了此次辩论会服务的核心与主体。

《2007国际大学群英辩论会》充分发挥了新旧媒体的优势, 将视频信息资源优势与新媒体的优势结合 起来, 采用新技术及新型传播理念与手法扩大了传播的领域和范围, 突破了既有合作模式, 打造出了一个全方位资讯、多媒体沟通的服务平台, 是多平台、多媒体迈向纵深合作步伐的一个新起点。这种电视媒体与新媒体的全面对接, 将帮助辩论会向更深领域拓展, 为辩论会打造跨媒体品牌起到很好的推动作用。与新媒体之间的合作不仅成为整个中央电视台战略发展的重要组成部分, 也俨然成为了今天电视媒体发展的一个重要途径, 为中国传媒行业探索出了崭新的发展模式, 使更多电视媒体加入到与新媒体的合作中。

从技术层面来说, 电视媒体和新媒体的对接有助于充分利用新媒体传播的多媒体优势, 克服电视传播的诸多缺陷。而更重要的是, 受众品位和需求的提高也迫切要求新媒体与传统媒体的融合。无论新技术为新媒体增添了何种功能, 最终的目的还是为人所用。作为新媒体的使用者, 受众的角色不再仅仅是接受信息那么简单。技术的革新能否带来媒体消费方式的变革, 关键因素在于它是否吻合了人的现实需求和潜在需求, 是否为人们提供了新的实惠和便利。电视媒体与新媒体的全面对接, 正是本着以人为本的原则, 所有的一切探索和努力, 都应当以此为基准, 这样的媒体标准, 既是民族的, 又是世界的。随着技术的飞速发展, 新媒体与电视媒体的合作获得了更多的契机, 两者之间全面对接, 将进一步推动中国传媒行业的健康发展, 最终为用户提供更多更好的产品, 达到"共赢"的目的。

概 述: 中外合拍不仅能制作出国际水准的优秀节目,其更为深层的意义在于为本土电视带来的提升和变革。本文对此进行了探讨。

央视少儿频道
策划研发组组长
李 蕾

《神奇山谷》带来的国际赢合
——儿童节目的国际合作之路

　　1958年,随着中国电视的开播,中国儿童电视节目也随之诞生。但是儿童节目的创作生产一直局限在本土。随着1978年改革开放的到来,中国电视开始放眼世界。1982年,中央电视台少儿节目协助美国"芝麻街"节目合拍了《大鸟在中国》,并获1983年美国电视艾美奖,1984年加拿大"比乃夫"国际电视节最佳儿童节目奖。这是中国儿童电视首度尝试国际间的合作,它对于当时尚不成熟的中国儿童电视起到了极大的鼓舞作用,对儿童电视的后续发展具有积极意义。

　　从1984年到1994年的十年中,伴随着改革开放的深入,我国经济实力日益增长,文化艺术繁荣复兴,中国的儿童电视也步入了稳步发展的阶段。最显著的标志是,1984年,中央电视台少儿部成立,《天地之间》、《七巧板》、《我们这一代》等栏目相继开播,使原来零散无序的播出,进入了粗分年龄段进行对象化制作、固定栏目、固定时间播出的初级专业阶段。

　　1991年4月,中央电视台少儿部扩容为青少部,大力推动个性化、精品化栏目建设。同年12月创办了中国第一个专门以青年为对象的栏目《12演播室》。1994年4月,创办中学生栏目《第二起跑线》;1995年6月1日,创办小学

生及学龄前儿童栏目《大风车》。同年11月，卫星电视少儿节目开播。可以看出，随着90年代中国经济的腾飞，中国电视得到蓬勃发展。中央电视台的青少年儿童节目也得以积蓄力量、丰盈肌体、锻造队伍。这一时期，大型少儿杂志型栏目、大型少儿晚会、竞赛节目、系列木偶、人偶剧、情景剧等重量级节目类型纷纷涌现，青少年儿童节目的规模和实力都得到质的提升。

1996年，距第一次中外合拍十四年之后，中国儿童电视第一部大型中外合拍——52集人偶童话剧《神奇山谷》拉开了序幕。

《神奇山谷》是由中央电视台青少部与澳大利亚国家广播公司（ABC）、澳大利亚南方之星影视制作公司共同投拍的。共52集，每集10分钟。这是中央电视台儿童节目第一次采用国际通行的合作模式"共同投资、共同创作、版权共享、利益分成"进行的大型合作。它采取的是三方共同投资，并从最初的故事创意、剧情策划、卡通形象和舞台布景设计到导演、拍摄、后期制作等各个制作环节进行全面合作。

这次国际合作不仅为中国电视创作了一部经典人偶童话剧作品，为儿童观众提供了一部童话佳作，为中央电视台创造了利润，更为中外电视合拍积累了宝贵经验。

一、确立角色——寻找中澳儿童共同的审美趣味，即寻找世界儿童的共通之处

随着改革开放的深入，中央电视台在《大鸟》之后，中外合作的机会很多。但是中央电视台作为国家级电视台在对外合作中，不仅有引进借鉴国际先进制作理念的责任、更担负着维护、推广民族文化的重任。这一点往往是中外合作中最敏感的问题。

《神奇山谷》收视对象定位在学龄前儿童，剧中角色均为动物，这两者应该是最

《神奇山谷》中澳双方制片人和主创人员

少政治色彩的领域。那么哪种动物形象既有民族色彩又有国际性呢？中方制片人、当时的青少部主任余培侠先生与澳大利亚制片人容松德先生和克莱尔女士在策划剧中的四个可爱的主角时，余培侠首先提出了熊猫和神秘威武的龙，获得大家的一致赞同。

"熊猫"憨态可掬，已经成为中外儿童、甚至成年人喜爱的形象。"龙"对于中华民族的意义不必多说。那么不仅澳大利亚儿童，世界各国儿童也都喜欢龙的形象。因为龙的神秘、龙的飞翔使处在幻想期的儿童心驰神往。"龟"在中国象征着长寿。在澳大利亚，它也有着吉祥的含义。而"狮子"是澳大利亚儿童最喜欢的动物之一。推及中国乃至世界儿童，谁不喜爱小狮子呢？以狮子为主角的儿童片确实很多很多。

在电视形象方面，制片人也有独特的构思。天空飞翔的红色小龙、地上爬行的绿色小龟、快步行走的黑白熊猫和四条腿跳跃的金色小狮子组成了多姿多彩的画面形象。在舞美造型上，高山、流水、平地、空谷组成了一座动静结合、起伏跌宕的"神奇山谷"。

有人曾问，为什么没有选择袋鼠？袋鼠具有太强烈的澳洲色彩，它既没有珍稀到为世界人民所爱怜，也不具备"龙"形象的神秘感。所以被制片人放弃也就不足为怪了。

二、剧本的准确定位和"趣味第一"的原则

《神奇山谷》的收视对象为学龄前儿童。在剧本创作时，中澳双方导演着重强调了四个方面：一是要使用适合儿童的语言，使儿童观后能有助于拓展自己的语言能力；二是事件（故事）的选择要多涉及友谊、诚实、慷慨、公平及个人与集体的关系。这样，使儿童通过观看四个小动物间的有趣故事提高他们的社会交往能力，学会相处；三是通过神奇山谷中绚丽的景色、层出不穷的意外事件（熊猫飞上天、小龙魔法失灵、两个狮子同时出现等）刺激儿童的想象力，提高他们的认知能力；四是通过舞美、灯光、人物造型营造出"神奇山谷"独特的美景，从而提高孩子的审美意识。

另外，"趣味第一"的原则始终贯穿于剧本创作。这里，没有强烈的戏剧冲突、没有好人坏人、没有以往的"直扑主题、以人物故事说事"的程式化。故事似乎归于平淡。但是它充满了孩子爱看的趣事、充满了与孩子息息相通的想象力和意外的惊喜。比如《探险家》、《两个熊猫》、《隐形狮子》等。即使是有教育意义的内容也是隐藏在有趣的矛盾故事中。

在合作中，中澳双方制片人、导演先后几次在中国和澳大利亚开会碰头，商议剧本创作和美术设计事宜。双方人士都具有多年儿童节目制作经验，大家在一起进行构思碰撞时，总能立刻进入一种天马行空的无羁状态，想象力空前活跃，产生许

多闪亮的火花和新奇的想法。回国后，由澳方编剧写出故事大纲，传真给中方导演，中方导演提出修改意见后，澳方编剧据此写出剧本，再传真过来，由中方导演根据中国儿童的欣赏习惯和剧情需要进行修改，报中方制片人审定通过后定稿，一个剧本要在中澳之间往返多次方能最终定稿。那时候只有电子打字机，还没有电脑和E-MAIL，所以，通讯联络只能靠国际长途和传真，确实遇到很多障碍。

三、在特殊的表演方式中发现美

演员戏好戏坏、形象塑造是否成功，首先可以从他的面部表情看出来；其次是他的形体动作。但在《神奇山谷》拍摄中，演员必须套在厚厚的动物造型中进行表演。不仅脸部的戏没有了，就是视线和身体的运动也受到极大限制。

在表演的同时，他们还要操纵内部机关使眼睛和嘴同步动起来。这就是人偶剧的拍摄难于普通电视剧的原因。更何况小狮子、小龙都是由两个演员同时套在一个服装造型中，配合完成同一个人物的。

作为导演，首先必须启发演员、帮助演员找出更多更准确的形体动作来塑造人物。而这种动作在视觉上必须是美的，对儿童而言又必须是有趣的。第二，《神奇山谷》中的小狮子、熊猫的造型服装都是厚厚的皮毛做成的，小龙的服装则由厚厚的聚乙烯鳞片组成。这要求演员在表演时，必须作出较大力度和幅度的形体动作才能具有"穿透力"，把表情达意透过皮毛呈现出来。但是，塑造人物更需要细腻的表演层次变化和节奏的疾徐交替，否则，就会流于呆板无趣的动物闹剧或者机械的大木偶表演。这两点，我们在拍摄时充分注意到了，并最终帮助演员最终做到了人体与动物造型融为一体。

开机前，让演员套上服装练习并适应服装。我让演员放开做能想到的、能做到的各种动作，包括跑、跳、转身、躺倒、摇头摆尾等。好在演员都有京剧武生的功底，高难度动作对于他们来说不难完成。一番折腾后，我会告诉他们，你们在里面做的什么什么动作，从外面看效果很好，可以固定下来作为角色的特定动作。比如表现小狮子感到委屈时用一只脚踢着地，脑袋和鬃毛微微摆动就是在练习时发现固定下来的。很多时候，我在给演员排练完动作之后，开始正式拍摄。我和外方导演紧盯监视器看着。演员表演一遍，在监视器里很容易发现角色表演的缺憾，和外方导演商量达成统一意见后由我去和演员沟通，讲明问题在哪。有时演员觉得很委屈 ，认为我已经很累了，努力了，为什么不能通过。我就告诉他，在儿童观众眼里，他会希望看到角色的心理变化，这种变化在人偶剧中无法通过细腻的脸部特写表达，只能是细腻的形体动作。你刚才已经做得很好，如果再进一步，你会非常完美。这是中外合拍，不仅要求高，更代表了中国形象。所以，合拍导演往往在专业之外，还要有一定的政治素养。

保证拍摄质量是第一位的，但是有时候也需要中方导演灵活掌握。有一次进行小龙飞行的吊钢丝拍摄，演员的表演非常好。当镜头一遍通过后，大家都很欣慰。我跑过去帮助演员从小龙的服装中钻出来，这时我突然发现，刚才拍摄时，小龙有一只翅膀忘记插上了。怎么办？演员也沮丧地要哭了。我不动声色地走过去看了一遍回放，感谢上帝，这个镜头的拍摄角度正好带不上那只"落单"的翅膀，镜头非常完美，没有任何视觉上的问题。我悄声告诉了演员，这成为我们之间的一个小秘密。

四、独特的机位与视角——追求强烈对象感的摄影美学效果

《神奇山谷》拍摄伊始，导演就要求摄像师近机位拍摄，将机位尽可能地接近人物。无论是特写、近景、中景、人全，甚至全景、大全景，也尽可能不利用变焦来展现。在拍摄视角上尽量与孩子的视角一致。这样的结果是，孩子看到的是一个更真实、更

完整的环境空间，而不是变焦镜头造成的压缩空间。这种物与物之间真实的透视关系、摄像机与被摄体之间真实的距离以及特有的儿童视角高度就是孩子坐在家里看电视时，他与小动物之间的真实距离。他甚至会真切地感到小狮子就在身边，仿佛他与小狮子对视并感到小狮子身上散发的呼呼热气。

　　这种有意识地强调近机位、平行视角的做法，在以往的国内儿童节目中几乎不被使用。今天，依然不为大多数儿童节目导演所重视。

五、包容差异、协调配合是中外合拍成功的关键

　　《神奇山谷》的合作，中澳双方共同完成前期策划、剧本创作。神奇山谷的场景构思、人物造型设计由双方制片人共同创意商定，澳方美术设计师进行具体设计。四个小动物的服装由澳大利亚制作。该剧最重要的前期拍摄工作是在中国完成的。澳方除了配备一名导演以外，其他各工种都是中方人员。我作为中方导演除了给演员排戏以外，还要主要负责各工种工作安排、指挥现场运作，保证使拍摄顺利地按照国际标准、按照计划准时完成。外方导演主要负责节目整体把握和镜头设计。中方导演既要善于与自己人合作，又要善于与外国人合作。在现场，导演是全剧组的灵魂，既要有能力指挥大家、又要有亲和力团结大家。况且外事无小事，说话、办事都代表着中国、代表着中央电视台。此次大型合作不仅是国内儿童电视界第一次，在中国电视界也鲜见。既没有经验可以借鉴，又不能出纰漏。所以，中方导演责任重大。

　　当拍摄于1996年9月在涿州基地摄影棚开始后，很多未曾经历的困难一下子涌来。特别是开始阶段，翻译不能非常专业地互达双方的意

思，我们只好手势加演示、加揣摩。晚上回到宿舍，我先同外方导演敲定第二天的计划，召集演员对第二天的台本，总结问题，提出注意事项。每次同外方导演商讨定下周计划后，我再分别召集灯光师、舞美设计、道具制作、演员组开会，布置拍摄计划，商讨每一步的可行性和实施办法。由于拍摄很辛苦，有的部门闹情绪，我要立刻做工作、谈话、平息矛盾、避免消极情绪在剧组蔓延。一天下来，我成了说话最多、走路最多、吆喝最多的人。但是，无论前一天工作多辛苦，第二天我总要以饱满的精神早早地出现在摄影棚。因为我知道，我的情绪关系到大家的干劲和整个拍摄进度。我也要求全组，在外国人面前，要表现出中国人的敬业精神、良好修养和聪明才智。

由于文化和生活环境不同，双方处理问题的方式不尽相同，差异化往往很大。这时，必须找到一个能包容东西方差异的支点化解矛盾。有一次一个演员进棚晚了，外方导演认为这是不能容忍的，情绪失控地对我嚷嚷起来。大家都惊异地望着我。我知道这时候无论对那个演员、还是外方导演都不能发火。我避开了他，抓紧组织拍摄抢回进度。事后，我批评了那位演员。外方导演也找我致歉，请我原谅他的冲动。

和外国同行合作，只有凭实力，才能建立真正的平等合作关系，才能获得对方的敬佩。在1996、1997两年间前后6个月的拍摄中，我和先后四位澳方导演合作得都非常愉快，顺利完成了作为中方导演指挥各方、团结大家、协调内外、保障拍摄成功的任务。

《神奇山谷》是由中澳双方共同投资、共同策划、联合导演的一部大型人偶童话剧。除制片人余培侠先生和我之外，该剧的摄像陈晨、李斌，灯光设计叶子，舞美监制吕大庆，制片主任张元鹏等也都是中央电视台的资深专业人员。在拍摄后26集时担任翻译工作的赵琦那时候大学刚刚毕业，现在也是我台海外中心的资深制片人了。中方团队的专业、高效获得澳方高度评价。该剧一千多万元人民币的大投资、恢宏的大场景在世界儿童节目中亦不多见。而像小龙、小狮子这样，由两个演员钻进同一个动物造型中、共同配合塑造一个人物在世界人偶剧表演中还是第一次。而这都被聪颖的中国演员成功地完成了。

六、中外合拍的重要意义

1. 提升国际影响力，参与全球市场竞争

1996年11月，当《神奇山谷》的两集样片在澳大利亚剪出后，澳方制片人之一、澳大利亚广播公司儿童及教育节目部主任克莱尔·汉德森女士即给中方制片人余培侠先生发来贺电说："这是一部世界水平的童话剧，将会产生轰动性影响。"

　　1997年4月，在法国嘎纳电视节上，中澳双方联合举办了隆重的《神奇山谷》首发式。来自世界各国、各地区的170多家电视机构代表出席，这种规模在央视节目海外销售的历史上几乎没有。许多国际片商一眼就看中了该片，很快就创下销售近百个国家与地区的好成绩，买主包括欧洲、北美和日本的一些在世界少儿电视节目市场很有影响力的电视公司，如美国的尼克、德国的金德卡诺儿童频道。该片也成为中央电视台第一部加入国际主流销售网进行销售、购买国家和地区最多的电视节目。当然，它也是中国第一部进行专业化国际合作、并成功打入国际主流节目市场的儿童节目。

　　52集人偶童话剧《神奇山谷》于1997年5月29日完成最后一组镜头，并于两天后的"六一"当天在中央电视台《大风车》栏目和澳大利亚广播公司分别播出（后期制作与拍摄同步进行）。随后，在央视进行的调查中，超过一半的儿童认为《神奇山谷》比他们看过的动画片好看。而澳方的调查显示，《神奇山谷》的收视率超过同时播出的任何一部儿童节目。该片的录像带在播出仅一个月内，就在澳大利亚售出五千多盘。

　　《人民日报》1997年12月3日发表了《在合作中显示自己的实力》一文说：改革开放以来，中国电视界与国外影视机构的交流与合作逐渐深入广泛地展开。但真正面向世界主流节目市场，而非局限于海外华语市场，在投资、策划、制作及市场发行等重要环节能够由中方发挥主导作用的项目，还为数不多。在少儿节目领域，除了单方面引进了不少质量参差不一的外国动画片、儿童片，多年来一直徘徊在低层次的合作方式。此次中澳合拍，中央电视台是最大的投资方，在剧情策划、节目编导、卡通形象和舞台布景的设计制作及整个拍摄过程中，中方均发挥了重要作用。通过双方平等的交流合作，使《神奇山谷》既体现了中国的文化、艺术特色和审美标准，同时也把握了国际市场的需求脉搏。更重要的是，通过这次平等合作，使中方得以了解和借鉴国外电视机构通行的市场操作模式……这也为中国少儿电视节目进一步开拓国际市场奠定了基础。另一方面，通过合作，也使外方切实认识到，不仅是硬件设备、资金投入还是编导、美工、摄像等人员的艺术水准，中央电视台都具备了与国际一流电视机构平等合作的基础。新华社《新华每日电讯》1997年12月15日发表了《中国少儿剧走向国际市场》一文；《中国广播影视》1998年第3期刊登题为《"神奇山谷"叩开世界之门》的记者评述。可以说，中国新闻界也敏感地捕捉到《神奇山谷》给中国电视带来的国际声誉以及它后续源源不断的影响力。

2. 打造典藏精品，充实央视精品资源库

现在，《神奇山谷》不仅已经早早收回了投资，而且从1997年首播至今的12年间，该剧仍在中澳两国电视屏幕上不断重播。每次重播，孩子们都感到新鲜可爱，并创下较高收视率。《神奇山谷》的播映权一直在不断出售并将继续下去。由此可见经典儿童剧具有持久的魅力，这主要得益于其人文主义的内涵和精良的制作。而儿童一代一代地长大，对每一代儿童来说，《神奇山谷》都是"首播的新作"。所以，儿童节目一定要坚持做精品，才有持久的生命力。更何况一部经典作品蕴涵的思想性往往会影响儿童的一生。

3. 提升专业水准，培养制作人才

《神奇山谷》的意义不仅在于中国的儿童节目成功打入国际市场，并提供了中外合作的良好范例，同时也极大提升了我国儿童节目中人偶童话剧的制作水准。人偶剧在国际上是一种广受儿童欢迎的节目形式。在国外已有很成熟的制作经验。而在1996年的中国，人偶剧制作还乏善可陈。除了1994年我和导演王达菲尝试制作的《玉米人农庄》之外，没有更多作品问世。通过《神奇山谷》的合作，我比较系统地接受了人偶剧制作的专业训练。1998年，我作为制片人、王达菲担任导演，拍摄了全新的人偶童话剧《玉米人》。该剧借鉴《神奇山谷》的理念，无论从剧本、人偶造型设计、场景设计、表演、镜头、音乐创作等都较之原《玉米人农庄》有了质的提升。该剧在国内播出时不仅受到儿童观众的喜爱，播映权也销售到新加坡等东南亚国家和地区。

《神奇山谷》的意义还在于它给中国儿童节目制作带来了以科学研究主导儿童节目制作的理念。《神奇山谷》在四个方面有利于儿童成长，提升儿童的语言能力，社会交往能力，激发想象力，促进审美意识。这四点不是凭空想象或者误闯误撞，而是基于制作团队背后，一支强大的专家队伍对儿童心理学的研究。它有效避免了说教、成人化、无效传播和资源浪费。这样的前期研究应该成为我们制作儿童节目的常态模式。

《神奇山谷》之后，我于2001年与南非儿童频道（KTV）合拍六集专题片《找朋友》，

《找朋友》南非主持人和小时姐姐

每集10分钟,该片在中南两国选景拍摄,由两国主持人共同主持,旨在介绍中国、南非两国的人文、历史风貌,增进两国儿童的了解和交往。

自2004年至今,中央电视台参与了"亚广联儿童电视剧合作项目"。该项目由亚太广播电视联盟(ABU)发起,并组织成员国拍摄反映本国儿童现实生活的电视剧,反映儿童的内心成长。我作为制片人先后组织拍摄了儿童电视剧《梅香的承诺》、《我的城市朋友》、《送信》、《妈妈不在家的日子》和《甜甜的爱》。亚广联高度评价中央电视台的参与,合作项目总监制郑娴熟女士特别表示,在这个合作项目中,CCTV始终保持着很高的水准,亚广联非常重视中国中央电视台的作用。这些电视剧多次入围各大国际青少年电视节,并连续几年在欧广联与亚广联的节目交流中被选中,在欧洲主流媒体播出。2007年,《送信》在意大利电影电视展获特别奖。

借助这些国际合作项目,极大地提升了中央电视台和中国的青少年节目的国际影响力,也有效地宣传了中国文化,为国际社会了解中国开辟了独特的渠道。同时,中外合拍不仅能学习国际先进的电视制作经验,更能培养电视人的国际视野,使中国电视学会用国际化语言传情达意、讲故事。这对于我们更新观念、改革创新、接轨国际,实现央视少儿"建设世界一流少儿频道"的战略目标有着深远的意义。

《甜甜的爱》

《妈妈不在家的日子》

AFTERWORD

主编后记

中央电视台的儿童节目论文专著,总是伴随着儿童电视发展的重要时刻问世。第一本专著《塑造儿童的未来》出版于1993年5月。此前两年,中央电视台少儿部扩充为青少部。《十二演播室》势头强劲,《第二起跑线》、《大风车》正在筹备中。第二本专著《儿童与未来》出版于1999年12月。此前一年,青少部升级为青少中心,央视的青少年节目制作队伍急速壮大。今天,在中央电视台少儿频道开播六周年之际,第三部专著出版了。其涵盖的内容以及所依托的电视节目实践已远非前两部著述所能比拟。但是,以中国儿童电视五十年发展历史衡量,区区三本论文专著似乎太少。

在此书统稿时我常想,要求一个编导具备相当的理论水准是否太苛刻?但没有理论水准又何来节目水准?最近,为应对全国遍地开花的少儿频道,有传媒院校准备开设儿童电视教育课程。但在撰写儿童节目教学大纲时却发现难以下手,原因是教师仅具备一般的传媒理论,却完全没有儿童节目的实践经验。如此证明,理论与实践是一对共生体,缺一都无法完美其身。有鉴于此,专家们在选择论文时,除了理论高度外,还特别注意那些点滴的,闪烁着独到见解的实践感悟,期望能给同行启发借鉴,也供理论研究者采撷分析。

儿童节目是塑造未来的事业,它既包含了对儿童的认知启蒙,更承载了对儿童的人格影响。这是对儿童节目导演高素质苛求的原点。具备电视专业技能,只是儿童节目导演入门级别。还要涉猎文学、教育学、心理学、艺术等诸多方面,混合锻造出复合型人才。那么理论从何而来,自然是从百川的汇流中涤荡而出。只有这种探索变成了从业者的自觉,儿童电视才能获取更多优秀人才。只有在这样的沃土上,才能创造出充满高尚的美与爱的经典节目,滋养我们民族儿童的心灵。所以,从这个要求来看,孜孜以求是我们的天命。儿童电视理论与实践的探索之路还任重道远。

本书的出版得到了央视少儿频道各级领导、全体工作人员和央视动画有限公司的大力支持,在此一并表示感谢。

图书在版编目（ＣＩＰ）数据

引领成长：论儿童电视 / 李蕾主编. — 北京：中
国广播电视出版社，2009.12
ISBN 978-7-5043-6030-4

Ⅰ．①引… Ⅱ．①李… Ⅲ．①中央电视台-电视节目
-简介②儿童剧：电视剧-电视影片评论-中国 Ⅳ．
①G299.24②J905.2

中国版本图书馆CIP数据核字（2009）第229811号

引领成长——论儿童电视

李蕾 主编

责任编辑　闫维峰
装帧设计　亚里斯

- -

出版发行　**中国广播电视出版社**
电　　话　010-86093580　　010-86093583
社　　址　北京市西城区真武庙二条9号
邮　　编　100045
网　　址　www.crtp.com.cn
电子信箱　crtp8@sina.com

- -

经　　销　全国各地新华书店
印　　刷　北京捷迅佳彩印刷有限公司

- -

开　　本　787 毫米×1092 毫米　　1/16
字　　数　389（千）字
印　　张　20.5
版　　次　2009年12月第1版　2009年12月第1次印刷

- -

书　　号　ISBN 978-7-5043-6030-4
定　　价　56.00 元